今注本二十四史

漢書

漢 班固 撰 唐 顏師古 注

孫曉 主持校注

中國社會科學出版社

一五 傳〔三〕

漢書　卷四五

蒯伍江息夫傳第十五[1]

[1]【今注】案，楊樹達《漢書窺管》謂四人皆辨詐之士，故合傳。

　　蒯通，范陽人也，[1]本與武帝同諱。[2]楚漢初起，武臣略定趙地，[3]號武信君。通説范陽令徐公曰：“臣，范陽百姓蒯通也，竊閔公之將死，故弔之。雖然，賀公得通而生也。”徐公再拜曰：“何以弔之?”通曰：“足下爲令十餘年矣，[4]殺人之父，孤人之子，斷人之足，黥人之首，[5]甚衆。慈父孝子所以不敢事刃於公之腹者，畏秦法也。[6]今天下大亂，秦政不施，[7]然則慈父孝子將争接刃於公之腹，[8]以復其怨而成其名。[9]此通之所以弔者也。”曰：“何以賀得子而生也?”曰：“趙武信君不知通不肖，使人候問其死生，通且見武信君而説之，[10]曰：‘必將戰勝而後略地，攻得而後下城，臣竊以爲殆矣。[11]用臣之計，毋戰而略地，不攻而下城，傳檄而千里定，可乎?’彼將曰：‘何謂也?’[12]臣因對曰：‘范陽令宜整頓其士卒以守戰者也，怯而畏死，貪而好富貴，故欲以其城先下君。先下君而君不利之,[13]則邊地之城皆將相告曰"范陽令先降而身死",必將嬰城固守,[14]皆爲金城湯池,不可攻也。[15]爲君計者,莫若以黃屋朱輪迎范陽令,[16]使馳騖於燕趙之郊,[17]則邊城皆將相告曰"范陽令先下而身富貴",必相率而降,猶如阪上走丸也。[18]此臣所謂傳檄而千里定者也。'"[19]徐公再拜,具車馬遣通。通遂以此説武臣。武臣以車百乘,騎二百,侯印迎徐公。燕趙聞之,降者三十餘城,如通策焉。[20]

[1]【顏注】師古曰:涿郡之縣也,舊屬燕。通本燕人,後游於齊,故高祖云齊辯士蒯通。【今注】范陽:縣名。治所在今河北淶水縣南。

[2]【顏注】師古曰:本名爲徹,其後史家追書爲通。

[3]【今注】武臣:秦末農民起義軍將領。陳縣(今河南淮陽縣)人。詳見本書卷三一《陳勝傳》。

[4]【今注】案,王先謙《漢書補注》謂通説范陽令,《史記》入之卷八九《張耳傳》,"足下"上有"秦法重"三字,似不可省。

[5]【今注】黥:刑罰名。即黥罪,一種用刀刺刻罪人面頰,染以黑色作爲懲罰標誌的肉刑。

[6]【顏注】李奇曰:東方人以物畫地中爲事。師古曰:事,音側吏反。字本作"傳",《周官·考工記》又作"蕳",音皆同耳。

[7]【顏注】師古曰:施,設也,立也。

[8]【今注】接刃:謂刀刃相接。

[9]【顏注】師古曰:復,猶報也,音扶目反。

[10]【顏注】師古曰:今將欲見之。

[11]【顏注】師古曰:殆,危也。

[12]【顏注】師古曰：彼謂武信君也。

[13]【今注】案，蔡琪本、大德本、殿本"不利"後無"之"字。

[14]【顏注】孟康曰：嬰，以城自繞。

[15]【顏注】師古曰：金以喻堅，湯喻沸熱不可近。

[16]【今注】黃屋：帝王車蓋用黃繒爲蓋裹，故名。　朱輪：古代高官所乘之車，用朱紅漆輪，故名。

[17]【顏注】師古曰：令衆皆見。

[18]【顏注】師古曰：言乘勢便易。

[19]【今注】傳檄：傳遞檄文。古代的公文寫在木簡上，用以徵召、曉喻或聲討，稱作檄。

[20]【今注】案，王先謙《漢書補注》謂《史記》云"趙地以城下者三十餘城"，《張耳傳》同。本書"燕"字駁文。

　　後漢將韓信虜魏王，[1]破趙、代，降燕，定三國，引兵將東擊齊。未度平原，[2]聞漢王使酈食其説下齊，[3]信欲止。通説信曰："將軍受詔擊齊，而漢獨發間使下齊，寧有詔止將軍乎？[4]何以得無行！且酈生一士，伏軾掉三寸舌，下齊七十餘城，[5]將軍將數萬之衆，迺下趙五十餘城。爲將數歲，反不如一豎儒之功乎！"於是信然之，從其計，遂度河。齊已聽酈生，即留之縱酒，罷備漢守禦。信因襲歷下軍，[6]遂至臨菑。[7]齊王以酈生爲欺己而亨之，因敗走。信遂定齊地，自立爲齊假王。漢方困於滎陽，[8]遣張良即立信爲齊王，[9]以安固之。項王亦遣武涉説信，欲與連和。

　　[1]【今注】韓信：傳見本書卷三四。

[2]【今注】平原：指平原津。在今山東平原縣。

[3]【今注】酈食其：傳見本書卷四三。

[4]【顏注】師古曰：間使，謂使人伺間隙而單行。

[5]【顏注】師古曰：掉，搖也，音徒釣反。

[6]【今注】歷下：地名。在今山東濟南市。

[7]【今注】臨菑：縣名。當時齊王田廣都於此，治所在今山東淄博市東。

[8]【今注】滎陽：縣名。治所在今河南滎陽市東北。

[9]【今注】張良：傳見本書卷四〇。

　　蒯通知天下權在信，欲説信令背漢，乃先微感信曰："僕嘗受相人之術，相君之面，不過封侯，又危而不安；相君之背，貴而不可言。"[1]信曰："何謂也?"通因請閒，[2]曰："天下初作難也，俊雄豪桀建號壹呼，[3]天下之士雲合霧集，魚鱗雜襲，[4]飄至風起。[5]當此之時，憂在亡秦而已。[6]今劉、項分爭，使人肝腦塗地，流離中野，不可勝數。漢王將數十萬衆，距鞏、雒，[7]岨山河，[8]一日數戰，亡尺寸之功，折北不救，[9]敗滎陽，傷成皋，[10]還走宛、葉之閒，[11]此所謂智勇俱困者也。楚人起彭城，[12]轉鬬逐北，至滎陽，乘利席勝，威震天下，[13]然兵困於京、索之閒，[14]迫西山而不能進，三年於此矣。[15]鋭氣挫於嶮塞，粮食盡於内藏，[16]百姓罷極，無所歸命。[17]以臣料之，[18]非天下賢聖，其執固不能息天下之禍。當今之時，兩主縣命足下。足下爲漢則漢勝，與楚則楚勝。臣願披心腹，墮肝膽，[19]效愚忠，恐足下不能用也。方今爲足

下計，莫若兩利而俱存之，參分天下，鼎足而立，其
執莫敢先動。夫以足下之賢聖，有甲兵之衆，據彊齊，
從燕、趙，出空虛之地以制其後，因民之欲，西鄉爲
百姓請命，[20]天下孰敢不聽！足下桉齊國之故，[21]有
淮泗之地，[22]懷諸侯以德，深拱揖讓，[23]則天下君王
相率而朝齊矣。蓋聞'天與弗取，反受其咎；時至弗
行，反受其殃'。願足下孰圖之。"

　　[1]【顏注】張晏曰：言背者，云背畔則大貴。【今注】案，
楊樹達《漢書窺管》謂"貴而不可言"，"而"字《史記》卷九二
《淮陰侯列傳》作"乃"。按"而"字古讀與"耐"同，"乃"與
"耐"同音，故"而"與"乃"可通用。

　　[2]【顏注】師古曰：不欲顯言，故請間隙而私說。

　　[3]【顏注】師古曰：建號者，自立爲侯王。呼，音火故反。

　　[4]【顏注】師古曰：雜襲，猶雜沓，言相雜而累積。

　　[5]【顏注】師古曰：飄，讀曰猋，謂疾風，音必遙反。【今
注】案，王先謙《漢書補注》謂《史記》"飄"作"熛"，是也。

　　[6]【顏注】師古曰：志滅秦，所憂者唯此。

　　[7]【今注】鞏：縣名。治所在今河南鞏義市西南。　雒：縣
名。治所在今河南洛陽市東北。

　　[8]【今注】案，王先謙《漢書補注》謂《史記》作"阻山
河之險"。

　　[9]【顏注】師古曰：折，挫也。北，奔也。不救，謂無援
助也。

　　[10]【顏注】張晏曰：於成皋戰傷胷也。【今注】成皋：縣
名。治所在今河南溫縣東南。

　　[11]【今注】宛：縣名。治所在今河南南陽市宛城區。　葉：

縣名。治所在今河南葉縣西南。

[12]【今注】彭城：地名。在今江蘇徐州市。楚霸王項羽都於此。

[13]【顏注】師古曰：席，因也，若人之在席上。【今注】案，王先謙《漢書補注》謂《史記》作"乘勝席捲"，與此義異。

[14]【顏注】師古曰：索，音山客反。【今注】京：縣名。治所在今河南滎陽市東南。　索：邑名。治所在京縣西北，即今河南滎陽市。

[15]【顏注】師古曰：至今已三年。

[16]【今注】案，粮，大德本同，蔡琪本、殿本作"糧"。

[17]【顏注】師古曰：罷，讀曰疲。

[18]【顏注】師古曰：料，量也。

[19]【顏注】師古曰：墮，毀也，音火規反。

[20]【顏注】師古曰：鄉，讀曰嚮。齊國在東，故曰西嚮。止楚漢之戰鬭，士卒不死亡，故云請命。

[21]【今注】案，桉，大德本同，蔡琪本、殿本作"按"。

[22]【今注】淮：王先謙《漢書補注》謂《史記》作"膠"，不誤。指膠水（在今山東膠東半島西部）。　泗：泗水。在今山東省西南部。

[23]【顏注】師古曰：深拱猶高拱。

信曰："漢遇我厚，吾豈可見利而背恩乎！"通曰："始常山王、成安君故相與爲刎頸之交，[1]及爭張黶、陳釋之事，[2]常山王奉頭鼠竄，以歸漢王。[3]借兵東下，戰於鄗北，成安君死於泜水之南，[4]頭足異處。此二人相與，天下之至驩也，而卒相滅亡者，何也？患生於多欲而人心難測也。今足下行忠信以交於漢王，

今注本二十四史　漢書

4150

必不能固於二君之相與也,[5]而事多大於張黶、陳釋之事者,故臣以爲足下必漢王之不危足下,過矣。[6]大夫種存亡越,伯句踐,[7]立功名而身死。語曰:'野禽殫,走犬亨;[8]敵國破,謀臣亡。'故以交友言之,則不過張王與成安君;以忠臣言之,則不過大大種。此二者,宜足以觀矣。願足下深慮之。且臣聞之,勇略震主者身危,功蓋天下者不賞。足下涉西河,[9]虜魏王,[10]禽夏説,[11]下井陘,[12]誅成安君之罪,以令於趙,脅燕定齊,南摧楚人之兵數十萬衆,遂斬龍且,西鄉以報,[13]此所謂功無二於天下,略不世出者也。[14]今足下挾不賞之功,戴震主之威,歸楚,楚人不信;歸漢,漢人震恐。足下欲持是安歸乎?[15]夫執在人臣之位,而有高天下之名,切爲足下危之。"[16]信曰:"生且休矣,吾將念之。"[17]

[1]【今注】常山王:張耳。傳見本書卷三二。 成安君:陳餘。傳見本書卷三二。 刎頸之交:友情深摯,可以同生死共患難、割頸不悔的朋友。

[2]【顏注】師古曰:黶,音一點反。【今注】案,王先謙《漢書補注》謂《史記》"陳釋"作"陳澤"。"澤""釋"古通。張黶、陳釋二人均爲張耳部將,戰死於秦軍。張耳與陳餘爲此爭執而成仇敵。

[3]【顏注】師古曰:言其迫窘逃亡,如鼠之藏竄。【今注】案,《漢書考正》宋祁謂《史記》卷九二《淮陰侯列傳》作"奉項嬰頭而竄逃歸於漢"。

[4]【顏注】師古曰:鄗,音呼各反。泜,音"祗",又音丁計反。【今注】鄗:縣名。治所在今河北高邑縣東南。 泜:水名。

　　[5]【今注】固於二君之相與：比張耳、陳餘相交更爲牢固。

　　[6]【顏注】師古曰：過猶誤也。

　　[7]【顏注】師古曰：令句踐致霸功也。伯，讀曰霸。【今注】大夫種：春秋末越國大夫。字少禽（一作"子禽"）。楚國郢（今湖北江陵縣）人。吳越交戰，越敗，困守會稽，大夫種向越王句踐獻計，使越免於亡國。又助句踐興越滅吳，功成，句踐聽信讒言，賜劍命其自殺。

　　[8]【顏注】師古曰：殫，盡也，音"單"。

　　[9]【今注】西河：指今陝西、山西二省之間南北流向的一段黃河。

　　[10]【今注】魏王：魏豹。

　　[11]【顏注】師古曰：說讀曰悅。【今注】夏說：陳餘部將，代相。

　　[12]【今注】井陘：即井陘口。太行山險隘之一，在今河北井陘縣西北。

　　[13]【顏注】師古曰：且，音子餘反。鄉，讀曰嚮。【今注】龍且：楚之大將，死於濰水之戰。

　　[14]【顏注】師古曰：言其計略奇異，世所希有。

　　[15]【顏注】師古曰：安，焉也。此下亦同。

　　[16]【今注】案，楊樹達《漢書窺管》謂《史記》作"竊"，是也，此音近之誤。

　　[17]【顏注】師古曰：念猶思也。

　　數日，通復說曰："聽者，事之候也；[1]計者，存亡之機也。夫隨廝養之役者，[2]失萬乘之權；守儋石之祿者，闕卿相之位。[3]計誠知之，而決弗敢行者，百事之禍也。故猛虎之猶與，不如蠭蠆之致螫；[4]孟賁之狐疑，不如童子之必至。[5]此言貴能行之也。夫功者難成而易敗，時者難值而易失。'時乎時，不再來。'[6]願足下無疑臣之計。"信猶與不忍背漢，又自以功多，漢不奪我齊，遂謝通。[7]通說不聽，惶恐，乃陽狂爲巫。[8]

[1]【顏注】師古曰：謂能聽善謀也。【今注】候：徵候。

[2]【今注】廝養：廝役、奴僕。

[3]【顏注】應劭曰：齊人名小甖爲儋，受二斛。晉灼曰：石，斗石也。師古曰：儋，音都濫反。或曰，儋者，一人之所負擔也。

[4]【顏注】師古曰：與，讀曰"預"。薫，竭也。蠚，毒也。薫，音丑界反。蠚，音呼各反。

[5]【顏注】師古曰：孟賁，古之勇力士。賁，音"奔"。【今注】案，王先謙《漢書補注》謂《史記》"童子"作"庸夫"，又"孟賁"句上有"騏驥之跼躅，不如駑馬之安步"二句，下有"雖有舜禹之智，吟而不言，不如瘖聾之指麾也"三句。

[6]【顏注】師古曰：此古語，歎時之不可失。

[7]【顏注】師古曰：告令罷去。

[8]【今注】陽狂：同"佯狂"，裝瘋。

天下既定，後信以罪廢爲淮陰侯，謀反被誅，臨死歎曰："悔不用蒯通之言，死於女子之手！"高帝曰："是齊辯士蒯通。"迺詔齊召蒯通。[1]通至，上欲亨之，曰："若教韓信反，何也？"[2]通曰："狗各吠非其主。[3]當彼時，臣獨知齊王韓信，非知陛下也。且秦失其鹿，[4]天下共逐之，高材者先得。天下匈匈，爭欲爲陛下所爲，顧力不能，[5]可殫誅邪！"[6]上迺赦之。

[1]【今注】案，王先謙《漢書補注》謂詔齊王肥捕之也。《史記》"召"作"捕"。

[2]【顏注】師古曰：若，汝也。

[3]【今注】案，王先謙《漢書補注》謂《史記》作"跖之狗吠堯，堯非不仁，狗固吠非其主"。

[4]【顏注】張晏曰：以鹿喻帝位。【今注】案，楊樹達《漢書窺管》認爲"鹿""禄"古音同，此用"鹿"字之音寓"禄"字之意。

[5]【顏注】師古曰：顧，念也。

[6]【顏注】師古曰：殫，盡也。

至齊悼惠王時，曹參爲相，[1]禮下賢人，請通爲客。

[1]【今注】曹參：傳見本書卷三九。

初，齊王田榮怨項羽，[1]謀舉兵畔之，劫齊士，不與者死。[2]齊處士東郭先生、梁石君在劫中，[3]强從。及田榮敗，二人醜之，[4]相與入深山隱居。客謂通曰："先生之於曹相國，拾遺舉過，顯賢進能，齊國莫若先生者。先生知梁石君、東郭先生世俗所不及，何不進之於相國乎？"通曰："諾。臣之里婦，與里之諸母相善也。里婦夜亡肉，姑以爲盜，怒而逐之。婦晨去，過所善諸母，語以事而謝之。[5]里母曰：'女安行，[6]我今令而家追女矣。'[7] 即束縕請火於亡肉家,[8]曰:'昨莫夜,[9]犬得肉,爭鬭相殺,請火治之。'[10]亡肉家遽追呼其婦。[11]故里母非談說之士也,束縕乞火非還婦之道也,然物有相感,事有適可。臣請乞火於曹相國。"迺見相國曰:"婦人有夫死三日而嫁者,有幽居守寡不出門者,足下即欲求婦,何取?"曰:"取不嫁者。"通曰:"然則求臣亦猶是也,彼東郭先生、梁石君,齊之俊士也,隱居不嫁,未嘗卑節下意以求仕也。願足下使人禮之。"曹相國曰:"敬受命。"皆以爲上賓。

[1]【今注】田榮:齊王田氏之後族。田儋之從弟。隨田儋起兵反秦,後因田儋兵敗而齊人立田假爲王,故領兵擊假,遂立田儋之子田市爲王。後出兵助陳餘擊項羽,並自立爲王。項羽出兵伐齊後兵敗逃至平原,爲平民所殺。

[2]【顏注】師古曰:劫而取之,不從則殺也。

[3]【今注】處士:未仕或不仕的士人。

[4]【顏注】師古曰:自恥從亂,以爲醜惡也。

[5]【顏注】師古曰:謝謂告辭也。

[6]【顏注】師古曰:安,徐也。

[7]【顏注】師古曰:而,亦汝。

[8]【顏注】師古曰:縕,亂麻,音於粉反。

[9]【今注】案,莫,蔡琪本、大德本、殿本作"暮"。

[10]【顏注】師古曰:治謂燀治死犬。燀,音似廉反。

[11]【顏注】師古曰:遽,速也。

通論戰國時說士權變,亦自序其說,凡八十一首,號曰《雋永》。[1]

[1]【顏注】師古曰：雋，音字兖反。雋，肥肉也。永，長也。言其所論甘美，而義深長也。【今注】案，本書《藝文志》縱橫家有《蒯子》五篇，原注"名通"。

初，通善齊人安其生，[1]安其生嘗干項羽，羽不能用其策。而項羽欲封此兩人，兩人卒不肯受。

[1]【今注】安其生：秦漢間傳説中的仙人，後入於道教神仙之林。案，王先謙《漢書補注》謂《史記》《漢紀》均作"安期生"。

伍被，楚人也。[1]或言其先伍子胥後也。[2]被以材能稱，爲淮南中郎。是時淮南王安好術學，折節下士，招致英儁以百數，被爲冠首。[3]

[1]【顏注】師古曰：被，音皮義反。
[2]【今注】伍子胥：即伍員，字子胥。楚國乾溪（今屬安徽亳州市城父鎮）人。因父伍奢被害，逃至吳爲大夫，協助吳王闔閭復興吳國，擊楚報仇，後被疏遠自殺。
[3]【顏注】師古曰：最居其上也。

久之，淮南王陰有邪謀，被數微諫。[1]後王坐東宮，召被欲與計事，呼之曰："將軍上。"被曰："王安得亡國之言乎?[2]昔子胥諫吳王，[3]吳王不用，迺曰

'臣今見麋鹿游姑蘇之臺也。'[4]今臣亦將見宮中生荆棘，露霑衣也。"於是王怒，繫被父母，囚之三月。

[1]【顏注】師古曰：私諫之。

[2]【今注】亡國之言：周壽昌《漢書注校補》指出，漢制，諸侯王國掌武職者，祇有中尉，而無將軍。將軍乃朝廷之官。淮南王安呼伍被爲將軍，故伍被以爲"亡國之言"。

[3]【今注】吳王：指吳王夫差。

[4]【顏注】張晏曰：吳臺名也。師古曰：《吳地記》云因山爲名，西南去國三十五里。

王復召被曰："將軍許寡人乎？"被曰："不，[1]臣將爲大王畫計耳。臣聞聰者聽於無聲，明者見於未形，[2]故聖人萬舉而萬全。文王壹動而功顯萬世，[3]列爲三王，[4]所謂因天心以動作者也。"王曰："方今漢庭治乎？[5]亂乎？"被曰："天下治。"王不説[6]曰："公何以言治也？"被對曰："被竊觀朝廷，君臣父子夫婦長幼之序也皆得其理，上之舉錯遵古之道，[7]風俗紀綱未有所缺。重裝富賈周流天下，道無不通，交易之道行。南越賓服，[8]羌、僰頁獻，東甌入朝，[9]廣長楡，[10]開朔方，[11]匈奴折傷。雖未及古太平時，然猶爲治。"[12]王怒，被謝死罪。

[1]【今注】案，不，蔡琪本、大德本、殿本作"小"。

[2]【顏注】師古曰：言智慮通達，事未形兆，皆豫見。

[3]【今注】文王：周文王。

[4]【今注】三王：指夏禹王、商湯王、周文王。

[5]【今注】案，王先謙《漢書補注》謂《史記》"庭"作"廷"，是。

[6]【顏注】師古曰：説，讀曰"悦"。

[7]【顏注】師古曰：錯，音千故反。【今注】舉錯：同"舉措"，措施。

[8]【今注】南越：國名。都番禺（今廣東廣州市番禺區）。高祖十一年（前196），封趙佗爲南越王。武帝元鼎五年（前112），南越國相呂嘉殺國王和漢使，武帝派兵征討平定。 賓服：諸侯入貢朝見天子。

[9]【顏注】師古曰：僰，西南夷也，音蒲北反。【今注】羌：西北古族名。西漢時主要分布在今青藏高原邊緣的青海、甘肅及四川等地，以游牧爲主業，兼務農作。部族衆多，不相統屬。僰：西南地區古族名。出自氐羌族系。滇國主體民族之一。戰國至漢晉時期主要分布於雲南中、東、西部，貴州西、西北部，四川南、西南部等地。是秦漢時期"西南夷"各族中經濟文化發展水準最高者。 東甌：亦稱甌越。越族的一支。相傳爲越王句踐後裔。秦漢時分布在今浙江南部甌江、靈江流域一帶。楚漢戰爭時，首領搖率兵助漢王劉邦滅項羽。惠帝三年（前192）封爲東海王，都東甌（今浙江溫州市），俗稱東甌王。漢武帝時，爲閩越所攻，徙其族於江淮間。

[10]【顏注】如淳曰：廣謂斥大之也。長榆，塞名，王恢所謂樹榆以爲塞者也。師古曰：長榆在朔方，即《衛青傳》所云榆谿舊塞是也。或謂之榆中。

[11]【今注】朔方：郡名。治朔方（今内蒙古杭錦旗東北）。

[12]【今注】案，大德本、殿本同，蔡琪本"爲治"後有"也"字。

　　王又曰："山東即有變，漢必使大將軍將而制山東，[1]公以爲大將軍何如人也？"被曰："臣所善黄義，從大將軍擊匈奴，言大將軍遇士大夫以禮，與士卒有恩，衆皆樂爲用。騎上下山如飛，材力絶人如此，[2]數將習兵，未易當也。及謁者曹梁使長安來，[3]言大將軍號令明，當敵勇，常爲士卒先；須士卒休，乃舍；穿井得水，迺敢飲；軍罷，士卒已踰河，迺度。皇太后所賜金錢，盡以賞賜。雖古名將不過也。"士曰："夫蓼太子[4]知略不世出，非常人也，以爲漢廷公卿列侯皆如沐猴而冠耳。"被曰："獨先刺大將軍，迺可舉事。"

　　[1]【今注】大將軍：指衛青。傳見本書卷五五。

　　[2]【今注】案，材，大德本同，蔡琪本、殿本作"神"。

　　[3]【今注】謁者：職官名。郎中令（光禄勳）屬官，掌賓贊受事，秩比六百石。

　　[4]【顔注】服虔曰：淮南太子也。文穎曰：食菜於此（菜，殿本作"采"），或言外家姓也。師古曰：蓼自地名，而王之太子豈以食地爲號？文言外家姓，近爲得之，亦猶漢之栗太子也。

　　王復問被曰："公以爲吳舉兵非邪？"[1]被曰："非也。夫吳王賜號爲劉氏祭酒，[2]受几杖而不朝，[3]王四郡之衆，地方數千里，采山銅以爲錢，煮海水以爲鹽，伐江陵之木以爲舡，[4]國富民衆，行珍寶，賂諸侯，與七國合從，[5]舉兵而西，破大梁，敗狐父，[6]奔走而還，爲越所禽，死於丹徒，[7]頭足異處，身滅祀絶，爲天下戮。^[8]夫以吳衆不能成功者，何也？誠逆天違衆而不見時也。”王曰：“男子之所死者，一言耳。^[9]且吳何知反？漢將一日過成皋者四十餘人。^[10]今我令緩先要成皋之口，^[11]周被下潁川兵塞轘轅、伊闕之道，^[12]陳定發南陽兵守武關。^[13]河南太守獨有雒陽耳，^[14]何足憂？然此北尚有臨晉關、河東、上黨與河內、趙國界者通谷數行。^[15]人言‘絶成皋之道，天下不通’。據三川之險，^[16]招天下之兵，公以爲何如？”被曰：“臣見其禍，未見其福也。”

[1]【今注】吳：指吳王劉濞。傳見本書卷三五。

[2]【顏注】應劭曰：禮，飲酒必祭，示有先也，故稱祭酒，尊之也。如淳曰：祭祠時唯尊長者以酒沃酹。師古曰：如説是也。【今注】祭酒：古禮，祭祀宴饗，必推年長者一人先舉酒以祭，故名祭酒，爲尊敬之稱，因以爲位名。漢時有給大臣加祭酒之號以示優尊的做法。西漢時置六經祭酒，秩上卿；東漢置博士祭酒，秩六百石，爲五經博士之首。

[3]【今注】几杖：几案和拐杖。供老者使用。賜几杖有敬老之意。

[4]【今注】江陵：縣名。治所在今湖北江陵縣。 案，舩，蔡琪本、大德本、殿本作“船”。

[5]【今注】七國合從：王先謙《漢書補注》指出，去吳則爲六國，“七”當爲“六”字之誤也。本書卷五一《鄒陽傳》亦誤，可互證。

[6]【顏注】師古曰：在梁、碭之間也。父，音“甫”。【今注】狐父：邑名。在今安徽碭山縣南。

[7]【顏注】師古曰：即今潤州丹徒縣也。【今注】丹徒：縣

名。治所在今江蘇鎮江市東。

[8]【顏注】師古曰：天下之人皆共戮之。一曰天下之大戮也。

[9]【顏注】張晏曰：不成即死，一計耳（計耳，蔡琪本、殿本作"言耳"）。臣瓚曰：或有一言，云以死報也。師古曰：二說死，並非也。言男子感氣，相許一言，不顧其死。或曰，一言之恨，不顧危亡，以此致死也。【今注】案，吳恂《漢書注商》謂此猶云男子一言既出，雖死無悔。

[10]【顏注】師古曰：言不知塞成皋口，而令漢將得出之，是不知反計也。【今注】成皋：縣名。治所在今河南滎陽市西北。

[11]【顏注】韋昭曰：淮南臣名也。師古曰：緩者，名也。不言其姓。今流俗書本於"緩"上妄加"樓"字，非也。

[12]【今注】潁川：郡名。治陽翟（今河南禹州市）。　轘轅：山名，又關名。在今河南偃師市東南。　伊闕：關名。在今河南伊川縣北。

[13]【今注】南陽：郡名。治宛縣（今河南南陽市宛城區）。武關：關名。在今陝西商南縣東南。

[14]【顏注】師古曰：如此計，則漢河南郡唯有雒陽在耳，餘皆不屬。【今注】河南：郡名。治雒陽（今河南洛陽市東北）。

[15]【顏注】如淳曰：言此北尚嶮阻，其谿谷可得通行者有數處。【今注】臨晉關：又名河關、蒲阪關、蒲津關。戰國魏置，故地在今陝西大荔縣朝邑鎮東黃河西岸。　河東：郡名。治安邑（今山西夏縣西北）。　上黨：郡名。治長子（今山西長子縣西南）。　河內：郡名。治懷縣（今河南武陟縣西南）。

[16]【今注】三川：郡名。戰國時韓宣王置。轄境內有伊河、洛河、黃河三川，故名。秦莊襄王時亦置，治雒陽，一說後遷治滎陽。高帝二年（前205）改爲河南郡。

　　後漢逮淮南王孫建，繫治之。王恐陰事泄，謂被曰："事至，吾欲遂發。天下勞苦有閒矣，[1] 諸侯頗有失行，皆自疑，我舉兵西鄉，必有應者；[2] 無應，即還略衡山。[3] 勢不得不發。"被曰："略衡山以擊廬江，[4] 有尋陽之舟公，[5] 守下雉之城，[6] 結九江之浦，[7] 絕豫章之口，[8] 強弩臨江而守，以禁南郡之下，[9] 東保會稽，[10] 南通勁越，屈强江淮間，[11] 可以延歲月之壽耳，未見其福也。"王曰："左吳、趙賢、朱驕如皆以爲什八九成，[12] 公獨以爲無福，何？"被曰："大王之群臣近幸素能使衆者，皆前繫詔獄，餘無可用者。"王曰："陳勝、吳廣無立錐之地，百人之聚，起于大澤，[13] 奮臂大呼，天下嚮應，[14] 西至於戲而兵百二十萬。[15] 今吾國雖小，勝兵可得二十萬，公何以言有禍無福？"被曰："臣不敢避子胥之誅，願大王無爲吳王之聽。往者秦爲無道殘賊天下，殺術士，燔詩書，滅聖跡，棄禮義，任刑法，轉海瀕之粟，致于西河。[16] 當是之時，男子疾耕不足於糧餽，[17] 女子紡績不足於蓋形。遣蒙恬築長城，[18] 東西數千里。暴兵露師，常數十萬，死者不可勝數，僵尸滿野，流血千里。於是百姓力屈，[19] 欲爲亂者十室而五。又使徐福入海求仙藥，[20] 多齎珍寶，童男女三千人，五種百工而行。[21] 徐福得平原大澤，止王不來。於是百姓悲痛愁思，欲爲亂者十室而六。又使尉佗踰五嶺，攻百越，[22] 尉佗知中國勞極，止王南越。[23] 行者不還，往者莫返，於是百姓離心瓦解，欲爲亂者十室而七。興萬乘之駕，作阿房

之宫，收太半之賦，發閭左之戍。[24]父不寧子，兄不
安弟，[25]政苛刑慘，民皆引領而望，傾耳而聽，悲號
仰天，叩心怨上，[26]欲爲亂者，十室而八。客謂高皇
帝曰：‘時可矣。’高帝曰：‘待之，聖人當起東南。’
閒不一歲，陳、吳大呼，[27]劉、項並和，天下嚮
應，[28]所謂蹈瑕釁，[29]因秦之亡時而動，百姓願之，
若枯旱之望雨，故起於行陳之中，[30]以成帝王之功。
今大王見高祖得天下之易也，獨不觀近世之吳楚乎！
當今陛下臨制天下，壹齊海內，[31]氾愛蒸庶，[32]布德
施惠。口雖未言，聲疾雷震；令雖未出，化馳如神。
心有所懷，威動千里；下之應上，猶景嚮也。[33]而大
將軍材能非直章邯、揚熊也。[34]王以陳勝、吳廣論之，
被以爲過矣。[35]且大王之兵衆不能什分吳楚之一，天
下安寧又萬倍於秦時。願王用臣之計。臣聞箕子過故
國而悲，作麥秀之歌，[36]痛紂之不用王子比干之言
也。[37]故孟子曰，紂貴爲天子，死曾不如匹夫。[38]是
紂先自絕久矣，非死之日天去之也。今臣亦竊悲大王
棄千乘之君，將賜絕命之書，爲群臣先，[39]身死于東
宫也。”[40]被因流涕而起。[41]

[1]【顏注】如淳曰：言天下勞苦，人心有閒隙，易動亂。
師古曰：此說非也。有閒，猶言中閒已有也。故謂此者乃爲閒也。

[2]【顏注】師古曰：鄉，讀曰“嚮”。

[3]【今注】衡山：指衡山王國，都邾縣（今湖北黄岡市北）。

[4]【今注】廬江：指廬江王國，都於舒縣（今安徽廬江縣西
南）。

[5]【今注】尋陽：縣名。治所在今湖北廣濟縣東北。　案，舮，蔡琪本、大德本、殿本作“船”。

[6]【顏注】孟康曰：下雉，江夏縣名。師古曰：雉，音羊氏反。【今注】下雉：縣名。治所在今湖北武穴市西南。

[7]【今注】九江：郡名。治壽春（安徽壽縣）。

[8]【今注】豫章：郡名。治南昌（今江西南昌市）。

[9]【今注】南郡：治江陵（今湖北江陵）。

[10]【今注】會稽：郡名。治吳縣（今江蘇蘇州市）。

[11]【顏注】師古曰：屈，音其勿反。【今注】案，强，大德本同，蔡琪本、殿本作“疆”。

[12]【顏注】師古曰：吳、賢、驕如，王之三臣也。【今注】案，王先謙《漢書補注》謂《史記》作“皆以爲有福，什事九成”。

[13]【今注】大澤：指大澤鄉。在今安徽宿縣東南。

[14]【顏注】師古曰：呼，音火故反。嚮，讀曰“響”。

[15]【今注】戲：地名。在今陝西臨潼縣東北。

[16]【顏注】師古曰：瀕，涯也。海瀕謂緣海涯之地。瀕，音“頻”，又音“賓”。

[17]【顏注】師古曰：餽，亦“饋”字也。

[18]【今注】蒙恬：秦名將。先祖齊國人。祖蒙驁及父蒙武均爲秦名將。蒙恬曾爲秦内史。秦統一六國後，率兵三十萬擊敗匈奴，收河南地（今内蒙古河套一帶），並修築長城，西起臨洮，東至遼東，守衛數年，匈奴不敢犯。後爲趙高所构陷，矯詔賜死。

[19]【顏注】師古曰：屈，盡也，音其勿反。

[20]【今注】徐福：秦時方士。琅邪（今山東膠南、諸城一帶）人。

[21]【顏注】師古曰：五種，五穀之種也。

[22]【顏注】師古曰：五嶺解在《張耳傳》。【今注】尉佗：

即趙佗。　百越：即古越族，因其支系很多，各有種姓，故稱
百越。

[23]【顏注】師古曰：《南越傳》云南海尉任囂謂趙佗曰
"聞陳勝等作亂，豪桀叛秦相立"，即被佗書行南海尉事。囂死後，
佗始自爲王。今此乃言尉佗先王，陳勝乃反，此蓋伍被一時對辭，
不究其實也。【今注】案，沈欽韓《漢書疏證》指出，據《淮南
子·人間》"（秦皇）使尉屠睢伐越，三年不解甲弛弩。越人攻秦，
大破之，殺尉屠睢"，與尉佗事不相涉。本書卷六四上《嚴助傳》
淮南王諫伐閩越，亦言之。《淮南子》即伍被等所撰，然則被今陳
辭，無容不知而妄說趙佗也。王先謙《漢書補注》謂《史記》此
下 "使人上求女無夫家者三萬人，以爲士卒衣補。秦皇帝可其萬
五千人" 三句。踰嶺攻越，佗亦從役，惟止王在後耳。此文不言王
越，即爲無累。辯士之言，難可徵實也。

[24]【顏注】師古曰：閭左解在《食貨志》。【今注】太半之
賦：秦朝對農民的賦稅剝削。"太半" 即大半，意爲三分之二左右。
秦代賦稅至重，爲百姓全年收入的三分之二以上，故稱太半之賦。
　閭左：秦代居里門之左的人，指身份卑賤之人。

[25]【顏注】師古曰：言不能相保。

[26]【顏注】師古曰：叩，擊也。

[27]【顏注】師古曰：中間不經一歲也。呼，音火故反。

[28]【顏注】師古曰：和，音胡臥反。嚮，讀曰 "響"。

[29]【今注】案，蹛瑕饗，王先謙《漢書補注》謂《史記》
作 "蹛瑕候閒"。

[30]【今注】案，陳，蔡琪本、大德本同，殿本作 "陣"。

[31]【今注】案，壹，蔡琪本、大德本同，殿本作 "一"。

[32]【顏注】師古曰：氾，普也。蒸亦衆也。氾，音敷
劍反。

[33]【顏注】師古曰：言如影之隨形，響之應聲。"嚮" 讀

曰“響”。

[34]【今注】章邯：楚漢之際諸侯王。原爲秦朝將領，任少府。　揚熊：秦朝將領。戰敗被二世使者斬殺。

[35]【顏注】師古曰：過，誤也。

[36]【顏注】張晏曰：箕子將朝周，過殷故都，見麥及禾黍，心悲，乃作歌曰：“麥秀之漸漸兮，禾苗之繩繩兮，彼狡童兮，不與我好兮。”狡童謂紂也。【今注】箕子：商代貴族，商紂王之叔，官至太師。名胥餘，受封於箕（今山西太谷縣東北）。

[37]【今注】比干：商貴族。紂王叔父。官少師。相傳曾屢次勸諫紂王，被剖心而死。

[38]【今注】案，錢大昭《漢書辨疑》謂今《孟子》無此文，或曰《孟子外篇》文。止此二句，下是伍被引伸之詞。

[39]【顏注】師古曰：在群臣先死。

[40]【顏注】如淳曰：王時所居也。

[41]【今注】案，王先謙《漢書補注》謂《史記》云“於是王氣怨結而不揚，涕滿匡而橫流，即起，歷階而去”，與此不同。

後王復召問被：“苟如公言，不可以徼幸邪？”[1]被曰：“必不得已，被有愚計。”王曰：“奈何？”被曰：“當今諸侯無異心，百姓無怨氣。朔方之郡土地廣美，民徙者不足以實其地。可爲丞相、御史請書，[2]徙郡國豪桀及耐罪已上，[3]以赦令除，家產五十萬以上者，皆徙其家屬朔方之郡，[4]益發甲卒，急其會日。[5]又爲左右都司空上林中都官詔獄書，[6]逮諸侯太子及幸臣。[7]如此，則民怨，諸侯懼，即使辯士隨而説之，[8]黨可以徼幸。”[9]王曰：“此可也。雖然，吾以不至若此，專發而已。”[10]後事發覺，被詣吏自告與淮南王謀反蹤跡如此。天子以伍被雅辭多引漢美，欲勿誅。張湯進曰：[11]"被首爲王畫反計，罪無赦。"遂誅被。

[1]【顏注】師古曰：徼，要也。幸，非望之福也。【今注】案，邪，蔡琪本同，大德本、殿本作"耶"。

[2]【顏注】師古曰：謂詐爲此文書，令徒人也。

[3]【今注】耐：刑罰名。剃去鬍鬚鬢毛而保留頭髮的刑罰。案，已，蔡琪本、大德本同，殿本作"以"。

[4]【顏注】師古曰：以赦令除，謂遇赦免罪者。

[5]【顏注】師古曰：促其期日。

[6]【顏注】晉灼曰：《百官表》宗正有左右都司空，上林有水司空；皆主囚徒官也。師古曰：中都官，京師諸官府。【今注】左右都司空：左右司空及都司空。　上林：秦漢時宮苑名，故址在今陝西西安市西。　中都官：秦漢時京師諸官署的統稱。　詔獄：奉詔囚禁、審理犯人的機關，也指奉詔審理的案件。　案，蔡琪本、大德本、殿本"又"後有"僞"字。

[7]【顏注】師古曰：追對獄。

[8]【今注】案，王先謙《漢書補注》謂《史記》作"辯武"，徐廣注："淮南人名士曰武。"

[9]【顏注】師古曰：黨，讀曰儻。

[10]【顏注】師古曰：言不須爲此詐，直自發兵而已。

[11]【今注】張湯：傳見本書卷五九。

江充字次倩，趙國邯鄲人也。[1]充本名齊，有女弟善鼓琴歌舞，嫁之趙太子丹。齊得幸於敬肅王，[2]爲上客。

[1]【顔注】師古曰：倩，音千見反。【今注】邯鄲：趙王國國都邯鄲（今河北邯鄲市西南）。

[2]【今注】肅王：趙敬肅王劉彭祖。

久之，太子疑齊以己陰私告王，與齊忤，[1]使吏逐捕齊，不得，收繋其父兄，按驗，皆棄市。齊遂絶迹亡，西入關，更名充。詣闕告太子丹與同産姊及王後宮姦亂，[2]交通郡國豪猾，攻剽爲姦，[3]吏不能禁。書奏，天子怒，遣使者詔郡發吏卒圍趙王宮，收捕太子丹，移繋魏郡詔獄，[4]與廷尉雜治，[5]法至死。

[1]【顔注】師古曰：言相乖。

[2]【今注】案，王，蔡琪本、殿本作“至”。

[3]【顔注】師古曰：剽，劫也，音頻妙反。

[4]【今注】魏郡：治鄴縣（今河北磁縣南）。

[5]【今注】廷尉：職官名。漢承秦置。掌刑獄，爲主管司法的最高長官。九卿之一，秩中二千石。

趙王彭祖，帝異母兄也，上書訟太子皐，言：“充逋逃小臣，[1]苟爲姦讇，激怒聖朝，[2]欲取必於萬乘以復私怨。[3]後雖亨醢，[4]計猶不悔。臣願選從趙國勇敢士，[5]從軍擊匈奴，極盡死力，以贖丹罪。”上不許，竟敗趙太子。[6]

[1]【今注】逋逃：逃亡。

[2]【顔注】師古曰：讇，古“諂”字也（蔡琪本、大德本同，殿本“諂字”後無“也”字）。

[3]【顏注】師古曰：取必，謂必取勝也。復，報也，音扶目反。

[4]【今注】亨醢：酷刑。亨，"烹"的本字，用鼎鑊煮殺；醢，把人剁成肉醬。

[5]【顏注】師古曰：選取勇敢之士以自隨。

[6]【顏注】張晏曰：雖遇赦，終見廢也。

初，充召見犬臺宮，[1]自請願以所常被服冠見上。[2]上許之。充衣紗縠襌衣，[3]曲裾後垂交輸，[4]冠禪纚步搖冠，飛翮之纓。[5]充爲人魁岸，容貌甚壯。[6]帝望見而異之，謂左右曰："燕趙固多奇士。"既至前，問以當世政事，上説之。

[1]【顏注】晉灼曰：《黄圖》上林有犬臺宮，外有走狗觀也。師古曰：今書本犬臺有作大壹字者（犬，蔡琪本、大德本同，殿本作"大"；大，蔡琪本、大德本、殿本作"太"），誤也。漢無太壹宮也。【今注】犬臺宮：漢上林苑中的離宮。在今陝西西安市西北。

[2]【顏注】師古曰：被，音皮義反。

[3]【顏注】師古曰：紗縠，紡絲而織之也。輕者爲紗，縐者爲縠。襌衣，制若今之朝服中禪也。漢官儀曰武賁中郎將衣紗縠襌衣。禪，音單，字從衣。次下亦同。

[4]【顏注】張晏曰：曲裾者，如婦人衣也。如淳曰：交輸，割正幅，使一頭狹若燕尾，垂之兩旁，見於後，是禮深衣"續衽鉤邊"（續，大德本、殿本作"績"）。賈逵謂之"衣圭"。蘇林曰：交輸，如今新婦袍上挂全幅繒角割，名曰交輸裁也。師古曰：如、蘇二説皆是也。

[5]【顔注】服虔曰：冠禪纚，故行步則搖，以鳥羽作纓也。蘇林曰：析翠鳥羽以作蕤也。臣瓚曰：飛𩮀之纓，謂如蟬翼者也。師古曰：服説是也。纚，織絲爲之，即今方目紗是也。纚，音山爾反（爾，大德本、殿本同，蔡琪本作"尔"）。搖，音弋招反。

[6]【顔注】師古曰：魁，大也。岸者，有廉稜如崖岸之形。【今注】案，楊樹達《漢書窺管》謂《説文·屵部》云：岸，水厓而高者。"魁"言其大，"岸"言其高，"爲人魁岸"猶言爲人長大也。顔説岸字非是。

充因自請，願使匈奴。詔問其狀，充對曰："因變制宜，以敵爲師，事不可豫圖。"上以充爲謁者，使匈奴還，拜爲直指繡衣使者，[1]督三輔盜賊，[2]禁察踰侈。貴戚近臣多奢僭，充皆舉劾，奏請没入車馬，令身待北軍擊匈奴。[3]奏可。充即移書光禄勳中黄門，[4]逮名近臣侍中諸當詣北軍者，[5]移劾門衛，禁止無令得出入宫殿。於是貴戚子弟惶恐，皆見上叩頭求哀，願得入錢贖罪。上許之，令各以秩次輸錢北軍，凡數千萬。上以充忠直，奉法不阿，所言中意。[6]

[1]【今注】直指繡衣使者：官名。爲皇帝特派之專使。出使時持節仗，衣繡衣，有權發郡國兵，以行賞罰，甚至誅殺地方官。

[2]【今注】三輔：政區名。西漢太初元年（前104）分右内史東半部置京兆尹，改右内史西半部置右扶風，改左内史爲左馮翊，治所均在長安，合稱三輔。

[3]【顔注】文穎曰：令貴戚身待於北軍也。【今注】北軍：西漢初設置在長安城内的禁衛軍。南軍屬衛尉統領，負責保衛皇宫；北軍屬中尉統領，負責保衛京城。

[4]【今注】光禄勳：官名。秦稱郎中令，漢因之，武帝太初元年（前104）更名光禄勳，掌宮殿掖門户。秩中二千石。　中黄門：漢代給事内廷的宦官。

[5]【今注】侍中：秦置，即丞相史。西漢爲加官，與聞朝政，贊導衆事，顧問應對，與公卿大臣論辯，平議尚書奏事，爲中朝要職。

[6]【顔注】師古曰：中，當也。

充出，逢館陶長公主行馳道中。[1]充呵問之，公主曰：“有太后詔。”充曰：“獨公主得行，車騎皆不得。”[2]盡劾没入官。[3]

[1]【顔注】師古曰：武帝之姑，即陳皇后母也。【今注】案，陳景雲《兩漢訂誤》卷二據《功臣表》指出，館陶公主子堂邑侯陳季須元鼎元年坐母公主卒服未除云云，即主卒於元狩之末。及江充貴幸，主没已十餘年。“館陶”字誤無疑。

[2]【顔注】師古曰：從公主之車騎也。

[3]【顔注】如淳曰：令乙，騎乘車馬行馳道中，已論者，没入車馬被具。

後充從上甘泉，[1]逢太子家使[2]乘車馬行馳道中，[3]充以屬吏。[4]太子聞之，使人謝充曰：“非愛車馬，誠不欲令上聞之，以教敕亡素者。[5]唯江君寬之！”充不聽，遂白奏。上曰：“人臣當如是矣。”大見信用，威震京師。遷爲水衡都尉，[6]宗族知友多得其力者。久之，坐法免。[7]

[1]【顏注】師古曰：甘泉在北山，故言上也。他皆類此。【今注】甘泉：宮殿名。故址在今陝西淳化縣西北之甘泉山上。本秦林光宮（或說雲陽宮），秦始皇二十七年（前220）改建爲甘泉宮。漢武帝時擴建。

[2]【顏注】師古曰：太子遣人之甘泉請問者也。使，音山吏反。【今注】太子：戾太子劉據。傳見本書卷六三。

[3]【今注】馳道：專供天子行馳車馬的道路。秦始皇統一六國後，修建了由首都咸陽通往各地的馳道，以控制國土。漢朝沿用，規定臣民車馬不得行馳道中，亦不得橫越馳道。

[4]【顏注】師古曰：屬，音之欲反。

[5]【顏注】師古曰：言素不教敕左右。

[6]【今注】水衡都尉：官名。西漢武帝始置，職掌上林苑諸事，兼管帝室收入及鑄錢等事，職權頗重。秩比二千石。

[7]【今注】案，王先謙《漢書補注》謂《百官公卿表》"太始三年，直指使者江充爲水衡都尉，五年爲太子所斬"，不云前坐法免，與傳異。

　　會陽陵朱安世告丞相公孫賀子太僕敬聲爲巫蠱事，[1]連及陽石、諸邑公主，[2]賀父子皆坐誅。語在《賀傳》。後上幸甘泉，疾病，充見上年老，恐晏駕後爲太子所誅，因是爲姦，奏言上疾祟在巫蠱。[3]於是上以充爲使者治巫蠱。充將胡巫掘地求偶人，[4]捕蠱及夜祠，視鬼，染汙令有處，[5]輒收捕驗治，燒鐵鉗灼，強服之。[6]民轉相誣以巫蠱，吏輒劾以大逆亡道，坐而死者前後數萬人。

[1]【今注】陽陵：縣名。治所在今陝西西安市高陵區西南。

公孫賀：傳見本書卷六六。　　太僕：秦漢列卿之一。除掌管皇帝輿馬之外，還兼主馬政。秩中二千石。　　巫蠱：謂巫師使用邪術加禍於人。

[2]【今注】陽石諸邑公主：漢武帝之二女。

[3]【顏注】師古曰：祟謂禍咎之徵也，音息遂反。故其字從出從示。示者，鬼神所以示人也。

[4]【顏注】張晏曰：胡者，言不與單同，故充仵使之（大德本同，蔡琪本、殿本句末有“也”字）。

[5]【顏注】張晏曰：充捕巫蠱及夜祭祠祝詛者，令胡巫視鬼，詐以酒醊地，令有處也。師古曰：捕夜祠及視鬼之人，而充遣巫汙染地上，爲祠祭之處，以誣其人也。【今注】案，王先謙《漢書補注》以爲二說皆非：巫能視鬼，故《田蚡傳》“蚡疾，一身盡痛，上使視鬼者瞻之”是也。夜祠者，夜祠禱而祝詛者也。下《息夫躬傳》即其證。言捕蠱及夜祠之人豫埋偶人於其居，又以他物染污其處，託爲鬼魅之迹，乃使胡巫視鬼所染污，令共知有埋蠱處，從而掘之。

[6]【顏注】師古曰：以燒鐵或鉗之，或灼之。鉗，鑷也。灼，炙也。鉗，音其炎反。

　　是時，上春秋高，疑左右皆爲蠱祝詛，有與亡，莫敢訟其冤者。充既知上意，因言宮中有蠱氣，先治後宮希幸夫人，以次及皇后，遂掘蠱於太子宮，得桐木人。[1]太子懼，不能自明，收充，自臨斬之。罵曰：“趙虜！前亂乃國王父子不足邪！[2]迺復亂吾父子也！”太子繇是遂敗。[3]語在《戾園傳》。[4]後武帝知充有詐，夷充三族。[5]

[1]【顏注】師古曰：《三輔舊事》云充使胡巫作而薶之。

[2]【顏注】師古曰：乃，汝也。

[3]【顏注】師古曰：繇，讀與“由”同。

[4]【顏注】師古曰：即《武五子傳》也，其中叙戾太子。後加謚，置園邑，故云戾園。

[5]【今注】三族：説法不同，《大戴禮記·保傅》盧辯注謂父族、母族、妻族。《史記》卷五《秦本紀》裴駰《集解》引張晏謂父母、兄弟、妻子。《周禮·春官·小宗伯》鄭玄注謂父、子、孫。《儀禮·士婚禮》鄭玄注謂父昆弟、己昆弟、子昆弟。

息夫躬字子微，河內河陽人也。[1]少爲博士弟子，受《春秋》，通覽記書。[2]容貌壯麗，爲衆所異。

[1]【今注】河陽：縣名。治所在今河南孟州市西。陽，蔡琪本、殿本同，大德本作“隄”。

[2]【顏注】師古曰：傳記及諸家之書。

哀帝初即位，皇后父特進孔鄉侯傅晏與躬同郡，[1]相友善，躬繇是以爲援，交游日廣。[2]先是，長安孫寵亦以游説顯名，免汝南太守，[3]與躬相結，俱上書，召待詔。是時哀帝被疾，始即位，而人有告中山孝王太后祝詛上，[4]太后及弟宜鄉侯馮參皆自殺，其罪不明。是後無鹽危山有石自立，[5]開道。[6]躬與寵謀曰：“上亡繼嗣，體久不平，關東諸侯，心争陰謀。今無鹽有大石自立，聞邪臣託往事，以爲大山石立而先帝龍興。[7]東平王雲以故與其后日夜祠祭祝詛上，欲求非望。[8]而后舅伍宏反因方術以醫技得幸，出入禁門。霍顯之謀將行於杯杓，^[9]荆軻之變必起於帷幄。^[10]事勢若此，告之必成；察國姦，誅主讎，取封侯之計也。"躬、寵迺與中郎右師譚，^[11]共因中常侍宋弘上變事告焉。^[12]上惡之，下有司案驗，東平王雲、雲后謁及伍宏等皆坐誅。^[13]上擢寵爲南陽太守，譚穎川都尉，^[14]弘、躬皆光禄大夫左曹給事中。^[15]是時侍中董賢愛幸，^[16]上欲侯之，遂下詔云："躬、寵因賢以聞，封賢爲高安侯，寵爲方陽侯，躬爲宜陵侯，食邑各千户。賜譚爵關内侯，^[17]食邑。"丞相王嘉内疑東平獄事，^[18]爭不欲侯賢等，語在《嘉傳》。嘉固言董賢泰盛，寵、躬皆傾覆有佞邪材，恐必撓亂國家，^[19]不可任用。嘉以此得罪矣。

[1]【今注】特進：官名。西漢末始置，以授列侯中有特殊地位者。

[2]【顔注】師古曰：繇，讀與"由"同。

[3]【顔注】師古曰：爲太守免而歸也。【今注】汝南：郡名。治上蔡（今河南上蔡縣西南）。

[4]【今注】中山孝王：劉興，漢元帝之子。　太后：指馮太后媛，馮奉世之女，本元帝昭儀。

[5]【今注】無鹽：縣名。治所在今山東汶上縣北。

[6]【顔注】服虔曰：山開自成道也。張晏曰：從石立之下道徑自通也（道徑，蔡琪本、大德本同，殿本作"徑道"）。

[7]【顔注】師古曰：言邪人有此私議。

[8]【顔注】師古曰：言求帝位也。

[9]【顔注】師古曰：杓，所以杓挹也（杓，蔡琪本同，大德本、殿本作"抒"），字與"勺"同，音上灼反。【今注】霍

顯：霍光妻，霍禹母。封號宣成夫人。本爲婢，光妻東閭氏亡，遂以婢代立。甚愛少女成君，欲使之爲皇后，遂使乳醫淳于衍陰施毒藥殺宣帝許皇后，依仗霍光權勢納成君於宣帝，立爲后。因其夫婿子女皆貴幸，驕奢逾制，人莫敢言。光死寡居，又與其監奴馮子都淫亂。後因謀反被處死。

[10]【今注】荆軻：戰國末年人，著名刺客。原籍衛國，人稱慶卿。游歷燕國，人稱荆卿、荆叔。後被燕太子丹尊爲上卿，公元前227年被派去刺殺秦王政，未遂，被殺死。

[11]【顏注】張晏曰：右師，姓，譚，名也。【今注】中郎：官名。秦置，爲近侍之官。漢沿置，光禄勳所屬的五官、左、右三中郎將署及虎賁中郎將署均置中郎，其地位高於侍郎與郎中。

[12]【今注】中常侍：官名。秦始置，西漢沿置，出入宮廷，侍從皇帝，通常爲列侯至郎中的加官。東漢以宦者爲之，屬少府，秩千石，員額不限。侍從皇帝，備顧問應對，傳達詔命和掌理文書。東漢末有所謂十常侍，權力極大。

[13]【顏注】師古曰：謁者，后之名也。

[14]【今注】潁川：郡名。治陽翟（今河南禹州市）。

[15]【今注】光禄大夫：西漢武帝時改中大夫置，掌論議。屬光禄勳，秩比二千石。　左曹：加官。漢武帝時置，加此者每日朝謁，在殿中收受平省尚書奏事，與右曹合稱諸曹。秩二千石。給事中：秦置。西漢因之。爲加官，加此號得給事宮禁中，常侍皇帝左右，備顧問應對，每日上朝謁見，分平尚書奏事，負責實際政務，爲中朝要職，多以名儒國親充任。位次中常侍，無定員。

[16]【今注】董賢：傳見本書卷九三。

[17]【今注】關內侯：爵名。秦漢二十等爵制的第十九級，次於列侯。有侯號、封户而無封土，居京畿，有徵收租税之權。也有特殊者，在關内有封土，食其租税。

[18]【顏注】師古曰：疑不實也。

[19]【顏注】師古曰：撓，攪也。撓，音呼高反。

躬既親近，數進見言事，論議亡所避。衆畏其口，見之仄目。[1]躬上疏歷詆公卿大臣，[2]曰：“方今丞相王嘉健而蓄縮，不可用。[3]御史大夫賈延惰弱不任職。[4]左將軍公孫祿、司隸鮑宣皆外有直項之名，[5]内實驗不曉政事。[6]諸曹以下僕遫不足數。[7]卒有彊弩圍城，長戟指闕，[8]陛下誰與備之？如使狂夫嗃謼於東崖，[9]匈奴飲馬於渭水，[10]邊竟雷動，四野風起，[11]京師雖有武蠱精兵，未有能窺左足而先應者也。[12]軍書交馳而輻湊，羽檄重迹而押至，[13]小夫惸臣之徒憒眊不知所爲。[14]其有犬馬之決者，仰藥而伏刃，[15]雖加夷滅之誅，何益禍敗之至哉！”

[1]【顏注】師古曰：仄，古“側”字也（大德本同，蔡琪本、殿本“字”後無“也”字）。

[2]【顏注】師古曰：詆謂毀訾也，音丁禮反。

[3]【顏注】師古曰：蓄縮，謂去於事也。

[4]【今注】御史大夫：職官名。秦始置，西漢沿置，與丞相、太尉並稱“三公”。佐丞相理國政，兼司監察。秩中二千石。案，惰，蔡琪本、大德本同，殿本作“墮”。

[5]【今注】左將軍：官名。漢代有前、後、左、右將軍，漢武帝時始設，初爲大將軍出征時手下裨將臨時名號，事訖即罷，昭宣以後常置，典掌禁兵，戍衛京師，或任征伐，皆“位上卿，金印紫綬”。 司隸：官名。司隸校尉，漢武帝時置，掌糾察京師百官及所轄附近各郡，秩比二千石。

[6]【顏注】師古曰：駮，愚也，音五駮反。

[7]【顏注】師古曰：僕遫，凡短之皃也（皃，大德本同，蔡琪本、殿本作"貌"）。僕，音步木反。遫，古"速"字。

[8]【顏注】師古曰：卒，讀曰"猝"。

[9]【顏注】師古曰：東崖謂東海之邊也。嘂，古"叫"字。嘑，音火故反。

[10]【今注】渭水：即渭河。黃河中游主要支流之一。

[11]【顏注】師古曰：竟，讀曰"境"。

[12]【顏注】蘇林曰：竀，音"跬"。師古曰：跬，半步也，言一舉足也，音口婢反。

[13]【顏注】文穎曰：押，音"狎習"之"狎"。師古曰：押至，言相因而至也。羽檄，檄之插羽者也，解在《高紀》。【今注】羽檄：即羽書，古代徵調軍隊的文書，上插鳥羽表示緊急，必須速遞。

[14]【顏注】師古曰：憒，心亂也。眊，目闇也。憒，音工內反。眊，音莫報反。

[15]【顏注】師古曰：仰藥，仰首而飲藥。

　　躬又言："秦開鄭國渠以富國彊兵，[1]今爲京師，[2]土地肥饒，可度地埶水泉，廣漑灌之利。"[3]天子使躬持節領護三輔都水。[4]躬立表，[5]欲穿長安城，引漕注大倉下以省轉輸。[6]議不可成，迺止。

[1]【今注】鄭國渠：戰國晚期秦國在關中平原北部開鑿的灌漑渠道工程。

[2]【今注】案，蔡琪本、大德本同，殿本"京師"前無"爲"字。

[3]【顏注】師古曰：度，音徒各反。

[4]【今注】三輔都水：官名。西漢時三輔各置都水官，京兆

設都水長、丞，左馮翊設左都水長、丞，右扶風設右都水長、丞，分掌三輔地區水利。因爲水利相通，故三輔雖各有都水官，有時必須協同管理，於是以“領護三輔都水”官總掌之。

[5]【今注】表：標記。

[6]【今注】大倉：太倉。古代設在京城中的官倉。商周時即設，漢高祖七年（前200）於長安城外東南立太倉，是中央政府直接控制的糧食總倉庫，藏粟最多。主管有太倉令及丞。大，蔡琪本、大德本同，殿本作“太”。

　　董賢貴幸日盛，丁、傅害其寵，[1]孔鄉侯晏與躬謀，欲求居位輔政。會單于當來朝，遣使言病，願朝明年。躬因是而上奏，以爲：“單于當以十一月入塞，後以病爲解，[2]疑有他變。烏孫兩昆彌弱，[3]卑爰疐強盛，[4]居彊煌之地，[5]擁十萬之衆，東結單于，遣子往侍。如因索彊之威，循烏孫就屠之迹，[6]舉兵南伐，并烏孫之埶也。烏孫并，則匈奴盛，而西域危矣。可令降胡詐爲卑爰疐使者來上書曰：‘所以遣子侍單于者，非親信之也，實畏之耳。唯天子哀，[7]告單于歸臣侍子。願助戊己校尉保惡都奴之界。’[8]因下其章諸將軍，令匈奴客聞焉。則是所謂‘上兵伐謀，[9]其次伐交’者也。”[10]

[1]【今注】丁傅：丁指哀帝母家，傅指哀帝祖母家。

[2]【顔注】師古曰：自解説云病。

[3]【今注】烏孫：漢代西域國名。在今新疆伊犁河流域。昆彌：烏孫國國王之號。

[4]【顔注】蘇林曰：疐，音“欬嚏”之“嚏”（蔡琪本作

"虔音欤蹇之蹇"，大德本作"蹇音欤嚏之蹇"，殿本作"虔音欤嚏之嚏"）。晉灼曰：音《詩》"載蹇其尾"之"蹇"（蔡琪本、大德本同，殿本無"詩"字）。師古曰：以字言之，晉音是，音竹二反。而《匈奴傳》服虔乃音"獻捷"之"捷"（蔡琪本、大德本同，殿本無"獻捷之"三字），既已失之。末俗學者又改"虔"字爲"庸"（虔，蔡琪本同，大德本、殿本作"蹇"），以應服氏之音，尤離真矣。【今注】卑爰疐：西漢末烏孫國貴族，小昆彌末振將之弟。

[5]【顏注】臣瓚曰：是其國所都地名。

[6]【顏注】孟康曰：烏孫先王也。

[7]【顏注】師古曰：謂閔念之。

[8]【今注】戊己校尉：官名。漢元帝初元元年（前48）屯田車師，置戊己校尉，秩六百石，掌管屯田事務。

[9]【顏注】服虔曰：謀者，舉兵伐解也。師古曰：此説非也。言知敵有謀者，則以事而應之，沮其所爲，不用兵革，所以爲貴耳。

[10]【顏注】師古曰：知敵有外交連結相援者，則間誤之，令其解散也。

書奏，上引見躬，召公卿將軍大議。左將軍公孫禄以爲"中國常以威信懷伏夷狄，躬欲逆詐造不信之謀，不可許。且匈奴賴先帝之德，保塞稱藩。今單于以疾病不任奉朝賀，遣使自陳，不失臣子之禮。臣禄自保没身不見匈奴爲邊竟憂也。"[1]躬掎禄曰：[2]"臣爲國家計幾先，謀將然，[3]豫圖未形，[4]爲萬世慮。而左將軍公孫禄欲以其犬馬齒保目所見。臣與禄異議，未可同日語也。"上曰："善。"乃罷群臣，獨與躬議。

[1]【顏注】師古曰：竟，讀曰"境"。

[2]【顏注】師古曰：掎，從後引之也，謂引躓其言也，音居綺反。

[3]【顏注】張晏曰：幾，音"冀"。師古曰：先謀將然者，謂彼欲有其事，則爲謀策以懷之（懷，蔡琪本、大德本、殿本作"壞"）。

[4]【顏注】師古曰：圖，謀也，未有形兆而謀之。

因建言："往年熒惑守心，[1]太白高而芒光，[2]又角星茀於河鼓，[3]其法爲有兵亂。是後訛言行詔籌，經歷郡國，天下騷動，恐必有非常之變。可遣大將軍行邊兵，敕武備，[4]斬一郡守，以立威，震四夷，因以厭應變異。"[5]上然之，以問丞相。丞相嘉對曰："臣聞動民以行不以言，應天以實不以文。下民微細，猶不可詐，況於上天神明而可欺哉！天之見異，所以救戒人君，[6]欲令覺悟反正，推誠行善。民心說而天意得矣。[7]辯士見一端，或妄以意傅著星歷，[8]虛造匈奴、烏孫、西羌之難，謀動干戈，設爲權變，非應天之道也。守相有臯，[9]車馳詣闕，交臂就死，恐懼如此，而談說者云，動安之危，[10]辯口快耳，[11]其實未可從。夫議政者，苦其諂諛傾險辯慧深刻也。[12]諂諛則主惠毀，[13]傾險則下怨恨，辯慧則破正道，深刻則傷恩惠。昔秦繆公不從百里奚、蹇叔之言，[14]以敗其師，[15]悔過自責，疾詿誤之臣，[16]思黃髮之言，[17]名垂於後世。唯陛下觀覽古戒，反覆參考，無以先入之語爲主。"[18]

　　[1]【今注】熒惑：火星古名。熒惑即眩惑，因火星隱現不定，令人迷惑，故名。　心：星宿名。二十八宿之一。

　　[2]【今注】太白：即金星，一名啓明星。傳說太白星主殺伐。

　　[3]【顏注】師古曰：茀，讀與"孛"同。【今注】角星：即角宿，二十八宿之一。　茀：與"孛"同。　河鼓：星名。又名黃姑、天鼓。一說即牽牛。

　　[4]【顏注】師古曰：敕，整也。行，音下更反。

　　[5]【顏注】師古曰：厭，音一涉反。

　　[6]【顏注】師古曰：見謂顯示也。

　　[7]【顏注】師古曰：說，讀曰"悅"。

　　[8]【顏注】師古曰：傅，讀曰"附"。著，音治略反。

　　[9]【顏注】鄧展曰：郡守、諸侯相。

　　[10]【顏注】師古曰：之，往也，言搖動安全之計，往就危殆也。

　　[11]【顏注】師古曰：苟快聽者之耳。

　　[12]【顏注】師古曰：謌，古"謠"字。

　　[13]【今注】案，悳，大德本同，蔡琪本、殿本作"德"。

　　[14]【顏注】師古曰：繆，讀曰"穆"。【今注】秦繆公：春秋時秦國君主，五霸之一。　百里奚蹇叔：二人皆秦之賢臣。

　　[15]【顏注】師古曰：謂敗於殽。

　　[16]【今注】詿誤：貽誤，連累。

　　[17]【顏注】師古曰：語在《秦誓》。　【今注】黃髮：謂老人。

　　[18]【顏注】師古曰：先入，謂躬先爲此計入於帝耳。

　　上不聽，遂下詔曰："間者災變不息，盜賊眾多，兵革之徵，或頗著見。[1]未聞將軍惻然深以爲意，簡練戎士，繕脩干戈。^[2]器用鹽惡，^[3]孰當督之！^[4]天下雖安，忘戰必危。將軍與中二千石舉明習兵法有大慮者各一人，將軍二人，詣公車。"^[5]就拜孔鄉侯傅晏爲大司馬衛將軍，陽安侯丁明又爲大司馬票騎將軍。^[6]

[1]【顏注】師古曰：謂玄象。

[2]【顏注】師古曰：繕，補也。

[3]【顏注】鄧展曰：鹽，不堅牢也。師古曰：音公戶反。【今注】鹽惡：陳直《漢書新證》謂"鹽惡"即"苦惡"之假借字。"苦惡"又省寫作"古惡"，"苦惡"二字爲西漢人之習俗語。顏師古注《食貨志》謂苦指鹽味苦，惡指鐵脆惡，就文生訓似得之，與漢代習俗語極爲違背。

[4]【顏注】師古曰：督，視察也。

[5]【顏注】師古曰：堪爲將軍者，凡舉二人（凡，大德本同，蔡琪本、殿本作"必"）。【今注】案，《漢書考正》劉攽稱"將軍二人"，但謂令將軍舉二人，中二千石一人耳。顏失之。周壽昌《漢書注校補》亦認爲，"舉明習兵法有大慮者"，尚不足爲將軍耶？此明云中二千石各舉一人，將軍舉二人。王先謙《漢書補注》認同劉、周二人所論，謂《哀紀》"建平四年冬，詔將軍、中二千石舉明兵法有大慮者"，不云舉將軍也。　公車：官署名。漢設此官署，屬衛尉，掌管宮殿中司馬門的警衛工作，並掌管臣民上書和徵召的接待等。

[6]【今注】票騎將軍：官名。漢武帝元狩二年（前121）始以霍去病爲驃騎將軍，定令驃騎將軍禄秩與大將軍相等。東漢光武帝又置驃騎大將軍，位在三公之下。

是日，日有食之，董賢因此沮躬、晏之策。^[1]後數

日，收晏衛將軍印綬，而丞相御史奏躬皐過。上繇是
惡躬等，[2]下詔曰："南陽太守方陽侯寵，素亡廉聲，
有酷惡之資，毒流百姓。左曹光禄大夫宜陵侯躬，虛
造詐諼之策，[3]欲以詿誤朝廷。皆交遊貴戚，趨權門，
爲名。其免躬、寵官，遣就國。"

[1]【今注】沮：毁敗。
[2]【顏注】師古曰：繇，讀與"由"同。
[3]【顏注】師古曰：諼，詐辭也，音虛遠反。

躬歸國，未有第宅，寄居丘亭。[1]姦人以爲侯家
富，常夜守之。[2]躬邑人河内掾賈惠往過躬，[3]教以祝
盗方，以桑東南指枝爲匕，[4]畫北斗七星其上，躬夜自
被髮，立中庭，向北斗，[5]持匕招指祝盗。[6]人有上書
言躬懷怨恨，非笑朝廷所進，候星宿，視天子吉凶，
與巫同祝詛。上遣侍御史、廷尉監逮躬，繫雒陽詔獄。
欲掠問，躬仰天大謼，[7]因僵仆。吏就問，云咽已
絶，[8]血從鼻耳出。食頃，死。黨友謀議相連下獄百餘
人。[9]躬母聖，坐祠竈祝詛上，大逆不道。聖棄市，妻
充漢與家屬徙合浦。[10]躬同族親屬素所厚者，皆免廢
錮。[11]哀帝崩，有司奏："方陽侯寵及右師譚等，皆造
作姦謀，罪及王者骨肉，雖蒙赦令，不宜處爵位，在
中土。"皆免寵等，徙合浦郡。

[1]【顏注】張晏曰：丘亭，野亭名。師古曰：此説非也。
丘，空也。

[2]【顏注】師古曰：謂欲盜之，伺其便。

[3]【今注】掾：高級吏員名。本義爲佐助，秦漢時曹署的正職稱掾。

[4]【顏注】師古曰：桑東南出之枝。

[5]【顏注】師古曰：被，音皮義反（被，蔡琪本、嬴本同，大德本作"柤"）。

[6]【顏注】師古曰：或招或指，所以求福排禍也。

[7]【顏注】師古曰：謼，古"呼"字，音火故反。

[8]【顏注】師古曰：咽，喉嚨，音一千反。

[9]【顏注】師古曰：親黨及朋友。

[10]【今注】合浦：郡名。治合浦（今廣西合浦縣東北）。

[11]【顏注】師古曰：終身不得仕。

初，躬待詔，數危言高論，[1]自恐遭害，著絕命辭曰："玄雲泱鬱，將安歸兮！[2]鷹隼橫厲，鸞俳佪兮！[3]矰若浮猋，動則機兮！[4]叢棘棧棧，曷可棲兮！[5]發忠忘身，自繞罔兮！冤頸折翼，庸得往兮！[6]涕泣流兮萑蘭，[7]心結愊兮傷肝。[8]虹蜺曜兮日微，[9]孽杳冥兮未開。[10]痛入天兮鳴謼，冤際絕兮誰語！[11]仰天光兮自列，招上帝兮我察。[12]秋風爲我唵，浮雲爲我陰。[13]嗟若是兮欲何留，[14]撫神龍兮攬其須。[15]游曠迴兮反亡期，[16]雄失據兮世我思。"[17]後數年乃死，如其文。

[1]【今注】危言：故作驚人之語。

[2]【顏注】師古曰：泱鬱，盛皃（皃，大德本同，蔡琪本、殿本作"貌"，本注下同）。泱，音烏朗反。

[3]【顏注】師古曰：厲，疾飛也。鸞，神鳥也，赤靈之精，

赤色，五采，雞形，鳴中五音。俳佪，謂不得其所也。

[4]【顏注】師古曰：矰，弋射矢也。焱，疾風也。言矰弋張設，其疾若風，動則機發。焱，音必遙反。

[5]【顏注】師古曰：掕掕，衆盛皃，音仕巾反（音，大德本、殿本同，蔡琪本“音”前有“掕”字。巾，大德本同，蔡琪本、殿本作“山”）。

[6]【顏注】應劭曰：雖冤頸折翼，庸得不往也。張晏曰：陷於讒人之網，何用得去也。師古曰：冤，屈也。張說是。

[7]【顏注】張晏曰：萑蘭，草名也，蔓延於地，有所依憑則起。躬怨哀帝不用己爲大臣以置治也（置，蔡琪本、大德本同，殿本作“致”）。臣瓚曰：萑蘭，泣涕闌干也。師古曰：瓚說是。萑，音“桓”（桓，蔡琪本同，大德木、殿本作“完”）。

[8]【顏注】師古曰：結愲，亂也。孟康曰：愲，音“骨”。

[9]【顏注】張晏曰：虹蜺，邪陰之氣，而有照曜，以蔽日月。云讒言流行，忠良浸微也。

[10]【顏注】如淳曰：虹蜺覆日光明謂之孽。師古曰：孽，邪氣也，音牛列反。

[11]【顏注】張晏曰：躬自以被讒枉而與君絕也。師古曰：鳴謼者，以鳥自喻也。誰語，言無所告語也。謼，音火故反。語，音牛助反。

[12]【顏注】張晏曰：上帝，天也。招，呼也。師古曰：列謂陳列其本心。

[13]【顏注】師古曰：唫，古“吟”字。

[14]【顏注】師古曰：言變故如是，何用久留而生。

[15]【顏注】師古曰：擥與擥同（大德本、殿本同，蔡琪本作“擥與擥同”），謂執持之。

[16]【顏注】師古曰：言死不可復生（大德本同，蔡琪本、殿本“言”後有“一”字）。【今注】案，迴，蔡琪本、殿本作

"迴"。

[17]【顏注】師古曰：雄謂君上也。據謂尊位也。言上失所
據，乃思我耳。

　　贊曰：仲尼"惡利口之覆邦家"，[1]蒯通　說而喪
三傷，[2]其得不亨者，幸也。伍被安於危國，身爲謀
主，忠不終而詐雠，[3]誅夷不亦宜乎！《書》放四
罪，[4]《詩》歌《青蠅》，[5]春秋以來，禍敗多矣。昔
子鼌謀桓而魯隱危，[6]樂書搆郤而晉厲弒。[7]豎牛奔
仲，叔孫卒；[8]邸伯毀季，昭公逐；[9]費忌納女，楚建
走；[10]宰嚭譖胥，夫差喪；[11]李園進妹，春申斃；[12]上
官訴屈，懷王執；[13]趙高敗斯，二世縊；[14]伊戾坎盟，
宋痤死；[15]江充造蠱，太子殺；息夫作姦，東平誅：
皆自小覆大，繇踈陷親，[16]可不懼哉！可不懼哉！[17]

　　[1]【顏注】師古曰（師古，蔡琪本、大德本、殿本作"應
劭"）：事見《論語》（見，蔡琪本、大德本同，殿本作"具"）。
【今注】惡利口之覆邦家：見《論語·陽貨》。

　　[2]【顏注】應劭曰：亨酈食其，敗田橫，驕韓信也。

　　[3]【顏注】李奇曰：詐爲王畫策，而雠見納也。師古曰：
雠，讀曰"售"（售，大德本同，蔡琪本、殿本作"售"）。謂被
初忠於漢，而不能終，爲王畫詐僞之策，而見納用也。

　　[4]【顏注】師古曰：謂流共工，放驩兜，竄三苗，殛鯀也。
事見《虞書》。

　　[5]【顏注】師古曰：《小雅·青蠅》之詩也。其首章曰：
"營營青蠅，止於樊，愷悌君子，無信讒言。"蓋蠅之爲蟲，毀汙
白黑，以喻佞人變亂善惡。

[6]【顏注】應劭曰：公子翬謂隱公曰："吾將爲君殺桓公，以我爲太宰。"公曰："爲其少故，今將授之矣。"翬懼，反譖隱公而殺之。

[7]【顏注】應劭曰：欒書使楚公子茷語屬公曰（茷，蔡琪本、大德本、殿本作"茂"）："鄢陵之戰，郤至以爲必敗，欲奉孫周以代君也。"公信之而滅三郤。欒書因是反（是，蔡琪本、殿本作"以"），弑屬公。

[8]【顏注】張晏曰：牛，叔孫穆子之孽子也。仲，正妻子也。牛讒仲，叔孫怒而逐之，奔齊。叔孫病，牛餓殺之。

[9]【顏注】張晏曰：邱昭伯毀季平子於昭公，昭公伐平子不勝，因出奔齊。

[10]【顏注】應劭曰：楚平王爲大子建娶於秦（大，蔡琪本、大德本、殿本作"太"）。無忌曰秦女美甚，勸王自納之，因而搆焉（搆，蔡琪本同，大德本、殿本作"構"），云其怨望（云，蔡琪本、殿本同，大德本作"亡"），今將畔，令王殺之。

[11]【顏注】應劭曰：吳將伐齊，子胥諫之。宰嚭曰："伍胥自以先王謀臣，心常鞅鞅，臨事沮大衆，冀國之敗。"夫差大怒，賜之屬鏤之劍。其明年，越滅吳。

[12]【顏注】張晏曰：李園，春申君之舍人也，進其妹於春申君。已有身，使妹謂春申君曰："楚王無子，百年之後，將立兄弟。君用事日久，多失禮於王之兄弟。兄弟誠立，禍將及身。今妾有子，人莫知。若進妾於王，後若生男，則君之子爲王也。"春申君乃言之王，召入之，遂生男，立爲太子。後孝烈王薨，李園害春申君之寵，乃刺殺之。

[13]【顏注】張晏曰：屈平忠而有謀，爲上官子蘭所譖，見放逐。後秦昭誘懷王會於武關，遂執以歸，卒死於秦。

[14]【顏注】張晏曰：趙高譖殺李斯而代其位，乃使其壻閻樂攻二世於望夷宮，乞爲黔首，不聽，乃縊而死。

　　［15］【顏注】李奇曰：伊戾爲太子傅，無寵，欲敗太子，言
與楚客盟謀宋，詐歃血加盟書以證之，公以故殺痤。師古曰：痤，
音在戈反。

　　［16］【今注】案，踈，蔡琪本、大德本同，殿本作"疎"。

　　［17］【顏注】師古曰：覆，音芳福反。繇，與"由"同。

漢書　卷四六

萬石衞直周張傳第十六

萬石君石奮，[1]其父趙人也。[2]趙亡，徙温。[3]高祖東擊項籍，[4]過河内，[5]時奮年十五，爲小吏，侍高祖。高祖與語，愛其恭敬，問曰："若何有？"[6]對曰："有母，不幸失明。家貧。有姊，能鼓瑟。"[7]高祖曰："若能從我乎？"曰："願盡力。"於是高祖召其姊爲美人，[8]以奮爲中涓，受書謁。[9]徙其家長安中戚里，[10]以姊爲美人故也。

[1]【今注】萬石：石奮與其四子皆二千石，合稱萬石。沈欽韓《漢書疏證》認爲，此傳以萬石君名石奮，並非史例。因爲《漢書》中有萬石稱號的另有嚴延年、馮勤、秦彭數人。徐仁甫《史記注解辨正》則認爲，石奮既姓石氏，又與四子皆二千石，故號萬石君。這是當時以雙關語爲美名。司馬遷遵從俗稱，又兼記其事實。（中華書局 2014 年版，第 254 頁）而且，石奮的萬石君爲景帝所稱，而所舉嚴延年、馮勤、秦彭諸人與此不同。

[2]【今注】趙：戰國時趙國。與魏、韓分晉而立，都晉陽（今山西太原市西南），後遷邯鄲（今河北邯鄲市西南）。

[3]【顏注】師古曰：温，河内之縣。【今注】温：縣名。治所在今河南温縣西南。

[4]【今注】高祖：劉邦。紀見本書卷一。

[5]【今注】河內：郡名。治懷縣（今河南武陟縣西南）。案，劉邦過河內在漢二年（前205）三月。

[6]【顏注】師古曰：若，汝也。有何戚屬？

[7]【今注】鼓瑟：《史記》卷一〇三《萬石張叔列傳》作"鼓琴"。周壽昌《漢書注校補》認為，趙人多善鼓瑟，石奮家居趙，當以鼓瑟為是。瑟，古代一種撥弦樂器，狀似琴，有25根弦。每弦有一柱，弦的粗細不同。

[8]【今注】美人：秦漢皇帝嬪妃名號。西漢後期制度規定，皇后以外的皇帝妃妾凡分十四等，美人為第五等，官秩視二千石。

[9]【顏注】師古曰：中涓，官名，主居中而涓絜者也。外有書謁，令奮受之也。涓音蠲。【今注】案，《史記》卷五六《陳丞相世家》云陳平降漢，"是時萬石君奮為漢王中涓，受平謁，入見平"，即此時事。中涓本為古代宮中擔任灑掃清潔之人，又稱"涓人"，為皇帝親近，受書謁並非其本職。

[10]【顏注】師古曰：於上有姻戚者，則皆居之，故名其里為戚里。【今注】戚里：王先謙《漢書補注》引劉攽說，此里偶名戚里。高祖以石奮姊為美人，故使居戚里，顯示其有親戚之義。周壽昌《漢書注校補》引《索隱》："《長安記》，'戚里在城內'。"《長安志》注云："高祖娶石奮姊為美人，移家於長安城中，號之曰戚里，帝王之姻戚也。"據此，戚里因石奮家而得名。

奮積功勞，孝文時官至太中大夫。[1]無文學，[2]恭謹，舉無與比。[3]東陽侯張相如為太子太傅，[4]免。選可為傅者，皆推奮為太子太傅。及孝景即位，以奮為九卿。[5]迫近，憚之，[6]徙奮為諸侯相。[7]奮長子建，次甲，次乙，次慶，[8]皆以馴行孝謹，[9]官至二千石。[10]於是景帝曰："石君及四子皆二千石，人臣尊寵迺舉集其門。"凡號奮爲萬石君。[11]

[1]【今注】孝文：漢文帝劉恒。公元前179年至前158年在位。紀見本書卷四。　太中大夫：官名。漢九卿之一郎中令（光祿勳）屬官。掌議論，秩比千石。多以寵臣貴戚和功臣充任，親近皇帝。又作"大中大大"。

[2]【今注】文學．儒家經典和學術。本書卷一下《高紀下》載"高祖不脩文學，而性明達，好謀，能聽"。

[3]【顏注】張晏曰：舉朝無比也。師古曰：舉，皆也。【今注】恭謹舉無與比：《史記》卷一〇三《萬石張叔列傳》作"恭謹無與比"。

[4]【今注】東陽：侯國名。治所在今山東武城縣舊城西十八里。　張相如：初從劉邦起兵。高祖六年（前201），任中大夫、河間守，擊陳豨有功。高祖十一年，封東陽侯。文帝即位後，遷太子太傅。文帝十四年（前166）爲大將軍，出擊匈奴。　太子太傅：官名。掌輔導太子。秩二千石。

[5]【今注】九卿：秦漢時期中央官職的總稱，包括奉常（後改太常）、郎中令（後改光祿勳）、衛尉、太僕、廷尉、典客（後改大鴻臚）、宗正、少府、治粟內史（後改大司農）。此處泛指中央高級官吏。

[6]【顏注】張晏曰：以其恭敬履度，故難之。【今注】憚之：周壽昌《漢書注校補》認爲，因九卿接近景帝，故石奮憚其拘謹。

[7]【今注】諸侯相：官名。漢朝派往諸侯國的最高行政長官。原稱丞相或相國。景帝中五年（前145）改稱相。

[8]【顏注】師古曰：吏失其名，故云甲乙耳，非其名。【今注】次乙：《史記·萬石張叔列傳》《集解》引徐廣曰："乙"一作"仁"。

[9]【顏注】師古曰：馴，順也，音巡。

[10]【今注】二千石：漢代二千石從朝廷的九卿、郎將到各王國的傅、相以及郡守、尉，均爲兩千石。後又細分爲中二千石、真二千石、二千石、比二千石四個等級。

[11]【顏注】師古曰：集，合也。凡，最計也。揔合其一門之計，五人爲二千石，故號萬石君。【今注】奮爲萬石君：王先謙《漢書補注》引王文彬説，二千石已是人臣尊寵，石奮一門五人爲二千石，故稱一門貴寵，並非因總合萬石爲一門貴寵。

孝景季年，[1]萬石君以上大夫禄歸老于家，[2]以歲時爲朝臣。[3]過宮門闕必下車趨，[4]見路馬必軾焉。[5]子孫爲小吏，來歸謁，萬石君必朝服見之，不名。[6]子孫有過失，不誚讓，爲便坐，[7]對案不食。[8]然後諸子相責，因長老肉袒固謝罪，[9]改之，迺許。子孫勝冠者在側，[10]雖燕必冠，申申如也。[11]僮僕訢訢如也，[12]唯謹。[13]上時賜食於家，必稽首俯伏而食，[14]如在上前。其執喪，哀戚甚。[15]子孫遵教，亦如之。萬石君家以孝謹聞乎郡國，[16]雖齊魯諸儒質行，皆自以爲不及也。[17]

[1]【今注】孝景：漢景帝劉啓。公元前157年至前141年在位。紀見本書卷五。

[2]【今注】上大夫：官名。周制，王室及諸侯各國卿以下有大夫，分上、中、下三等。沈欽韓《漢書疏證》認爲，漢代無上大夫，一般以中大夫二千石者相當於上大夫。吳恂《漢書注商》以爲三公爲萬石，九卿則中二千石，上大夫爲二千石，千石以下至六百石爲下大夫，無中大夫。上大夫禄指二千石禄。義同公卿，以漢比

古，並非官名。

[3]【顏注】師古曰：豫朝請。【今注】歲時：時令節日。

[4]【今注】闕：古代宮殿門外兩側高臺狀的建築，中間爲通道，如有空闕，故名闕或雙闕。　必下車趨：《史記》卷一〇七《魏其武安侯列傳》："武安已罷朝，出止車門。"止車門，皇宮的外門。百官上朝，至此停車，步行進宮。石奮或不僅遇止車門下車，一般的宮門闕也必卜車行走。

[5]【顏注】師古曰：路馬，天子路車之馬。軾謂撫軾，蓋爲敬也。【今注】路馬：挽拉路車之馬。亦作"輅馬"。古代天子所乘之車曰"路車"，亦作"輅車"。　軾：古代車廂前面用作扶手的橫木。以手扶按，表示敬意。王先謙《漢書補注》稱"軾"當據《史記》作"式"。

[6]【今注】不名：不稱姓名而稱職銜。石奮此時已歸老，非官員，見小吏亦穿朝服、行大禮，可見其謹慎。

[7]【顏注】師古曰：便坐於便側之處，非正室也。

[8]【今注】案：古代進餐時使用的短足木托盤。

[9]【今注】長老：年紀大、輩分高的人。　肉袒：袒露上身，表示誠心請罪認錯，願接受拷打懲罰。

[10]【今注】勝冠：古代指男子二十歲成年可以加冠。

[11]【顏注】師古曰：申申，整敕之皃。【今注】申申：和而有節。

[12]【顏注】晉灼曰：許慎云："古'欣'字也。"師古曰：晉説非也。此"訢"讀與"誾誾"同，謹敬之貌也，音牛巾反。【今注】訢：周壽昌《漢書注校補》認爲，應同"欣"，即僮僕皆有欣欣自得之色，形容石奮善教化人。

[13]【顏注】師古曰：唯以謹敬爲先。

[14]【今注】稽首：古代一種跪拜禮，叩頭至地。

[15]【顏注】師古曰：執喪，猶言持喪服也。《禮記》曰"執

親之喪"。

[16]【今注】郡國：漢代地方行政區劃名。郡直屬天子，長官爲太守。國爲天子分封的諸侯。郡、國兩者地位相等，所以郡、國並稱。

[17]【顏注】師古曰：質，重也。 【今注】齊魯諸儒：據《史記》卷一二一《儒林列傳》，儒術在戰國秦朝已經勢微，祇是在齊魯之間，學者獨不廢。 案，王先謙《漢書補注》引王文彬説，"質"義爲"實"，即齊、魯尚實行，猶自以爲不及萬石君。

建元二年，[1]郎中令王臧以文學獲罪皇太后。[2]太后以爲儒者文多質少，今萬石君家不言而躬行，迺以長子建爲郎中令，[3]少子慶爲内史。[4]

[1]【今注】建元二年：公元前 139 年。建元，漢武帝年號（前 140—前 135）。

[2]【顏注】張晏曰：竇太后。 【今注】案，本書《郊祀志上》載，趙綰、王臧等以文學爲公卿，欲議古立明堂城南，以朝諸侯，草擬巡狩、封禪、改曆、服色等事。竇太后不好儒術，使人微伺趙綰等姦利事，按罪於趙綰、王臧。綰、臧自殺，諸所興爲皆廢。卷五二《竇嬰傳》載此事更詳：趙綰、王臧等爲竇嬰、田蚡所推舉。趙、王二人欲令列侯就國，故列侯在竇太后面前詆毁二人。加之竇嬰、田蚡、趙綰等人俱好儒術，貶道家，故引起竇太后反對。建元二年，御史大夫趙綰請毋奏事東宫。竇太后大怒，罷逐趙綰、王臧，並免丞相嬰、太尉蚡，而以柏至侯許昌爲丞相，武彊侯莊青翟爲御史大夫。

[3]【今注】郎中令：官名。秦漢九卿之一。掌宫殿掖門户。漢武帝太初元年（前 104），改名光禄勳。秩中二千石。

[4]【今注】内史：官名。掌治京畿地方。相當於郡太守。

案，據本書《百官公卿表下》，石慶爲内史在建元二年。

　　建老白首，萬石君尚無恙。[1]每五日洗沐歸謁親，[2]入子舍，[3]竊問侍者，取親中帬厠牏，身自澣洒，[4]復與侍者，不敢令萬石君知之，以爲常。建奏事於上前，即有可言，屏人乃言極切；[5]至廷見，如不能言者。[6]上以是親而禮之。

　　[1]【顏注】師古曰：恙，憂病。

　　[2]【顏注】文穎曰：郎官五日一下。【今注】每五日洗沐：漢制，公卿以下皆五日一休沐，非僅郎官。

　　[3]【顏注】師古曰：入諸子之舍，自其所居也，若今言諸房矣。【今注】子舍：別於正房的旁室。一説爲兒輩的住房。

　　[4]【顏注】服虔曰：親身之衣也。蘇林曰：牏，音投。賈逵解《周官》云：“牏，行清也。”孟康曰：厠，行清。牏，中受糞函者也。東南人謂鑿木空中如曹謂之偷（偷，蔡琪本、大德本作“牏”，本注下同）。晉灼曰：今世謂反門小袖衫爲侯牏。師古曰：親，謂父也。中帬，若今言中衣也。厠牏者，近身之小衫，若今汗衫也。蘇音、晉説是矣。洒，音先禮反。【今注】中帬：王先謙《漢書補注》以中帬爲近身下裳，今有襠之袴，俗謂之小衣。

　　厠牏：“厠”訓爲“側”。“牏”同“竇”，是在傍室中門墻穿穴入地，中空以出水。石建取親人中帬，隱身側近竇邊親自洗之。故下文云“不敢令萬石君知”。

　　[5]【顏注】師古曰：有可言，謂有事當奏諫。【今注】乃言：《史記》卷一〇三《萬石張叔列傳》作“恣言”。

　　[6]【顏注】師古曰：廷見，謂當朝而見時。

萬石君徙居陵里。[1]內史慶醉歸，入外門不下車。[2]萬石君聞之，不食。慶恐，肉袒謝請罪，不許。舉宗及兄建肉袒，萬石君讓曰：[3]"內史貴人，入閭里，里中長老皆走匿，而內史坐車中自如，固當！"[4]迺謝罷慶。[5]慶及諸子入里門，趨至家。

[1]【顏注】師古曰：茂陵邑中之里。【今注】陵里：漢武帝茂陵邑中的里。王先謙《漢書補注》引劉攽說，長安中自有里名陵，並非茂陵里。陳直《漢書新證》以陵里爲居延漢簡之"梁陵里"之省稱。瞿方梅《史記三家注補正》卷七則以爲：漢法，天子即位一年即爲陵，徙諸功臣二千石高訾富人及豪桀名家居之。武帝建元二年（前139），初置茂陵邑。當時石建爲郎中令，石慶爲內史，秩皆中二千石，又其尊寵集門，應當在徙中，故知陵里即茂陵邑中里。

[2]【今注】外門：里設里門若干，定時開閉，有專人管理，統一時間出入。漢代，里的外門和內門有專稱，外部之門爲閭，內部之門爲閻。

[3]【顏注】師古曰：讓，責也。

[4]【顏注】師古曰：此深責之也。言內史貴人，正固當尒。【今注】固當：顧炎武《日知錄》卷二七，認爲此句是反語，斥責內史貴而驕人，不應當如此。

[5]【顏注】師古曰：告令去。

萬石君元朔五年卒，[1]建哭泣哀思，杖迺能行。歲餘，建亦死。諸子孫咸孝，然建最甚，甚於萬石君。

[1]【今注】元朔五年卒：漢二年（前205），石奮年十五歲。

至元朔五年（前124）卒，則卒年爲九十六歲。元朔，漢武帝劉徹年號（前128—前123）。

建爲郎中令，奏事下，[1]建讀之，驚恐曰："書'馬'者與尾而五，[2]今迺四，不足一，獲譴死矣！"[3]其爲謹慎，雖他皆如是。

[1]【顏注】師古曰：建有所奏上而被報下也。下音胡亞反。

[2]【顏注】服虔曰：作馬字下曲者而五，建時上書誤作四。師古曰：馬字下曲者爲尾，并四點爲四足，凡五。【今注】書馬者與尾而五：瞿方梅《史記三家注補正》卷七認爲，馬篆字作"𩡧"。此云與尾當五，則所書爲小篆，不當以楷書理解。

[3]【今注】獲譴：《史記》卷一〇三《萬石張叔列傳》作"上譴"，"死矣"下有"甚惶恐"三字。楊樹達《漢書窺管》引《藝文志》："吏民上書，字或不正，輒舉劾。"可知漢代本有正字之法，然不至於獲罪譴死。可見石建過於謹慎。秦漢時期，有關文字使用的法律被歸入"尉律"。

慶爲太僕，[1]御出，[2]上問車中幾馬，慶以策數馬畢，舉手曰："六馬。"慶於兄弟最爲簡易矣，[3]然猶如此。出爲齊相，[4]齊國慕其家行，不治而齊國大治，[5]爲立石相祠。

[1]【今注】太僕：官名。漢九卿之一，掌管皇帝輿馬，兼主馬政。秩中二千石。本書《百官公卿表》不載石慶爲太僕。

[2]【顏注】師古曰：爲上御車而出。

[3]【今注】最爲簡易：天子駕六，本不必數即可回答，但石

慶仍以馬鞭數後報告，可見其謹慎。

[4]【今注】齊：王國名。漢文帝前元十六年（前164），分漢初劉肥齊國，以臨淄郡臨淄以西置齊國。武帝元朔二年（前127）國除，爲齊郡。

[5]【顏注】師古曰：不治，言無所治罰。【今注】不治：《史記》卷一〇三《萬石張叔列傳》作“不言”。

元狩元年，[1]上立太子，[2]選群臣可傅者，慶自沛守爲太子太傅，[3]七歲遷御史大夫。[4]元鼎五年，[5]丞相趙周坐酎金免，[6]制詔御史：[7]“萬石君先帝尊之，子孫至孝，其以御史大夫慶爲丞相，封牧丘侯。”[8]是時漢方南誅兩越，[9]東擊朝鮮，[10]北逐匈奴，[11]西伐大宛，[12]中國多事。天子巡狩海內，[13]脩古神祠，[14]封禪，[15]興禮樂。[16]公家用少，桑弘羊等致利，[17]王温舒之屬峻法，[18]兒寬等推文學，[19]九卿更進用事，[20]事不關決於慶，慶醇謹而已。[21]在位九歲，無能有所匡言。嘗欲請治上近臣所忠、九卿咸宣，[22]不能服，反受其過，贖罪。

[1]【今注】元狩元年：公元前122年。元狩，漢武帝年號（前122—前117）。

[2]【今注】案，太子爲劉據，時年七歲。

[3]【今注】沛：郡名。治相縣（今安徽濉溪縣西北）。

[4]【今注】御史大夫：官名。掌執法彈劾、糾察百官以及圖籍秘書。秩中二千石。石慶爲御史大夫在元鼎二年（前115），自元狩元年至元鼎二年爲七年。

[5]【今注】元鼎五年：公元前112年。元鼎，漢武帝年號

（前 116—前 111）。

[6]【今注】酎金：漢代宗廟祭祀時諸侯助祭所獻的黃金。漢制，天子於八月祭祀宗廟，大會諸侯王、列侯。諸侯王、列侯須貢金助祭。這次大祀叫作飲酎或酎祭，助祭之金稱爲“酎金”。酎金金額，據《後漢書·禮儀志上》“八月飲酎”劉昭注引《漢律·金布令》曰：“諸侯、列侯各以民口數，率千口奉金四兩，奇（奇零之數）不滿千口至五百口亦四兩，皆會酎，少府受。”諸侯王如不按規定繳納，或酎金分量不足或品色不好，則“王削縣，侯免國”。趙周爲丞相在元鼎二年。

[7]【今注】御史：官名。漢九卿之一御史大夫屬官。由御史丞、御史中丞統領。掌文書典籍、監察百官。（參見代國璽《説“制詔御史”》，《史學月刊》2017 年第 7 期）

[8]【今注】牧丘：侯國名。漢武帝元鼎五年始封，天漢元年（前 100）侯德時國除，其地本書《外戚恩澤侯表》云在“平原”。當析平原郡平原縣（今山東平原縣西南）置，其地未詳。

[9]【今注】南誅兩越：漢武帝元鼎五年，伐南越，六年平定，置南海等九郡。元鼎六年，伐閩越，元封元年（前 110）平定。

[10]【今注】東擊朝鮮：漢武帝元封二年至元封三年，擊衛氏朝鮮，置真番、臨屯、樂浪、玄菟四郡。

[11]【今注】北逐匈奴：當指漢武帝元光、元狩年間衛青、霍去病北征匈奴。

[12]【今注】西伐大宛：漢武帝太初元年（前 104）至太初二年，派李廣利第一次伐大宛。太初三年，第二次伐大宛。石慶在位九年，卒於太初二年，並不及第二次伐大宛事。

[13]【今注】巡狩：古代天子出行，巡視諸侯或地方官員所治的疆土。根據方向不同，一般稱向西爲行，向東爲幸，向北爲狩，向南爲巡。

[14]【今注】古神祠：據《史記·封禪書》載，此時修古神

祠有太一、后土等。

[15]【今注】封禪：古代帝王祭祀天地的典禮。在泰山上筑壇祭天稱爲封，在泰山之南梁父山辟場祭地稱爲禪。

[16]【今注】興禮樂：本書《禮樂志》載，漢武帝定郊祀之禮，祠太一於甘泉，祭后土於汾陰，立樂府，以李延年爲協律都尉，以司馬相如等數十人作詩賦等。

[17]【今注】桑弘羊：洛陽商人之子，善於理財。漢武帝元封元年，任治粟都尉，代理大農令。後元二年（前 87），爲御史大夫。

[18]【今注】王温舒：漢武帝元鼎三年爲廷尉。傳見本書卷九〇。

[19]【今注】兒寬：漢武帝元封元年爲御史大夫。傳見本書卷五八。

[20]【顏注】師古曰：更，互也，音工衡反。【今注】九卿更進用事：《漢書考證》齊召南認爲，《史記》作“兒寬等推文學至九卿”，則“九卿”屬上句讀。《漢書》既删去“至”字，則“九卿”屬下句讀。言當時九卿更互掌握朝政，丞相並不起太大作用。

[21]【顏注】師古曰：醇，專厚也，音純。【今注】慶醇謹而已：本書卷五八《公孫弘傳》作“自（李）蔡至（石）慶，丞相府客館丘虛而已”。

[22]【顏注】服虔曰：咸音減損之減。師古曰：治所忠及咸宣二人。【今注】所忠：漢武帝朝幸臣。武帝命其往司馬相如家取其遺作。齊人公孫卿欲通過所忠上奏其所得寶鼎札書，所忠因其荒誕不經而拒之。嘗提出所謂“株送徒”，即徵世家子弟富人之坐鬥雞走狗馬、弋獵博戲者，處以徒刑，有數千人。能入財者得補郎。事見本書《食貨志下》、《郊祀志上》、卷五七下《司馬相如傳下》。

咸宣：一作“減宣”。楊縣（今山西洪洞縣東南）人。初爲河南郡守佐史。因衛青推薦爲厩丞，後遷御史中丞。治淮南王劉安謀反獄。後任左内史。廢爲右扶風。因其屬吏入上林，獲罪自殺。傳見本書卷九〇。

　　元封四年，[1]關東流民二百萬口，[2]無名數者四十萬，[3]公卿議欲請徙流民於邊以適之。[4]上以爲慶老謹，不能與其議，[5]乃賜丞相告歸，而案御史大夫以下議爲請者。慶慙不任職，上書曰："臣幸得待罪丞相，[6]疲駑無以輔治。[7]城郭倉廩空虛，民多流亡，罪當伏斧質，[8]上不忍致法。願歸丞相侯印，[9]乞骸骨歸，[10]避賢者路。"[11]

[1]【今注】元封四年：公元前 107 年。

[2]【今注】關東：地區名。指函谷關或潼關以東的地區。

[3]【顏注】師古曰：名數，若今户籍。【今注】案，漢代户籍主要記載吏民家口名年，也稱"名籍"。漢初即規定無名數者，必須進行申報，由地方官吏代爲登記。每年八月編造户籍。如有違反或不實者，均有處罰。若脱籍逃亡，也要受罰。（參見楊際平《秦漢户籍管理制度研究》，《中華文史論叢》2007 年第 1 期）漢代流民的形成，往往因自然災害或徭役沉重等。

[4]【顏注】師古曰：適讀曰謫。【今注】公卿：三公九卿，後泛指朝廷中的高級官員。

[5]【顏注】師古曰：與讀曰豫。【今注】不能與其議：其事不合情理，也非慶所能決定，故不追究。

[6]【今注】待罪：做官的謙詞説法。古代官吏常怕因失職獲罪，以待罪作爲任職的謙詞。

[7]【今注】疲駑：愚鈍無能。駑，劣馬。

[8]【今注】斧質：或作"斧鑕"，斧子與鐵鍖。古代腰斬刑法，置人於鍖上，以斧砍之。

[9]【今注】丞相侯印：石慶爲丞相，又封牧丘侯，故有丞相、侯印。

[10]【今注】乞骸骨：向皇帝乞求骸骨歸葬故鄉，是古代官員申請退休或引咎辭職的習慣用語。

[11]【今注】避：同"辟"，開辟。

上報曰："閒者，河水滔陸，[1]泛濫十餘郡，隄防勤勞，弗能陻塞，[2]朕甚憂之。是故巡方州，[3]禮嵩嶽，[4]通八神，以合宣房。[5]濟淮江，[6]歷山濱海，[7]問百年民所疾苦。[8]惟吏多私，徵求無已，[9]去者便，居者擾，故爲流民法，以禁重賦。[10]乃者封泰山，皇天嘉況，神物並見。[11]朕方答氣應，未能承意，[12]是以切比閭里，知吏姦邪。[13]委任有司，[14]然則官曠民愁，盜賊公行。[15]往年觀明堂，[16]赦殊死，[17]無禁錮，咸自新，與更始。今流民愈多，計文不改，[18]君不繩責長吏，[19]而請以興徒四十萬口，[20]搖蕩百姓，[21]孤兒幼年未滿十歲，無罪而坐率，[22]朕失望焉。今君上書言倉庫城郭不充實，民多貧，盜賊眾，請入粟爲庶人。[23]夫懷知民貧而請益賦，[24]動危之而辭位，[25]欲安歸難乎？[26]君其反室！"[27]

[1]【顏注】晉灼曰：滔，漫也。師古曰：高平曰陸。漫音莫干反。【今注】河水滔陸：漢武帝元光中，黃河在瓠子（今河南滑縣）決口，向東南注入巨野（今山東巨野縣東北），又流入淮河、泗水，造成巨大災害。武帝令汲黯、鄭當時率人堵塞，未能成

功。此後，連續二十多年連續泛濫，人民流離失所，苦不堪言，民怨沸騰。武帝使汲仁、郭昌率數萬人塞決口，並作《瓠子之歌》。後築宮其上，名宣房宮。（參見杜冠章《漢武帝元光中河決滑縣辨析》，《中州學刊》2016 年第 11 期）

[2]【顏注】師古曰：陻，填也，音因。

[3]【顏注】張晏曰：四方之州也。師古曰：東方諸州。【今注】方州：指地方州郡。

[4]【今注】嵩嶽：嵩山。在今河南登封市北。嵩山爲中岳，故稱嵩岳。事在漢武帝元封元年（前 110）春正月。

[5]【顏注】孟康曰：八神，《郊祀志》八神也，於宣房宮合祀之。師古曰：此説非也。自言致禮中岳，通敬八神耳。合宣房者，於宣房塞決河也，事見《溝洫志》。【今注】八神：一曰天主，祠天齊；二曰地主，祠泰山梁父；三曰兵主，祠蚩尤；四曰陰主，祠三山；五曰陽主，祠之罘山；六曰月主，祠之萊山；七曰日主，祠盛山；八曰四時主，祠琅邪。　宣房：又作“宣防”。漢代宮名，故址在今河南濮陽市西南。元光中，黃河決於瓠子。二十年後，武帝命群臣自將軍以下負薪堵塞決口，並親臨現場。其間在當地築行宮，名曰宣房。

[6]【今注】淮江：淮河與長江。

[7]【顏注】師古曰：濱海者，循海涯而行也。濱音賓，又音頻。

[8]【今注】百年：耆老。

[9]【顏注】師古曰：惟，思也。已，止也。

[10]【顏注】師古曰：言百姓去其本土者則免於吏徵求，在舊居者則見煩擾，故朝廷特爲流人設法，又禁吏之重賦也。一曰，去者，謂吏出使而侵擾居人以自便也。【今注】案，“流民法”二句，根據流民的數量，對官吏進行考核，禁止加重賦役。又據楊樹達《漢書窺管》引《鹽鐵論·未通篇》，武帝時期戰事頻仍，軍隊

所需的錢糧多是從普通民衆徵收，而不及那些豪强大族。官吏不僅不去督責這些豪强，甚至與他們勾結，更加重了平民的負擔。平民祇好選擇流亡。

[11]【顏注】師古曰：況，賜也。見，顯示也。【今注】嘉況：指豐厚的賜贈。亦作"嘉貺"。

[12]【顏注】師古曰：言自脩整，以報瑞應，恐未承順上天之意。【今注】氣應：天見神物，是以瑞氣相應，故曰"氣應"。

[13]【顏注】師古曰：比，校考也，音頻寐反。【今注】切比閭里：因巡守經過閭里，與平民切近，故得知官吏素爲不法之事。比，近。

[14]【今注】案，任，蔡琪本作"在"。

[15]【顏注】師古曰：曠，空也。人不舉職，是空其官。

[16]【今注】明堂：古代天子宣明政教的地方。凡朝會、祭祀、慶賞、選士均在此舉行。

[17]【今注】殊死：刑罰名。古代指斬首的死刑。"殊死"既是刑名也是罪名，代表謀反大逆等特殊、尤重的死罪，處决方式主要爲腰斬、梟首，間或有棄市。（參見宋傑《漢代"棄市"與"殊死"辨析》，《中國史研究》2015年第3期）

[18]【顏注】蘇林曰：校户口文書不改減也。如淳曰：郡上計文書，自文飾，不改正也。師古曰：如說是。【今注】計文：記錄人事、户口、賦税的簿籍。由郡彙總上報朝廷。案，漢代郡國上計由郡丞或王國長史負責，稱爲"上計吏"。每年八月造籍書，即計文，又稱"計簿"。尹灣漢墓木牘《集簿》即是永始四年（前13）編制。（參見楊際平《漢代的上計制度》，《廈大史學》2005年第1輯）

[19]【今注】長吏：秦漢時期郡守（太守）、郡尉（都尉）、王國相、三輔（京兆尹、左馮翊、右扶風）、都官、侯國相等都被稱作長吏；道、三輔所轄縣、障候等機構的主要負責人也都稱長吏

（參見張欣《秦漢長吏再考：與鄒水傑先生商榷》，《中國史研究》
2010 年第 3 期）。此處指縣之令、丞、尉等。

［20］【今注】興徙：遷徙。

［21］【顏注】師古曰：蕩，動也。

［22］【顏注】服虔曰：率，坐刑法也。如淳曰：率，家長
也。師古曰：幼年無罪，坐爲父兄所率而并徙，如說近之。【今
注】無罪而坐率：兒童無罪而坐以遷徙之法。坐率，子弟因父兄犯
法而獲罪。

［23］【顏注】服虔曰：慶自以居相位不能理，請入粟贖己
罪，退爲庶人。

［24］【顏注】師古曰：懷此心。

［25］【顏注】師古曰：搖動百姓，使其危急，而自欲去位。

［26］【顏注】師古曰：以此危難之事，欲歸之於何人。

［27］【顏注】師古曰：若此自謂理當然者，可還家。【今注】
反室：退休致仕。

慶素質，見詔報反室，自以爲得許，欲上印綬。[1]
掾史以爲見責甚深，[2]而終以反室者，醜惡之辭也。或
勸慶宜引決。[3]慶甚懼，不知所出，遂復起視事。

［1］【今注】印綬：官印和繫印的絲帶。

［2］【今注】掾史：秦漢時中央及地方官署屬吏的泛稱。一般
以掾爲正職，史爲副職。此處爲丞相府掾史。《漢舊儀》載，丞相
府掾史見丞相，執禮如師弟子，並不以臣下禮。掾有事當見者，主
簿至曹請不傳召。掾見脫履，公立席後答稱。本書卷八四《翟方進
傳》載薛宣丞相府掾史三百餘人。

［3］【顏注】師古曰：令自殺。

　　慶爲丞相，文深審謹，[1] 無他大略。後三歲餘薨，[2] 謚曰恬侯。中子德，慶愛之。上以德嗣，後爲太常，[3] 坐法免，[4] 國除。慶方爲丞相時，諸子孫爲小吏至二千石者十三人。及慶死後，稍以罪去，孝謹衰矣。

　　[1]【今注】文深：思慮周密。

　　[2]【今注】後三歲餘薨：據本書《百官公卿表下》"慶，太初二年正月薨"。薨，古代稱諸侯或有爵位的官員死亡。

　　[3]【今注】太常：亦作"泰常"。官名。秦稱奉常，漢景帝中六年（前 144）始改太常。掌宗廟禮儀，兼管博士及博士弟子（太學生）。秩中二千石。

　　[4]【今注】坐法免：王先謙《漢書補注》引本書《百官公卿表下》"坐廟牲瘦，入穀贖論"。《外戚恩澤侯表》作"坐爲太常失法罔上，祠不如令，完爲城旦"。

　　衛綰，代大陵人也，[1] 以戲車爲郎，事文帝，[2] 功次遷中郎將，[3] 醇謹無它。[4] 孝景爲太子時，召上左右飲，而綰稱病不行。[5] 文帝且崩時，屬孝景曰："綰長者，善遇之。"及景帝立，歲餘，不孰何綰，[6] 綰日以謹力。[7]

　　[1]【今注】代：王國名。都晉陽（今山西太原市東）。　大陵：縣名。治所在今山西文水縣東北。漢高祖十一年（前 196），分雲中郡東部置定襄郡，以定襄、雁門、代、太原四郡置代國。案，錢大昕《廿二史考異·漢書三》引《地理志》，大陵縣屬太原郡，不屬代郡。漢初以山南太原之地屬代國，故繫大陵於代。王先謙《漢書補注》引本書卷四七《文三王傳》"太原王參徙爲代王，

復并得太原"，即其時。

[2]【顏注】服虔曰：力士能扶戲車也。應劭曰：能左右超乘。師古曰：二說皆非也。戲車，若今之弄車之技。【今注】戲車：在車上表演雜技。在車中置建鼓，還有高橦。此處是指從左右兩側躍而登車。 郎：官名。或稱郎官、郎吏。漢九卿之一郎中令（光祿勳）屬官，掌守皇宮門戶，出行充皇帝車騎。有議郎、中郎、侍郎、郎中等。秩自比六百石至比二百石不等，無定員。

[3]【今注】功次：漢代官吏選拔考核，除了察舉徵辟制之外，更主要的是勞功伐閱等方式，並形成"功勞伐閱簿"。功次升遷由官吏的立功表現和任職期間的表現構成，以功的大小多少作爲官吏升遷時的等級和賞賜數量。一般凡積勞四歲，即進爲一功。（參見胡平生《居延漢簡中的"功"與"勞"》，《文物》1995年第4期；蔣非非《漢代功次制度初探》，《中國史研究》1997年第1期；陳偉、熊北生《睡虎地漢簡中的功次文書》，《文物》2018年第3期） 中郎將：官名。九卿之一郎中令（光祿勳）屬官。統率皇帝侍衛（中郎）。有五官中郎將、左中郎將、右中郎將等。秩皆比二千石。

[4]【顏注】師古曰：無它餘志念也。【今注】醇謹無它：衛綰淳厚謹慎，無他才能。

[5]【顏注】張晏曰：恐文帝謂豫有二心事太子。

[6]【顏注】服虔曰：不問也。李奇曰：孰，誰也。何，呵也。師古曰：何即問也。不誰何者，猶言不借問耳。【今注】孰何：王先謙《漢書補注》引劉奉世說：誰何，漢代通行語，不必解爲借問。

[7]【顏注】師古曰：自勉力爲謹慎，日日益甚。【今注】謹力：勤勉謹慎。

景帝幸上林，[1]詔中郎將參乘，[2]還而問曰："君知所以得驂乘乎?"[3]綰曰:"臣代戲車士,[4]幸得功次遷,待罪中郎將,不知也。"上問曰:"吾爲太子時召君,君不肯來,何也?"[5]對曰:"死罪,病。"[6]上賜之劍,綰曰:"先帝賜臣劍凡六,不敢奉詔。"上曰:"劍,人之所施易,獨至今乎?"[7]綰曰:"具在。"上使取六劍,劍常盛,未嘗服也。[8]

[1]【今注】上林:苑囿名。秦惠王時始建,漢武帝時擴建,内有宮觀禽獸,供皇帝游樂射獵。舊址在今陝西西安市西南鄠邑區、周至縣一帶。

[2]【今注】參乘:古代乘車時,尊者居左,御者居中,隨從之人居車之右。又作"車右""陪乘"。也作"驂乘"。

[3]【顔注】師古曰:言何以得參乘?【今注】案,驂,殿本作"參"。

[4]【今注】臣代戲車士:《史記》卷一○三《萬石張叔列傳》作"臣從車士"。

[5]【顔注】師古曰:言以此特識之。

[6]【今注】死罪病:《史記·萬石張叔列傳》作"死罪,實病"。指當日不來,固然是死罪,因確實生病。周壽昌《漢書注校補》認爲,"實"字似不可去。

[7]【顔注】如淳曰:施讀曰移。言劍者人所好,故多數移易貿換之也(貿,蔡琪本作"質")。師古曰:施讀曰貤。貤,延也,音弋豉反。【今注】施易:古人佩劍爲日常,故常更換。楊樹達《漢書窺管》認爲,施易爲古人常用語,人之情常喜新厭舊,故用劍亦常掉換,以此易彼。

[8]【顔注】師古曰:盛謂在削室之中也。盛音成。削音先召反。【今注】劍常盛:劍仍在劍匣中,没有拿出來,以尊敬君賜。常盛,《史記·萬石張叔列傳》作"尚盛"。

郎官有譴，常蒙其罪，[1]不與它將爭；有功，常讓它將。上以爲廉，忠實無它腸，[2]乃拜綰爲河閒王太傅。[3]吳楚反，[4]詔綰爲將，將河閒兵擊吳楚有功，拜爲中尉。[5]三歲，以軍功封綰爲建陵侯。[6]

[1]【顏注】師古曰：蒙謂覆蔽之。

[2]【顏注】師古曰：心腸之內無他惡。【今注】上以爲廉忠實無它腸：衞綰有功能讓，是其廉。召飲不行，賜劍不服，是爲忠。無它腸，指衞綰一心事主。

[3]【今注】河閒：王國名。都樂城（今河北獻縣東南）。此時河間王爲劉德。

[4]【今注】吳楚反：漢景帝前元三年（前 154），吳王劉濞、楚王劉戊聯合趙、濟南、膠西、菑川、膠東等，以誅晁錯爲名反叛。

[5]【今注】中尉：官名。掌京師治安，秩中二千石。西漢景帝、武帝時多用刀筆吏任此職，掌案驗諸侯王謀反事。

[6]【今注】建陵：侯國名。治所在今江蘇新沂市東北（參見鄭威《西漢東海郡所轄戚縣、建陵、東安侯國地望考辨》，《中國歷史地理論叢》2006 年第 2 輯）。

明年，[1]上廢太子，[2]誅栗卿之屬。[3]上以綰爲長者，不忍，[4]乃賜綰告歸，而使郅都治捕栗氏。[5]既已，上立膠東王爲太子，[6]召綰拜爲太子太傅，遷爲御史大夫。[7]五歲，代桃侯舍爲丞相，[8]朝奏事如職所奏。[9]然自初宦以至相，[10]終無可言。[11]上以爲敦厚可相少主，尊寵之，賞賜甚多。爲丞相三歲，景帝崩，武帝立。建元中，[12]丞相以景帝病時諸官囚多坐不辜者，而君不任職，[13]免之。[14]後薨，[15]謚曰哀侯。子信嗣，坐酎金，國除。[16]

[1]【今注】明年：漢景帝前元七年（前 150）。楊樹達《漢書窺管》認爲，廢太子在七年，本書《百官公卿表下》亦載景帝七年以郅都爲中尉，所以明年指封侯之明年。

[2]【今注】太子：劉榮。爲栗姬所生。漢景帝前元四年（前 153）立爲太子，七年被廢爲臨江王。

[3]【顏注】師古曰：太子廢爲臨江王，故誅其外家親屬。【今注】栗卿：《史記》卷一〇三《萬石張叔列傳》《集解》引蘇林説，爲栗太子舅。又如淳曰，爲栗氏親屬，名卿。

[4]【今注】案，周壽昌《漢書注校補》認爲，中尉掌徼循京師。衛綰任此官，景帝恐其長者，不忍盡力治捕，故任用郅都。

[5]【今注】郅都：傳見本書卷九〇。

[6]【今注】膠東王：劉徹，後册封爲太子，即漢武帝。

[7]【今注】遷爲御史大夫：據本書《百官公卿表下》，在漢景帝中元三年（前 147）。

[8]【顏注】師古曰：劉舍。【今注】案，王先謙《漢書補注》據本書《百官公卿表下》，中三年下書“綰爲御史大夫，四年遷”，後元年（前 143）下書“綰爲丞相”，實四歲，“五”字當正作“四”。

[9]【顏注】師古曰：言守職分而已。

[10]【今注】案，宧，蔡琪本作“官”。

[11]【顏注】師古曰：不能有所興建及廢罷。【今注】終無可言：周壽昌《漢書注校補》據本書卷六《武紀》，建元元年（前 140），丞相綰上奏，罷所舉賢良治申、商、韓非、蘇秦、張儀者。武帝能尊崇儒術，得到董仲舒諸人，皆衛綰建言倡導，並非不能建言。楊樹達《漢書窺管》認爲，武帝初立時，田蚡以帝舅用事。田

蚡與竇嬰俱好儒術，奏罷賢良皆二人所主持，衞綰雖爲丞相，並不參與其事。

[12]【今注】建元中：建元，漢武帝年號（前140—前135）。周壽昌《漢書注校補》據《武紀》《百官公卿表》《竇嬰傳》認爲，“中”字當正作“初”。徐仁甫《史記注解辨正》則以“建元中”當作“建元元年”，“中”字衍（中華書局2014年版，第255頁）。

[13]【顏注】師古曰：天子不親政，則丞相當理之，而綰不申其冤。

[14]【今注】免之：據本書卷五二《竇嬰傳》，稱病以免。

[15]【今注】後薨：據本書《景武昭宣元成功臣表》，衞綰薨於漢武帝元光四年（前131）。

[16]【今注】國除：據本書《景武昭宣元成功臣表》，元鼎五年（前112），坐酎金免。

直不疑，南陽人也。[1]爲郎，事文帝。其同舍有告歸，誤持其同舍郎金去。[2]已而同舍郎覺，亡意不疑，[3]不疑謝有之，[4]買金償。後告歸者至而歸金，亡金郎大慙，以此稱爲長者。稍遷至中大夫。[5]朝廷見人或毀不疑[6]曰：“不疑狀貌甚美，然特毋奈其善盜嫂何也！”[7]不疑聞，曰：“我乃無兄。”然終不自明也。

[1]【今注】南陽：郡名。治宛（今河南南陽市宛城區）。

[2]【今注】案，蔡琪本、殿本“誤”後有將字。

[3]【顏注】師古曰：疑其盜取。【今注】案，“同舍郎覺”二句，《史記》卷一〇三《萬石張叔列傳》作“已而金主覺，妄意不疑”，“同舍郎”作“金主”，“亡”通“妄”。

[4]【顏注】師古曰：告云實取。

[5]【今注】中大夫：官名。漢九卿之一郎中令屬官，掌議

論，秩比二千石。《史記·萬石張叔列傳》作"太中大夫"，"稍遷"上有"文帝稱舉"四字。

[6]【顏注】師古曰："當於闕廷大朝見之時，而人毁之。"【今注】朝廷見人：現在在朝廷的人。案，《漢書考正》引劉敞曰：朝廷見人，謂達官。王先謙《漢書補注》同此說。楊樹達《漢書窺管》認爲，"見"與今"現"字同，"朝廷見人"謂現在在朝廷之人。

[7]【顏注】師古曰：盜謂私之。

吳楚反時，不疑以二千石將擊之。[1]景帝後元年，[2]拜爲御史大夫。[3]天子脩吳楚時功，封不疑爲塞侯。[4]武帝即位，與丞相縮俱以過免。

[1]【今注】二千石：漢代九卿郎將至郡守均爲二千石。代指中央高級官吏。以前將軍擊吳楚，故稱二千石。

[2]【今注】景帝後元年：公元前143年。

[3]【今注】案，據本書《百官公卿表下》，由衛尉遷御史大夫。

[4]【顏注】師古曰：塞音先代反。【今注】塞：地名。據《史記》卷一〇三《萬石張叔列傳》，即桃林塞。在今河南靈寶市以西、陝西潼關縣以東。

不疑學《老子》言。[1]其所臨，爲官如故，[2]唯恐人之知其爲吏迹也。不好立名，稱爲長者。薨，謚曰信侯。[3]傳子至孫彭祖，坐酎金，國除。[4]

[1]【今注】老子：書名。分道、德兩篇。主張無爲而治。漢

代出土《老子》有馬王堆帛書、北大漢簡等。漢初的《老子》並未有一種"通行本"，此時還存在具有不同來源和文本結構的傳本（參見趙爭《從出土文獻看漢代〈老子〉文本及流傳》，《史林》2018年第6期）。本書卷九七上《外戚傳上》載"竇太后好黃帝、老子言，景帝及諸竇不得不讀老子尊其術"。

［2］【今注】案，直不疑爲官如前任者所爲，非有大利害，不輕易改變。

［3］【今注】謚：古人死後，根據其言行事迹追加的稱號。

［4］【今注】案，《漢書考證》齊召南説，《史記》卷一〇三《萬石張叔列傳》"孫望，坐酎金失侯"，而本書《功臣表》作"侯堅，坐酎金免"，"望""堅"兩字相似，未知孰是，但俱不云名彭祖。

周仁，[1]其先任城人也。[2]以醫見。[3]景帝爲太子時，爲舍人，[4]積功遷至太中大夫。景帝初立，拜仁爲郎中令。

［1］【今注】周仁：《史記》卷一〇三《萬石張叔列傳》作"周文"。周仁字文。

［2］【今注】任城：縣名。治所在今山東濟寧市任城區東南。

［3］【顏注】師古曰：見於天子。【今注】以醫見：當即以醫術待詔。待詔本是應皇帝徵召隨時待命以備諮詢顧問。關於醫術方面的有本草待詔。本書卷九三《佞幸傳》有伍宏以醫待詔。

［4］【今注】舍人：官名。掌太子東宮的更直宿衛。

仁爲人陰重不泄。[1]常衣弊補衣溺袴，期爲不絜清，[2]以是得幸，入卧内。[3]於後宮祕戲，[4]仁常在旁，終無所言。[5]上時問人，[6]仁曰："上自察之。"然亦無所毁，如此。[7]景帝再自幸其家。家徙陽陵。[8]上所賜甚多，然終常讓，不敢受也。[9]諸侯群臣賂遺，終無所受。武帝立，爲先帝臣重之。[10]仁乃病免，以二千石禄歸老，子孫咸至大官。

[1]【顏注】服虔曰：質重不泄人之陰謀也。張晏曰：陰重不泄，下濕，故溺袴，是以得比宦者，得入後宮也。仁有子孫，先未得此疾時所生也。師古曰：張、服二説皆非也。陰，密也。爲性密重不泄人言也。霍去病少言不泄，亦其類也。【今注】案，張文虎《舒藝室續筆》認爲，“陰重”是一事，“常衣”二句是一事。指周仁爲人質重不泄人之陰謀。徐仁甫《史記注解辨正》則認爲，陰重不泄是周仁之個性如此，而衣弊補衣溺袴，則指其服之特徵，與人有別（中華書局 2014 年版，第 256 頁）。

[2]【顏注】師古曰：故爲不絜清之事而弊敗其衣服也。溺讀曰尿。尿袴者，爲小袴，以藉其尿。【今注】案，“常衣弊”二句，指周仁常穿着破舊衣服，以及可吸尿的有襠褲子，説明他不想挑逗狎戲異性，加之爲人陰重不泄，故得以至後宮。又案，期爲不絜清，蔡琪本、殿本作“故爲不絜清”。

[3]【今注】案，“以是”二句，王先謙《漢書補注》引王文彬説：“以是”承上文“陰重不泄”言。帝知其人慎密，故得幸入卧内。

[4]【今注】祕戲：《史記》卷一○三《萬石張叔列傳》《索隱》，“謂後宮中戲劇所宜祕也”。案，《史記》“於”上有“景帝”二字。

[5]【顏注】師古曰：是不泄也。

[6]【顏注】師古曰：問以他人之善惡。

[7]【顏注】師古曰：雖知其惡，不欲言毁之，故云上自察之。【今注】案，楊樹達《漢書窺管》認爲，“如此”前脱“其

慎"二字。

　　[8]【今注】陽陵：縣名。治所在今陝西西安市高陵區西南。

　　[9]【今注】案，"上所賜甚多"三句，據本書卷五《景紀》五年作陽陵邑，募民徙陽陵，賜錢二十萬。周仁以近幸應募，故所賜甚多。終常讓，《史記》無"終"字。

　　[10]【顏注】師古曰：重謂敬難之（之，蔡琪本、殿本作"也"）。【今注】重之：漢武帝以先帝匜尊敬周仁。

　　張歐字叔，[1]高祖功臣安丘侯説少子也。[2]歐孝文時以治刑名侍太子，[3]然其人長者。景帝時尊重，常爲九卿。至武帝元朔中，代韓安國爲御史大夫。[4]歐爲吏，未嘗言桉人，[5]剸以誠長者處官。[6]官屬以爲長者，[7]亦不敢大欺。上具獄事，有可卻，卻之；[8]不可者，不得已，爲涕泣，面而封之。[9]其愛人如此。老篤，請免，天子亦寵以上大夫禄，[10]歸老于家。家陽陵。子孫咸至大官。

　　[1]【顏注】孟康曰：歐，音驅。

　　[2]【顏注】師古曰：説讀曰悦。【今注】安丘：縣名。治所在今山東安丘市西南。　説：張説。以卒從劉邦起兵於方與（今山東魚臺縣西）。入漢爲司馬，擊項羽，以將軍定代。高祖八年（前199），封安丘侯。　少子：《史記》卷一〇三《萬石張叔列傳》作"庶子"。

　　[3]【顏注】師古曰：劉向《別録》云申子學號曰刑名。刑名者，循名以責實，其尊君卑臣，崇上抑下，合於六經。説者云，刑，刑家；名，名家也，即太史公所論六家之二也。此説非。【今注】刑名：又作"形名"。鼂錯的刑名之學，即確保君王統治地位

和權力的權術、辦法（參見徐祥民《秦後法家及其發展變遷》，《社會科學戰綫》2002年第6期）。楊樹達《漢書窺管》以張所治非公孫龍之刑名，而是晁錯所治之刑名。下文稱"然其人長者"，指張未嘗按人，具獄涕泣，故其人雖治刑名，但不刻深。

〔4〕【今注】韓安國：傳見本書卷五二。案，錢大昕《廿二史考異·漢書三》云，據本書《百官公卿表下》代韓安國爲御史大夫在元光四年（前131），並非元朔；任御史大夫五年，以年老請退，則仍在元朔中。

〔5〕【今注】案，桉，大德本同，蔡琪本、殿本作"按"，當據改。

〔6〕【顏注】師古曰：劓與劅同，又音之究反。

〔7〕【今注】案，長，大德本作"畏"。

〔8〕【顏注】師古曰：退令更平幡之（幡，蔡琪本、大德本、殿本作"番"）。

〔9〕【顏注】如淳曰：不正視，若不見者也。晉灼曰：面對囚讀而封之，使其聞見，死而無恨也。師古曰：二説皆非也。面謂偝之也（偝，蔡琪本、殿本作"偕"），言不忍視之，與呂馬童面之同義。【今注】面而封之：《史記·萬石張叔列傳》作"面對而封之"。轉過面臉，背對囚犯，加以簽封上報，表示内心不忍又必須執法。面，轉臉背之。

〔10〕【今注】上大夫：官名。周制，卿以下有大夫，分上、中、下三等。漢代爲次於九卿的官階。

贊曰：仲尼有言"君子欲訥於言而敏於行"，[1]其萬石君、建陵侯、塞侯、張叔之謂與？[2]是以其教不肅而成，不嚴而治。至石建之澣衣，周仁爲垢汙，君子譏之。[3]

　　[1]【顏注】師古曰：《論語》載孔子之言也。訥，遲也。
敏，疾也。【今注】案，此句出《論語·里仁》。

　　[2]【顏注】師古曰：與讀曰歟。

　　[3]【今注】君子譏之：楊樹達《漢書窺管》認爲，石建澣
衣，自是孝道，君子譏之，蓋以爲非大臣之體。

漢書　卷四七

文三王傳第十七[1]

[1]【今注】案，此卷當爲班固以《史記》卷五八《梁孝王世家》爲基礎改寫增補而成。

孝文皇帝四男：竇皇后生孝景帝、梁孝王武，[1]諸姬生代孝王參、梁懷王揖。[2]

[1]【今注】竇皇后：漢文帝皇后，在景帝、武帝兩朝頗參與政事。事見本書卷九七上《外戚傳上》。　梁：諸侯王國名。都睢陽縣（今河南商丘市睢陽區）。

[2]【顏注】師古曰：不得其姓氏，故曰諸姬，言在諸姬之列者也。解在《高五王傳》。【今注】代：諸侯王國名。都代縣（今河北蔚縣東北）。案，文帝爲代王時與代王后生數子（《史記》卷一一《孝景本紀》記載爲三子，卷四九《外戚世家》及本書《外戚傳上》記載爲四子），然在其爲帝數月之內竟皆病死（《史記·孝景本紀》云"及竇太后得幸，前後死"；本書《外戚傳上》則云"先代王未入立爲帝而王后卒，及代王爲帝後，王后所生四男更病死"），景帝成爲在世諸子之長，竇氏又被立爲皇后，乃得立。有觀點認爲，代王后或爲呂后宗族之女，其母子數人係受諸呂牽連而死。情理上講，此説有一定道理，但缺乏確據（參見鄭曉時《漢初"誅呂安劉"政變的過程與歷史意義》，《臺灣政治學刊》第8

卷第 2 期）。又，《史記》叙文帝諸子關係不及《漢書》簡明。

梁孝王武以孝文二年與太原王參、梁王揖同日立。[1]武爲代王，四年，[2]徙爲淮陽王，[3]十二年，徙梁。自初王，通歷已十一年矣。[4]

　　[1]【今注】太原：諸侯王國名。治晉陽縣（今山西太原市西南）。　同日：王先謙《漢書補注》指出，根據《史記·漢興以來諸侯王年表》《漢書·諸侯王表》，時在二月乙卯。

　　[2]【今注】四年：王先謙《漢書補注》指出，根據《諸侯王表》，代王在位三年，徙淮陽。此“四年”，所指當爲文帝四年。今案，《史記》卷五八《梁孝工世家》作“二歲”，可證王説爲是。

　　[3]【今注】淮陽：諸侯王國名。治陳縣（今河南周口市淮陽區）。

　　[4]【顏注】師古曰：惣數其爲王之年（惣，殿本作“總”）。

孝王十四年，入朝。十七年，十八年，比年入朝，留。[1]其明年，乃之國。二十一年，入朝。二十二年，文帝崩。二十四年，入朝。二十五年，復入朝。是時，上未置太子，與孝王宴飲，從容言曰：[2]“千秋萬歲後傳於王。”王辭謝。雖知非至言，[3]然心内喜。太后亦然。[4]

　　[1]【顏注】師古曰：比，頻也。留，謂留在京師。【今注】案，王先謙《漢書補注》指出，此指十八年留京。根據《史記·漢興以來諸侯王年表》，七年、八年、十年劉武皆入朝。這裏自王

梁後開始計數，故不言之前入朝情況。

[2]【顏注】師古曰：從，音千容反。

[3]【今注】至：誠直之意。

[4]【今注】案，據本書卷五二《竇嬰傳》記載，彼時竇嬰勸阻景帝此言，因此爲竇太后所憎。

其右，吴、楚、齊、趙七國反，[1]先擊梁棘壁，[2]殺數萬人。梁王城守睢陽，[3]而使韓安國、張羽等爲將軍，[4]以距吴、楚。吴、楚以梁爲限，不敢過而西，與太尉亞夫等相距三月。[5]吴、楚破，而梁所殺虜略與漢中分。[6]

[1]【今注】案，王先謙《漢書補注》指出，從齊國所分出諸國中有四國造反，合吴、楚、趙爲七國。

[2]【顏注】文穎曰：地名。【今注】棘壁：又名大棘，在今河南睢縣南。案，王先謙《漢書補注》指出，諸國攻梁事詳見本書卷三五《吴王劉濞傳》。

[3]【顏注】師古曰：據睢陽城而自守。【今注】城：王先謙《漢書補注》認爲，“城”爲“增築”之意。　睢陽：縣名。治所在今河南商丘市睢陽區。

[4]【今注】韓安國：時任梁國中大夫，後官至梁國内史，武帝時因田蚡入漢廷爲官，官至御史大夫，對匈奴持主和之策。後任材官將軍守漁陽，戰不利，徙右北平，嘔血而死。傳見本書卷五二。　張羽：梁國將軍，因其力戰吴楚而名顯一時。其兄張尚爲楚相，因反對楚王劉戊造反被殺。本書卷五〇《鄭當時傳》稱鄭當時“脱張羽於阨”，然不知其細節如何。　將軍：《史記》卷五八《梁孝王世家》作“大將軍”。案，周壽昌《漢書注校補》據本書卷五〇《汲黯傳》與卷八八《儒林傳》，指出梁王手下當時還有傅

伯、丁寬等人，人材頗多。

[5]【今注】亞夫：周亞夫，周勃之子。傳見本書卷四〇。案，周亞夫在出征前已爲景帝定下以梁國消耗吳、楚，而絕吳、楚糧道之謀劃，是後戰事發展皆依此而行。時吳、楚攻梁急，梁王先向周亞夫求救未果，又向景帝求救，景帝不得已下詔使救梁，而周亞夫堅持不奉詔，梁王祇得全力守城。梁與吳、楚僵持期間，周亞夫屢命騎兵斷吳、楚糧道，待吳、楚糧盡退兵後，周亞夫方以生力軍出擊，大敗吳、楚。

[6]【顏注】孟康曰：梁所虜吳、楚之捷略與漢同。【今注】案，賈誼曾建議文帝擴大梁國、淮陽國面積而封其親子，以捍衛皇帝，令“大諸侯之有異心者，破膽而不敢謀”。文帝從其策，封劉武至梁，而增益其國，至此終收其效。參見本書卷四八《賈誼傳》。

　　明年，漢立太子。梁最親，有功，又爲大國，居天下膏腴地，北界泰山，西至高陽，[1]四十餘城，多大縣。孝王，太后少子，愛之，賞賜不可勝道。[2]於是孝王築東苑，方三百餘里，[3]廣睢陽城七十里，[4]大治宮室，爲復道，自宮連屬於平臺三十餘里。[5]得賜天子旌旗，從千乘萬騎，出稱警，入言趫，[6]儗於天子。[7]招延四方豪桀，自山東游士莫不至：[8]齊人羊勝、公孫詭、鄒陽之屬。[9]公孫詭多奇邪計，[10]初見日，王賜千金，官至中尉，[11]號曰公孫將軍。多作兵弩弓數十萬，[12]而府庫金錢且百鉅萬，[13]珠玉寶器多於京師。

[1]【顏注】蘇林曰：陳留北縣。【今注】高陽：古鄉聚名。故地在今河南杞縣西南。

[2]【顏注】師古曰：道，謂言。

[3]【今注】案，王先謙《漢書補注》指出，《史記》卷五八《梁孝王世家》《正義》引《括地志》《西京雜記》，對梁孝王苑囿多有描述。

[4]【顏注】師古曰：更廣大之也。《晉太康地記》云，城方十三里，梁孝王築之。鼓倡節杵而後下和之者稱《睢陽曲》，今踵以爲故。今之樂家《睢陽曲》是其遺音。【今注】案，王先謙《漢書補注》指出，《史記·梁孝王世家》《索隱》引蘇林云："廣其徑也。"

[5]【顏注】如淳曰：平臺在大梁東北，離宮所在也。晉灼曰：或説在城中東北角。師古曰：今其城東二十里所有故臺基，其處寬博，土俗云平臺也。復，音方目反。

[6]【顏注】師古曰：警者，戒肅也。趯，止行人也。言出入者，互文耳。出亦有趯。《漢儀注》，皇帝輦動，左右侍帷幄者稱警，出殿則傳蹕，止人清道也。【今注】案，沈欽韓《漢書疏證》指出，此制類似《唐書·輿衛志》《宋史·儀衛志》所叙後世之"鳴鞭喝探"。王先謙《漢書補注》指出，《史記·梁孝王世家》此處作"出言趯，入言警"。

[7]【顏注】師古曰：儗，比也，音擬。【今注】儗於天子：《史記·梁孝王世家》此句作"東西馳獵，擬於天子"，在"千乘萬騎"一句後。案，王先謙《漢書補注》指出，景帝聽説此事後，對梁王頗爲不滿，後爲韓安國所解。詳見本書卷五二《韓安國傳》。

[8]【今注】自山東：《史記·梁孝王世家》作"自山以東"，較此通順。山，指崤山。戰國時爲秦與六國的分界綫。戰國、秦、漢時代，通稱華山或崤山以東爲山東，與"關東"含義相似。漢代時漢廷直接管理秦之舊地，而六國舊地多被分封，因而崤山仍有分界意義。雖然七國之亂被平定後諸侯已無威脅漢廷能力，然由於西漢以長安爲首都，漢廷以秦舊地爲統治基礎的意識仍長期保留下來。　游士：《史記·梁孝王世家》作"游説之士"，其意略異。

[9]【顔注】師古曰：言皆游梁。【今注】鄒陽：傳見本書卷五一。

[10]【今注】奇邪：《史記·梁孝王世家》《索隱》此處引《周禮》鄭玄注釋“奇衺”云“譎怪非常”。今案，《史記》正文與《漢書》同，亦作“奇邪”，與注釋“奇衺”不同。然則唐本中“奇邪”或有作“奇衺”者。

[11]【今注】中尉：此指王國中尉，爲王國頂級武官。典武職，備盜賊。

[12]【今注】案，數十萬，蔡琪本、殿本作“數千萬”。王先謙《漢書補注》指出，《史記·梁孝王世家》此處作“多作兵器弩弓矛數十萬”。

[13]【顔注】師古曰：鉅萬（鉅，蔡琪本作“距”），百萬也。有百萬者（有，殿本作“且”），言凡百也。【今注】鉅萬：《史記·梁孝王世家》作“巨萬”。其義歧説較多。顔師古在此釋爲“百萬”，但在本書《食貨志》又釋爲“萬萬”。《史記·平準書》裴駰《集解》引韋昭説，亦釋爲萬萬。沈長雲經過考證，認爲“巨萬”當指“千萬”（參見沈長雲《漢代史籍中的“億萬”“巨萬”究竟指多少》，《文史》1999 年第 3 輯）。

二十九年十月，孝王入朝。景帝使使持乘輿駟，迎梁王於關下。[1]既朝，上疏，因留。以太后故，入則侍帝同輦，出則同車，遊獵上林中。[2]梁之侍中、郎、謁者著引籍出入天子殿門，[3]與漢宦官亡異。

[1]【顔注】鄧展曰：但持駟馬往也。臣瓚曰：稱乘輿駟，則車馬皆往。言四（四，蔡琪本、殿本作“駟”），不駕六馬耳。天子副車駕四馬（四，蔡琪本、殿本作“駟”）。師古曰：輿即車也。瓚説是。【今注】使使持乘輿駟：王先謙《漢書補注》指

出，《史記》卷五八《梁孝王世家》此處作"使使持節，乘輿駟馬"，文義較爲明晰。

[2]【今注】上林：上林苑。在今陕西西安市西南鄠邑區、周至縣一帶，渭水以南、終南山以北。秦惠文王時即開始興建。至秦始皇時，先後在上林苑中修建了朝宮和阿房宮前殿等。西漢初荒廢，許民入墾荒。漢武帝收回，復加拓展，周圍擴至二百餘里。關於西漢時上林苑的範圍，參見王社教《西漢上林苑的範圍及相關問題》（《中國歷史地理論叢》1995 年第 3 輯）。

[3]【顔注】師古曰：著，音竹略反。【今注】侍中：官名。秦始置。西漢爲加官，無員，凡官員加此頭衔即可入禁中。漢初諸侯國官制全仿漢朝，諸侯國侍中當即可親近梁王者。　郎：官名。或稱郎官、郎吏。掌守皇宮門户，出行充皇帝車騎。有議郎、中郎、侍郎、郎中等。秩自比六百石至比三百石不等，無定員。諸侯國郎官當與漢廷略同。　謁者：職官名。春秋戰國已有，秦、漢承之。西漢時掌賓贊受事，郎中令（光禄勳）屬官，員七十人，秩比六百石。漢初諸侯王官制皆仿漢廷，王先謙《漢書補注》指出，根據本書《百官公卿表》，諸侯王屬下有謁者、郎等職位。　著引籍出入天子殿門：王先謙《漢書補注》指出《史記·梁孝王世家》此處作"著籍引出入天子殿門"，當以《史記》爲是。著籍，即通籍。言以梁王侍臣姓名著於門籍，引之出入殿門。若無門籍，則不得擅出入。本書卷五二《竇嬰傳》有云"太后除嬰門籍，不得朝請"，可爲其證。

　　十一月，上廢栗太子，[1]太后心欲以梁王爲嗣。大臣及爰盎等有所關説於帝，[2]太后議格，[3]孝王不敢復言太后以嗣事。[4]事祕，世莫知，[5]迺辭歸國。

[1]【今注】栗太子：名榮，漢景帝與栗姬之子，故號爲栗太

子。因景帝與栗姬不睦而被廢，後被迫自殺。傳見本書卷五三。

[2]【今注】爰盎：《史記》卷五八《梁孝王世家》作"袁盎"。字絲，文帝時多進諫，後曾爲吴王相。景帝時，讒殺鼂錯。後因勸諫竇太后立梁孝王繼景帝皇位，被梁國刺客所殺。傳見本書卷四九。

[3]【顏注】服虔曰：格，音格鬥。張晏曰：止也。蘇林曰：音閣。師古曰：蘇音、張説是。

[4]【顏注】師古曰：不敢更以此事言於太后。【今注】孝王不敢復言太后以嗣事：王先謙《漢書補注》指出，《史記·梁孝王世家》"太后議格"下作"亦遂不敢復言以梁王爲嗣事"。所指爲太后而非梁王，與《漢書》不同。

[5]【今注】世莫知：褚少孫補《史記·梁孝王世家》，詳叙爰盎舉宋宣公事説服竇太后。然《漢書》仍承《史記》正文云"世莫知"，或是認爲褚少孫所補内容不可信。姑列其文於此，以供參考：

蓋聞梁王西入朝，謁竇太后，燕見，與景帝俱侍坐於太后前，語言私説。太后謂帝曰："吾聞殷道親親，周道尊尊，其義一也。安車大駕，用梁孝王爲寄。"景帝跪席舉身曰："諾。"罷酒出，帝召袁盎諸大臣通經術者曰："太后言如是，何謂也？"皆對曰："太后意欲立梁王爲帝太子。"帝問其狀，袁盎等曰："殷道親親者，立弟。周道尊尊者，立子。殷道質，質者法天，親其所親，故立弟。周道文，文者法地，尊者敬也，敬其本始，故立長子。周道，太子死，立適孫。殷道，太子死，立其弟。"帝曰："於公何如？"皆對曰："方今漢家法周，周道不得立弟，當立子。故《春秋》所以非宋宣公。宋宣公死，不立子而與弟。弟受國死，復反之與兄之子。弟之子爭之，以爲我當代父後，即刺殺兄子。以故國亂，禍不絶。故《春秋》曰：'君子大居正，宋之禍宣公爲之。'臣請見太后白之。"袁盎等入見太后："太后言欲立梁王，梁王即終，欲誰立？"

太后曰："吾復立帝子。"袁盎等以宋宣公不立正，生禍，禍亂後五世不絕，小不忍害大義狀報太后。太后乃解説，即使梁王歸就國。

其夏，[1]上立膠東王爲太子。[2]梁王怨爰盎及議臣，迺與羊勝、公孫詭之屬謀，陰使人刺殺爰盎及他議臣十餘人。[3]賊未得也。於是天子意梁，[4]逐賊，果梁使之。遣使冠蓋相望於道，覆案梁事。捕公孫詭、羊勝，皆匿王後宫。使者責二千石急，[5]梁相軒丘豹[6]及内史安國[7]皆泣諫王，王迺令勝、詭皆自殺，出之。上由此怨望於梁王。[8]梁王恐，迺使韓安國因長公主謝罪太后，[9]然後得釋。

[1]【今注】其夏：《史記》卷五八《梁孝王世家》作"其夏四月"。

[2]【今注】膠東王：即後來的漢武帝。膠東，諸侯王國名。都即墨縣（今山東平度市東南）。

[3]【今注】陰使人刺殺爰盎及他議臣十餘人：此事又見本書卷四九《爰盎傳》，稱第一名刺客感於爰盎聲名，不忍刺之，且警告其，此後尚有十餘名刺客。最終爰盎被刺殺。此外，褚少孫所補《史記·梁孝王世家》叙此事亦詳，其文云：

梁王聞其議出於袁盎諸大臣所，怨望，使人來殺袁盎。袁盎顧之曰："我所謂袁將軍者也，公得毋誤乎？"刺者曰："是矣！"刺之，置其劍，劍著身。視其劍，新治。問長安中削厲工，工曰："梁郎某子來治此劍。"以此知而發覺之，發使者捕逐之。獨梁王所欲殺大臣十餘人，文吏窮本之，謀反端頗見。

[4]【顏注】師古曰：意，疑也。

[5]【今注】二千石：漢朝二千石爲中央政府機構的列卿，及

地方州牧郡守、諸侯王國相等。又可細分爲中二千石、二千石、比二千石三等。據本書《百官公卿表》顔師古注，中二千石者月各百八十斛，二千石者百二十斛，比二千石者百斛。《續漢書・百官志五》所載與此略同。根據張家山漢簡《秩律》與《新書》《史記》等傳世文獻，閻步克先生又指出漢初衹有二千石，並無中二千石等細分等級，最早的中二千石的記載出現在文帝死後景帝發布的詔書中。楊振紅先生則進一步認爲中二千石的官位是文帝時在賈誼的建議下設立的，是爲了區別漢廷官員與諸侯官員之地位。而早期中二千石官員亦不止《百官公卿表》所載諸官，如内史、主爵都尉均曾列於中二千石。案，石，漢代度量衡單位，有兩義：一爲重量單位，合一百二十斤；二爲容量單位，合十斗，亦即一斛。馬彪等先生指出，“石”本爲秦與西漢時的官方標準重量單位，合十斗的官方標準容量單位爲“桶（甬）”。因一石重的禾黍可得十斗糙米，一石重的稻禾可得十斗稻米，故實踐中有將十斗稱爲“石”的習慣。王莽時以“斛”作爲合十斗的官方容量單位，東漢承之，此後容量單位“石”便逐漸淡出了漢代計量系統。然則根據前文顔注所引二千石的俸禄換算，二千石當指二千石（容量單位）容積的米，亦即二千石（重量單位）重的禾，其餘官秩與此相類。又案，陳夢家先生根據傳世與出土文獻指出，雖然西漢承秦制，官俸以“石”爲名，但主要是代表官秩，實際發俸以錢爲主。至王莽後期，變爲以穀爲主，東漢則爲半錢半穀，而以穀數爲標準。前文所引顔注所舉具體官俸，當出自東漢之材料，且亦只是一種計算標準，並非兩漢官俸的實際發放情況。（參見閻步克《〈二年律令・秩律〉的中二千石秩級闕如問題》，《河北學刊》2003 年第 5 期；楊振紅《出土簡牘與秦漢社會（續編）》，廣西師範大學出版社 2015 年版，第51—57 頁；馬彪、林力娜《秦、西漢容量“石”諸問題研究》，《中國史研究》2018 年第 4 期；陳夢家《漢簡所見奉例》，《文物》1963 年第 5 期）

[6]【顔注】師古曰：姓軒丘，名豹。【今注】梁相：梁國丞

相之簡稱。按後文梁孝王布車入朝在孝王三十一年亦即景帝中元二年（前148），是知此時諸侯國官制未改，諸侯國丞相尚未改稱"相"。　軒丘：錢大昭《漢書辨疑》認爲，根據《廣韻》，楚文王庶子食采於軒丘，是爲此姓之起源。

[7]【顏注】師古曰：即韓安國（殿本無"即"字）。【今注】内史：王國内史。漢初置，因其爲王國自署，治國如郡太守、都尉職事。秩二千石。

[8]【顏注】師古曰：望謂責而怨之。【今注】案，褚少孫所補《史記·梁孝王世家》叙袁盎被殺案結案事云：

太后不食，日夜泣不止。景帝甚憂之，問公卿大臣，大臣以爲遣經術吏往治之，乃可解。於是遣田叔、吕季主往治之。此二人皆通經術，知大禮。來還，至霸昌厩，取火悉燒梁之反辭，但空手來對景帝。景帝曰："何如？"對曰："言梁王不知也。造爲之者，獨其幸臣羊勝、公孫詭之屬爲之耳。謹以伏誅死，梁王無恙也。"景帝喜説，曰："急趨謁太后。"太后聞之，立起坐飡，氣平復。故曰，不通經術知古今之大禮，不可以爲三公及左右近臣。少見之人，如從管中闚天也。

[9]【今注】長公主：皇帝之姊妹稱長公主。此指劉嫖，又稱館陶長公主、大長公主。竇太后長女，景帝姊，堂邑侯陳午妻，武帝陳皇后之母。在景帝廢栗太子、立武帝一事上出力頗多。案，王先謙《漢書補注》指出，此記載與本書卷五一《鄒陽傳》相合。根據本書卷五二《韓安國傳》，梁王與景帝的兩次矛盾皆韓安國因長公主入言得釋。今案，據本書《鄒陽傳》，彼時鄒陽亦因蓋侯王信（王夫人長兄，武帝舅）爲梁王求情。

上怒稍解，因上書請朝。[1] 既至關，茅蘭説王，[2] 使乘布車，[3] 從兩騎入，匿於長公主園。漢使迎王，王已入關，車騎盡居外，外不知王處。[4] 太后泣曰："帝殺吾子!"帝憂恐。於是梁王伏斧質，之闕下謝罪。然後太后、帝皆大喜，相與泣，復如故。悉召王從官入關。然帝益疎王，不與同車輦矣。

　　[1]【今注】請朝：王先謙《漢書補注》根據《史記·漢興以來諸侯王年表》指出，此次來朝爲三十一年（前148）。

　　[2]【顏注】服虔曰：茅蘭，孝王大夫也。

　　[3]【顏注】張晏曰：布車降服，自比喪人也。【今注】布車：王先謙《漢書補注》引王文彬説，認爲張晏説有誤。喪禮確有布車之制，然當時竇太后尚在，梁王絶不當自比喪人。這裏當是因不欲人知，故用布車私入。

　　[4]【今注】外不知王處：王先謙《漢書補注》認爲，此處當從《史記》卷五八《梁孝王世家》，作"不知王處"。

　　三十五年冬，[1]復入朝。上疏欲留，上弗許。歸國，意忽忽不樂。北獵梁山，[2]有獻牛，足上出背上，[3]孝王惡之。六月中，病熱，六日薨。[4]

　　[1]【今注】三十五年：王先謙《漢書補注》指出，時爲景帝中元六年（前144）。

　　[2]【今注】梁山：《史記》卷五八《梁孝王世家》作"良山"。

　　[3]【今注】足上：王先謙《漢書補注》指出，《史記·梁孝王世家》"足"下無"上"字。

　　[4]【顏注】張晏曰：足當處下，所以輔身也。今出背上，象孝王背朝而干上也。北者，陰也，又在梁山，明爲梁也。牛者，丑之畜，衝在六月。北方數六，故六月六日王薨也。【今注】案，

王先謙《漢書補注》引劉敞説認爲，此處意爲患熱疾六日薨，非指六月六日。王氏又根據《史記・漢興以來諸侯王年表》《漢書・諸侯王表》，進一步指出孝王支子四王，皆在五月立爲王，是知孝王並非在六月去世。

　　孝王慈孝，每聞太后病，口不能食，[1]常欲留長安侍太后。太后亦愛之。及聞孝王死，竇太后泣極哀，不食，曰："帝果殺吾子！"帝哀懼，不知所爲。與長公主計之，迺分梁爲五國，盡立孝王男五人爲王，女五人皆令食湯沐邑。[2]奏之太后，太后迺説，爲帝壹餐。[3]

　　[1]【今注】案，王先謙《漢書補注》指出，《史記》卷五八《梁孝王世家》於此處更有"居不安寢"四字。

　　[2]【今注】湯沐邑：古封邑名稱。本指周天子在王畿内賜給來朝諸侯住宿和齋戒沐浴用的封邑。漢時沿用此名，指皇帝、皇后、公主以及諸侯王列侯收取賦税以供私人奉養的封邑。案，五分梁國而立其諸子爲王，在名義上以王爵邀買太后之心，實際上去除了梁國勢力過大之患，與文帝從賈誼策分齊、武帝從主父偃策行推恩令略同。

　　[3]【顔注】師古曰："説"讀曰"悦"。餐，古"湌"字。【今注】案，王先謙《漢書補注》指出，《史記・梁孝王世家》此處作"爲帝加壹餐"。

　　孝王未死時，財以鉅萬計，不可勝數。及死，藏府餘黄金尚四十餘萬斤，他財物稱是。[1]

　　[1]【今注】案，梁孝王陵地處河南永城市芒碭山的保安山南麓。據《三國志》卷六《魏書·袁紹傳》所載袁紹檄文，梁孝王陵可能遭到了曹操的盜掘。至20世紀90年代，梁孝王陵受到清理、保護、研究。其墓依山爲陵，規模極宏大。除梁孝王外，其後裔共王、平王、頃王、敬王、夷王、荒王之陵墓皆在芒碭山區，形成了永城西漢梁國王陵墓群。對永城西漢梁國王陵與寢園的發掘研究，被列爲1994年全國十大考古發現之一。關於考古發掘的具體細節，可參考河南省文物考古研究所《永城西漢梁國王陵與寢園》(中州古籍出版社1996年版)；閻根齊《芒碭山西漢梁王墓地》(文物出版社2001年版)。

　　代孝王參初立爲太原王。四年，[1]代王武徙爲淮陽王，而參徙爲代王，復并得太原，都晉陽如故。[2]五年一朝，凡三朝。[3]十七年薨，[4]子共王登嗣。[5]二十九年薨，[6]子義嗣。元鼎中，[7]漢廣關，以常山爲阻，[8]徙代王於清河，[9]是爲剛王。并前在代凡立四十年薨，[10]子頃王湯嗣。二十四年薨，[11]子年嗣。

　　[1]【今注】四年：王先謙《漢書補注》指出，時爲文帝四年（前176）。

　　[2]【顏注】師古曰：如文帝在代時。【今注】晉陽：縣名，治所在今山西太原市西南。案，王先謙《漢書補注》指出，此處意爲太原國與代國合併，劉參雖更號爲代王，然仍都太原不變。

　　[3]【今注】凡三朝：蔡琪本作“凡三朝”。王先謙《漢書補注》指出，《史記·漢興以來諸侯王年表》祇載劉參六年、十年來朝，與此記載不同。

　　[4]【今注】十七年：王先謙《漢書補注》指出，本書《諸侯王表》作“七年”。據《史記》卷五八《梁孝王世家》，代孝王參

立十七年，孝文後二年卒。然則當爲《諸侯王表》有誤。

[5]【顏注】師古曰："共"讀曰"恭"。

[6]【今注】案，《史記·梁孝王世家》說明劉登在位時間外，又云"元光二年卒"。《漢書》删之，雖似精簡，然不利讀者理解時間脈絡。

[7]【今注】元鼎：漢武帝年號（前116—前111）。

[8]【顏注】師古曰：依山以爲關。【今注】廣關：王先謙《漢書補注》根據本書卷六《武紀》，指出"廣關"所指當爲元鼎三年（前114）時"徙函谷關於新安"。

[9]【今注】清河：諸侯王國名、郡名。治清河縣（今河北清河縣東南）。案，王先謙《漢書補注》根據《史記·梁孝王世家》，指出代王徙清河在元鼎三年。

[10]【今注】案，凡，蔡琪本作"几"。　四十年：王先謙《漢書補注》指出，本書《諸侯王表》作"三十八年薨"。其子頃王太始三年（前94）嗣，則剛王太始二年（前95）薨。連爲代王時共計三十八年，與《表》合。此處記載有誤。

[11]【今注】二十四年：王先謙《漢書補注》指出，本書《諸侯王表》作"二十五年薨"。其子子年地節元年（前69）嗣，則頃王本始四年（前70）薨，在位共二十五年，與《表》合。此處記載有誤。表"湯"作"陽"。

　　地節中，[1]冀州刺史林奏年爲太子時與女弟則私通。[2]及年立爲王後，則懷年子，其壻使勿舉。[3]則曰："自來殺之。"壻怒曰："爲王生子，自令王家養之。"則送兒頃太后所。[4]相聞知，禁止則，令不得入宫。[5]年使從季父往來送迎則，[6]連年不絶。有司奏年淫亂，年坐廢爲庶人，徙房陵，[7]與湯沐邑百户。立三年，國除。

[1]【今注】地節：漢宣帝年號（前69—前66）。

[2]【今注】冀州：漢武帝所置十三刺史部之一，監察趙國、廣平、真定、中山國、河間、信都、魏郡、常山、鉅鹿、清河等郡國。　刺史：漢武帝時始置，分全國爲十三部州，州置刺史一人。奉詔巡行諸郡，以六條問事，省察治政，黜陟能否，斷理冤獄。無治所，秩六百石。　案，女弟則，蔡琪本、殿本作"女弟子"。《漢書考正》宋祁指出，"弟子"之"子"字當作"則"。

[3]【顏注】師古曰：不養也。

[4]【顏注】師古曰：項王之后，年之太后，故曰項太后。

[5]【顏注】師古曰：相者，王之相。

[6]【顏注】師古曰：宗室諸從也。

[7]【今注】房陵：縣名。屬漢中郡，治所在今湖北房縣。

　　元始二年，[1]新都侯王莽興滅繼絶，[2]白太皇太后，立年弟子如意爲廣宗王，[3]奉代孝王後。莽篡位，國絶。

[1]【今注】元始：漢平帝年號（1—5）。

[2]【今注】新都：侯國名。屬南陽郡，治所在今河南新野縣東南王莊鎮九女城村。　王莽：字巨君。漢元帝王皇后侄。漢末以外戚掌權。成帝時封新都侯。哀帝死，與王皇后立平帝，專制朝政，稱安漢公。元始五年（5），毒死平帝，另立孺子劉嬰，自稱假皇帝。初始元年（8）稱帝，改國號爲新，年號始建國。實行改制。地皇四年（23），被綠林、赤眉等義軍推翻，被殺。傳見本書卷九九。

[3]【今注】廣宗：諸侯王國名。其地本書《地理志》未載。1933年版《廣宗縣志》認爲，廣宗縣（今河北廣宗縣前身）"西漢爲鉅鹿郡堂陽、經縣及廣宗國地"，"東漢爲廣宗國、廣宗縣及經縣

地"。若依此説，則此廣宗國與東漢廣宗國一脉相承，其地當在今河北南部廣宗縣、威縣一代。東漢廣宗國治所在今河北威縣東，此廣宗國治所或亦在此。

梁懷王揖，[1]文帝少子也。好《詩》《書》，[2]帝愛之異於他子。五年一朝，凡再入朝。[3]因墮馬死，[4]立十年薨。無子，國除。明年，[5]梁孝王武徙王梁。

[1]【今注】揖：《漢書考證》齊召南認爲此爲懷王之名，本書卷四《文紀》與《史記》卷一〇《孝文本紀》皆作"揖"，與此同。《史記·漢興以來諸侯王年表》、卷五九《五宗世家》以及本書卷四八《賈誼傳》皆作"勝"。李奇認爲懷王有兩名。又《史記索隱》根據景帝子有中山靖王勝，認爲《史記》誤，王先謙《漢書補注》認爲其説不足據。

[2]【今注】詩：指《詩經》，儒家五經之一。書：即《尚書》。儒家五經之一。先秦時稱《書》。漢初始稱《尚書》，指上古之書。尚，同"上"。記載上古及夏商事迹，體裁有典、謨、訓、誥、誓、命六種。案，王先謙《漢書補注》認爲，懷王之好學可從《新書·先醒》所載懷王與賈誼問答看出。

[3]【今注】凡再入朝：王先謙《漢書補注》指出，根據《史記·漢興以來諸侯王年表》，梁懷王在六年、十年入朝。

[4]【今注】因墮馬死：梁懷王十年入朝，當年去世，時爲漢文帝十一年（前169）。

[5]【今注】明年：賈誼爲梁懷王太傅，"自傷爲傅無狀"，歲餘亦死，當即此年。梁懷王死後，賈誼上書有云："爲梁王立後，割淮陽北邊二三列城與東郡以益梁；不可者，可徙代王而都睢陽。"本書《賈誼傳》是知文帝初未從其策，在其死後復思其言，而令劉武代爲梁王。

梁孝王子五人爲王。太子買爲梁共王，[1]次子明爲濟川王，[2]彭離爲濟東王，[3]定爲山陽王，[4]不識爲濟陰王，[5]皆以孝景中六年同日立。[6]

[1]【顏注】師古曰："共"讀曰"恭"。

[2]【今注】濟川：諸侯王國名。都濟陽縣（今河南蘭考縣東北）。後更爲陳留郡，徙都陳留縣（今河南開封市東南）。

[3]【今注】濟東：諸侯王國名。西漢武帝時廢爲大河郡，宣帝時復置爲東平國，都無鹽縣（今山東東平縣東）。

[4]【今注】山陽：郡名、諸侯王國名。治昌邑（今山東巨野縣南）。

[5]【今注】濟陰：諸侯王國名。都定陶（今山東菏澤市定陶區西北）。

[6]【今注】同日：王先謙《漢書補注》指出，根據本書《諸侯王表》，時在五月丙戌。

梁共王買立七年薨，[1]子平王襄嗣。

[1]【今注】梁共王買：王先謙《漢書補注》引王先慎指出《西京雜記》中記載了竇太后令景帝爲梁孝王子行冠禮、婚禮之逸事。唯其中記梁孝王子名"賈"，或爲"買"之誤。案，七年，蔡琪本、大德本、殿本皆作"十年"。王先謙《漢書補注》指出，《史記·漢興以來諸侯王年表》景帝後元元年（前143）下書"恭王買元年"，建元四年（前137）下書"薨"，算來正合七年。

濟川王明以垣邑侯立。[1]七年，坐射殺其中尉，[2]有司請誅，[3]武帝弗忍，廢爲庶人，遷房陵，[4]

國除。[5]

[1]【今注】垣邑侯：王先謙《漢書補注》指出，垣，《史記》之《梁孝王世家》《惠景閒侯者年表》與《漢書》之《諸侯王表》《王子侯表》兩表皆作"桓"，叫見"垣"字誤。案，梁孝王攴了四人之紀事，《史記》卷五八《梁孝王世家》叙於梁共干一脈之後。

[2]【今注】殺其中尉：《漢書考正》劉攽指出，《武紀》記此事爲"坐殺太傅、中傅"，與此處不同。王先謙《漢書補注》認爲，當做"中傅"。此處"中尉"當因後人少見中傅而改。

[3]【今注】案，有司，《史記·梁孝王世家》作"漢有司"。

[4]【今注】案，遷，大德本、殿本作"徙"。

[5]【今注】國除：《史記·梁孝王世家》作"地入於漢爲郡"。王先謙《漢書補注》指出，濟川國後改爲陳留郡。

　　濟東王彭離立二十九年。彭離驕悍，[1]昏暮私與其奴亡命少年數十人行劋，[2]殺人取財物以爲好。[3]所殺發覺者百餘人，國皆知之，莫敢夜行。所殺者子上書告言，有司請誅，[4]武帝弗忍，廢爲庶人，徙上庸，[5]國除，[6]爲大河郡。[7]

[1]【顏注】師古曰：悍，勇也。

[2]【顏注】師古曰：劋，劫也，音頻妙反。

[3]【顏注】如淳曰：以是爲好喜之事也（殿本無"也"字）。師古曰：好，音呼到反。【今注】以爲好：周壽昌《漢書注校補》認爲，"以爲好"是"以爲樂"之變文。

[4]【今注】案，有司，《史記》卷五八《梁孝王世家》作

"漢有司"。

[5]【今注】上庸：縣名。屬漢中郡，治所在今湖北竹山縣西南。

[6]【今注】案，國除，《史記·梁孝王世家》作"地入於漢"。

[7]【今注】大河郡：治無鹽縣（今山東東平縣東）。沈欽韓《漢書疏證》據本書《地理志》，指出大河郡在宣帝甘露二年（前52）又改爲東平國。

山陽哀王定立九年薨。亡子，國除。[1]

[1]【今注】國除：《史記》卷五八《梁孝王世家》作"地入於漢"。王先謙《漢書補注》據《史記·梁孝王世家》指出，其國被改爲山陽郡。

濟陰哀王不識立一年薨。亡子，國除。[1]

[1]【今注】國除：《史記》卷五八《梁孝王世家》作"地入於漢"。王先謙《漢書補注》據《史記·梁孝王世家》指出，其國被改爲濟陰郡。

孝王支子四王，皆絕於身。[1]

[1]【顏注】師古曰：支子，謂非正嫡也。

梁平王襄，[1]母曰陳太后。共王母曰李太后。李太后，親平王之大母也。[2]而平王之后曰任后，任后甚有寵於襄。

[1]【今注】案，王先謙《漢書補注》曰：官本“梁平王襄”下不提行。《索隱》云“‘襄’，《漢書》作‘讓’”，所見蓋誤本。

[2]【顏注】師古曰：大母，祖母也。恭王即李太后所生（恭，殿本作“共”），故云“親祖母”也。

初，孝王有罍尊，[1]直千金，戒後世善寶之，毋得以與人。[2]任后聞而欲得之。李太后曰：“先王有命，毋得以尊與人。他物雖百鉅萬，猶自恣。”[3]任后絕欲得之。[4]王襄直使人開府取尊賜任后，又王及母陳太后事李太后多不順。[5]有漢使者來，李太后欲自言，王使謁者中郎胡等遮止，[6]閉門。李太后與爭門，措指，[7]太后啼謼，[8]不得見漢使者。李太后亦私與食官長及郎尹霸等姦亂，[9]王與任后以此使人風止李太后。[10]李太后亦已，[11]後病薨。病時，任后未嘗請疾；[12]薨，又不侍喪。[13]

[1]【顏注】應劭曰：《詩》云“酌彼金罍”。罍，畫雲雷之象，以金飾之也。鄭氏曰：上蓋刻爲山雲雷之象。師古曰：鄭説是也。罍，古“雷”字。

[2]【顏注】師古曰：寶，謂愛守也。

[3]【今注】猶：王先謙《漢書補注》指出，此處“猶”字與“由”通假。

[4]【今注】絕：王先謙《漢書補注》據《後漢書》卷二七《吳良傳》注，認爲“絕”爲“極”之意。

[5]【今注】案，事李太后，蔡琪本、殿本作“事於太后”。

[6]【今注】中郎：官名。郎官的一種，職在侍衞皇帝，入守宮禁，出充車騎。秩比六百石。王國官制仿漢廷，此中郎指王國中

郎。案，此句《史記》卷五八《梁孝王世家》作"平王襄及任王后遮止"，與此不同。

　　[7]【顏注】晉灼曰：許慎云："措，置。"字借以爲"筰"耳。師古曰：音壯客反，謂爲門扉所筰。

　　[8]【顏注】師古曰：謔，音火故反。

　　[9]【今注】郎：官名。或稱郎官、郎吏。掌守皇宫門户，出行充皇帝車騎。有議郎、中郎、侍郎、郎中等，秩自比六百石至比三百石不等，無定員。王國官制仿漢廷，此指王國郎官。

　　[10]【顏注】師古曰："風"讀曰"諷"。止者，止其自言也。

　　[11]【顏注】師古曰：已，止也。

　　[12]【顏注】張晏曰：請，問也。

　　[13]【今注】侍喪：王先謙《漢書補注》認爲，"侍喪"當從《史記》作"持喪"。"侍"與"持"形近致誤。

　　元朔中，[1]睢陽人犴反，[2]人辱其父，而與睢陽太守客俱出同車。[3]犴反殺其仇車上，[4]亡去。睢陽太守怒，以讓梁二千石。[5]二千石以下求反急，執反親戚。反知國陰事，迺上變告梁王與大母争尊狀。時相以下具知之，[6]欲以傷梁長史，[7]書聞。天子下吏驗問，有之。公卿治，奏以爲不孝，請誅王及太后。[8]天子曰："首惡失道，任后也。朕置相吏不逮，[9]無以輔王，故陷不誼，不忍致法。"削梁王五縣，奪王太后湯沐成陽邑，[10]梟任后首于市，中郎胡等皆伏誅。[11]梁餘尚有八城。[12]

　　[1]【今注】元朔：漢武帝年號（前128—前123）。

　　[2]【顏注】師古曰：犴，姓。反，名也。犴，音岸。【今注】

狃反：四庫本《考證》指出，《史記》記其名作"類狃反"。王先
謙《漢書補注》指出，《史記索隱》有云，"反"字或作"友"。

[3]【今注】睢陽太守：太守，職官名。漢地方郡的最高長
官。原稱郡守。漢景帝中元二年（前148）更爲現名，秩二千石。
《漢書考正》劉攽指出，睢陽爲梁國之都城，無太守。錢大昕《廿
二史考異·漢書三》指出，《史記》即作"淮陽"。淮陽國，景帝
四年（前153）除爲郡，故得置太守。梁與淮陽接壤。

[4]【今注】案，王先謙《漢書補注》根據《史記》卷五八
《梁孝王世家》，指出"狃反殺"上本有"太守客出下車"六字。
狃反所殺爲與太守客同車之人，非殺太守之客。又引錢大昕《廿二
史考異·漢書三》謂，殺人者爲睢陽人，睢陽爲梁國所都，然事在
淮陽地，故淮陽太守治之，而以讓梁吏。

[5]【今注】梁二千石：本書卷一一《哀紀》云"傅、相、中
尉皆國二千石，故盡從之"。是知西漢後期諸侯國二千石爲傅、相、
中尉。

[6]【今注】相：此指諸侯相。官名。漢朝派往諸侯國的最高
行政長官。原稱相國，惠帝元年（前194）改稱丞相，景帝中元五
年（前145）改稱相。《史記》卷五八《梁孝王世家》作"丞相"，
似誤。

[7]【今注】長史：《史記·梁孝王世家》作"長吏"。《漢書
考正》劉攽認爲，此處"長史"當作"長吏"。長吏，漢代指縣令
長、尉、丞以上的地方官。

[8]【顏注】師古曰：陳太后。

[9]【顏注】師古曰：逮，及也，言其材知不及。

[10]【今注】案，由"公卿治"至此，《史記·梁孝王世家》
作："公卿請廢襄爲庶人。天子曰：'李太后有淫行，而梁王襄無良
師傅，故陷不義。'乃削梁八城。"與此不同。

[11]【今注】案，《史記·梁孝王世家》不載中郎胡事。

[12]【今注】梁餘尚有八城：《漢書考證》齊召南指出，此處《史記》作"削梁八城……梁餘尚有十城"。他根據《地理志》的記載，認爲《漢書》記載爲是。錢大昕《廿二史考異·史記四》指出，《地理志》所言，是平帝時之郡縣，而梁平王削地在武帝元朔年間，相去一百二十多年。以《漢書》本傳考之，其後梁國數次削地千户及五百户，又削五縣，最後所餘尚有八縣，可知《漢書》"餘八城"的記載有誤。

襄立四十年薨。[1]子頃王無傷嗣，[2]十一年薨。子敬王定國嗣，四十年薨。子夷王遂嗣，六年薨。子荒王嘉嗣，十五年薨。子立嗣。

[1]【今注】四十年：王先謙《漢書補注》指出，《史記》卷五八《梁孝王世家》作"三十九年"。他根據《諸侯王表》及劉襄卒於天漢四年（前97），認爲《史記》有誤。

[2]【今注】頃王：王先謙《漢書補注》指出，本書《諸侯王表》作"貞王毋傷"。案，《史記》紀梁共王一脈事至無傷立爲梁王爲止。

鴻嘉中，[1]太傅輔奏：[2]"立一日至十一犯法，臣下愁苦，莫敢親近，不可諫止。願令王，非耕、祠，法駕毋得出宫，[3]盡出馬置外苑，收兵杖藏私府，[4]毋得以金錢財物假賜人。"[5]事下丞相、御史，[6]請許。[7]奏可。後數復毆傷郎，[8]夜私出宫。傅、相連奏，坐削或千户或五百户，如是者數焉。

[1]【今注】鴻嘉：漢成帝年號（前20—前17）。

　　[2]【今注】太傅：諸侯王太傅。掌導王以善，禮如師，不臣。秩二千石。今案，景帝時已貶稱諸侯國太傅爲“傅”，此處用舊稱，不確。

　　[3]【今注】法駕：帝王的車駕。

　　[4]【今注】私府：沈欽韓《漢書疏證》指出，王官有“私府長”一職。王先謙本書卷五一《漢書補注》認爲，此官名見於《賈山傳》。今案，王先謙說不確。此官名實見於本書卷五一《路溫舒傳》。因路溫舒與賈山同傳，以致王氏有此誤。

　　[5]【今注】假：王先謙《漢書補注》指出，“假”爲“貸”之意。

　　[6]【今注】丞相：官名。漢三公之一。輔佐皇帝，掌全國政務。　御史：此指御史大夫。丞相副貳，秩中二千石，協調處理天下政務，而以監察、執法爲主要職掌，爲全國最高監察、執法長官。主管圖籍秘書檔案、四方文書，百官奏議經其上呈，皇帝詔命由其承轉丞相下達執行，負責考課、監察、彈劾官吏，典掌刑獄、收捕、審訊有罪官吏等，或派員巡察地方，鎮壓事變，有時亦督兵出征。丞相缺位，常由其遞補。詳見本書《百官公卿表上》。

　　[7]【顔注】師古曰：許太傅所奏。

　　[8]【顔注】師古曰：毆，棰擊，音一口反。

　　荒王女弟園子爲立舅任寶妻，寶兄子昭爲立后。數過寶飲食，報寶曰：“我好翁主，[1]欲得之。”寶曰：“翁主，姑也，法重。”立曰：“何能爲！”[2]遂與園子姦。

　　[1]【顔注】師古曰：諸王女皆稱翁主，言其父自主婚也。
　　[2]【顔注】師古曰：言罪不能至重也。

　　積數歲，永始中，[1]相禹奏立對外家怨望，有惡言。有司案驗，因發淫亂事，奏立禽獸行，請誅。太中大夫谷永上疏曰：[2]“臣聞《禮》，天子外屏，不欲見外也。[3]是故帝王之意，不窺人閨門之私，聽聞中冓之言。[4]《春秋》爲親者諱。[5]《詩》云‘戚戚兄弟，莫遠具爾’。[6]今梁王年少，頗有狂病，始以惡言按驗，[7]既亡事實，而發閨門之私，非本章所指。王辭又不服，狠強劾立，[8]傅致難明之事，[9]獨以偏辭成皋斷獄，亡益於治道。汙衊宗室[10]以内亂之惡披布宣揚於天下，非所以爲公族隱諱，增朝廷之榮華，昭聖德之風化也。臣愚以爲王少，而父同産長，年齒不倫；梁國之富，足以厚聘美女，招致妖麗；父同産亦有恥辱之心，[11]案事者迺驗問惡言，[12]何故狠自發舒？[13]以三者揆之，[14]殆非人情，疑有所迫切，過誤失言，文吏躡尋，不得轉移。萌牙之時，加恩勿治，上也。[15]既已案驗舉憲，宜及王辭不服，詔廷尉選上德通理之吏，[16]更審考清問，著不然之效，定失誤之法，[17]而反命於下吏，[18]以廣公族附疏之德，[19]爲宗室刷汙亂之恥，[20]甚得治親之誼。”天子由是寢而不治。

　　[1]【今注】永始：漢成帝年號（前16—前13）。

　　[2]【今注】太中大夫：官名。秦始置，亦作“大中大夫”。郎中令（光禄勳）屬官，侍從皇帝左右，掌顧問應對，參謀議政，奉詔出使。秩比千石（東漢時秩千石），無員額，多至數十人。雖爲顧問一類散職，但漢世多以寵臣貴戚和功臣充任，與皇帝關係親近，爲機密之職。　谷永：經學家，於元、成之際多以災異之學參

與政事。傳見本書卷八五。

[3]【顏注】師古曰：屏，謂當門之牆，以屏蔽者也。外屏，於門外爲之。【今注】案，《荀子·大略》云："天子外屏，諸侯內屏，禮也。外屏，不欲見外也；內屏，不欲見內也。"

[4]【顏注】應劭曰：中冓，材搆在堂之中也。晉灼曰：《魯詩》以爲夜也。師古曰：冓，謂舍之交積材木也。應說近之。冓，音工豆反。【今注】案，周壽昌《漢書注校補》指出，《玉篇》釋"冓"爲"夜"。《詩經》"中冓之言"，意爲"中夜之言"。《釋文》引《韓詩》云"中冓，中夜淫辟之言也"。

[5]【今注】案，王先謙《漢書補注》引王文彬說指出，此語出自《公羊傳》閔公元年。

[6]【顏注】師古曰：《小雅·行葦》之詩也。戚戚，內相親也。爾，近也。言王之族親，情無踈遠（踈，殿本作"疎"），皆昵近也。

[7]【今注】案，惡，蔡琪本、大德本、殿本作"惡"。

[8]【今注】案，强，蔡琪本作"彊"。

[9]【顏注】師古曰："傅"讀曰"附"。

[10]【顏注】孟康曰：蟻，音漫。師古曰：蟻，音秣，謂塗染也。

[11]【顏注】師古曰：言其姑亦當自恥，必不與姦。【今注】案，此句當與下文相連，意謂其姑明知與梁王立有姦爲恥辱之事，而朝廷所問既僅限於"惡言"，其姑何以會自言此事？可見此案殊不合情理。

[12]【顏注】師古曰：本所問者，怨望朝廷之言耳。

[13]【顏注】師古曰：猥，曲也。

[14]【今注】三者：周壽昌《漢書注校補》認爲，三事如下：一爲年齒不倫；二爲其富厚足聘美麗，且各有恥辱之心；三爲追責此案者本未提及淫亂，此事無故自發。

　　〔15〕【顔注】如淳曰：覆蓋之，則計之上。

　　〔16〕【今注】廷尉：戰國秦始置，秦、西漢沿置。主管詔獄。列位九卿，秩中二千石。

　　〔17〕【顔注】師古曰：著，明也。

　　〔18〕【顔注】師古曰：陵者還反（陵，蔡琪本、大德本、殿本作"使"），以清白之狀付有司也。

　　〔19〕【今注】附疏：王先謙《漢書補注》引王文彬指出，"附疏"意爲皇帝施恩，令宗族疏遠者咸樂依附之意。

　　〔20〕【顔注】師古曰：刷，謂拭刷除之也，音所劣反。

　　居數歲，元延中，[1]立復以公事怨相掾及睢陽丞，[2]使奴殺之，殺奴以滅口。凡殺三人，傷五人，手毆郎吏二十餘人。上書不拜奏。謀篡死罪囚。[3]有司請誅，上不忍，削立五縣。

　　〔1〕【今注】元延：漢成帝年號（前12—前9）。

　　〔2〕【今注】掾：本意爲輔佐，後被用以統稱副官、佐吏等官署吏員。　丞：官名。此指縣丞。秦漢縣級行政機構佐官之一。位僅次於縣令（長），秩四百石至二百石，由中央任命，員額多爲一人。職掌文書及倉、獄事宜，佐助令（長）。

　　〔3〕【顔注】師古曰：逆取曰篡。

　　哀帝建平中，立復殺人。天子遣廷尉賞、大鴻臚由持節即訊。[1]至，移書傅、相、中尉曰："王背策戒，[2]詩暴妄行，[3]連犯大辟，毒流吏民。比比蒙恩，不伏重誅，[4]不思改過，復賊殺人。幸得蒙恩，丞相長史、大鴻臚丞即問。[5]王陽病抵讕，置辭[6]驕嫚，不首主令，與背畔亡異。[7]丞相、御史請收王璽綬，送陳留獄。[8]明詔加恩，復遣廷尉、大鴻臚雜問。今王當受詔置辭，恐復不首實對。《書》曰：'至于再三，有不用，我降爾命。'[9]傅、相、中尉皆以輔正爲職，'虎兕出於匣，龜玉毀於匵中，是誰之過也？'[10]書到，明以誼曉王。敢復懷詐，罪過益深。傅、相以下，不能輔導，有正法。"

[1]【顏注】師古曰：就問也。【今注】大鴻臚：秦稱典客，漢景帝改名大行令，武帝始改大鴻臚。掌少數民族事務，及諸侯王喪事，又掌引導百官朝會，兼管京師郡國邸舍及郡國上計吏之接待。成帝時省典屬國併入，又兼管少數民族朝貢使節、侍子。九卿之一，秩中二千石。 由：《漢書考正》宋祁指出，據《百官公卿表》，當時廷尉爲"方賞君賓"，大鴻臚爲"畢申世叔"。二處所載大鴻臚之名不同，然則"申""由"必有一誤。

[2]【顏注】師古曰：初封時，策書有戒勑之言。【今注】策戒：沈欽韓《漢書疏證》以蔡邕《獨斷》爲據，認爲此爲"戒策"，是梁王立之前有罪被救戒之書，非初封時之策命。王先謙《漢書補注》指出，戒策本用於刺史、太守，不當用於諸侯王，應以顏說爲是。本書卷六三《武五子傳》策書可證實其中確有戒勑之言。

[3]【顏注】師古曰：詩，乖也，音布內反。

[4]【顏注】師古曰：比，猶頻也。

[5]【今注】丞相長史：官名。秦置漢因。爲丞相府諸吏之長，員二人，或增爲三人，秩級爲千石。協助丞相管理文書等事務的高級官吏，掌領丞相府事，署理諸曹，並可參與朝議等。長史，官名。漢三公、將軍府皆設，爲幕府諸掾史之長，秩千石。

　　[6]【顏注】師古曰：抵，距也。諆，誣諱也。抵，音丁礼反（礼，蔡琪本、大德本、殿本作"禮"）。諆，音來宣反。

　　[7]【顏注】師古曰：不首，謂不伏其罪也。主令者，於法令之條與背畔無異也。首，音失救反。次下亦同。【今注】畔：同"叛"，叛亂。

　　[8]【今注】陳留：郡名。治陳留縣（今河南開封市東南陳留）。

　　[9]【顏注】師古曰：此《周書·多方篇》之辭也。言我教汝，至于再三，汝不能用，則我下罰黜汝命也。

　　[10]【顏注】師古曰：此《論語》孔子責冉有、季路之辭也。言虎兕出於柙，龜玉毀於櫝匱，豈非典守者之過邪？喻輔相人者，當能持危扶顛也。

　　立惶恐，免冠對曰："立少失父母，孤弱處深宮中，獨與宦者婢妾居，漸漬小國之俗，加以質性下愚，有不可移之姿。[1]往者傅相亦不純以仁誼輔翼立，[2]大臣皆尚苛刻，刺求微密。讒臣在其間，左右弄口，積使上下不和，更相眄伺。[3]宮殿之裏，毛氂過失，[4]亡不暴陳。當伏重誅，以視海內，[5]數蒙聖恩，得見貰赦。[6]今立自知賊殺中郎曹將，冬月迫促，貪生畏死，即詐僵仆陽病，[7]徼幸得踰於須臾。[8]謹以實對，伏須重誅。"[9]時冬月盡，其春大赦，不治。

　　[1]【顏注】師古曰：言不從化也。《論語》稱孔子曰："唯上智與下愚不移。"

　　[2]【今注】案，翼，殿本作"翌"。

　　[3]【顏注】師古曰：更，音工衡反。

[4]【今注】毛氂：王先謙《漢書補注》指出，"毛氂"即"毫氂"之異體。本書卷五一《鄒陽傳》"茅焦亦塵脱死如毛氂耳"，其義與此相同。

[5]【顏注】師古曰："視"讀曰"示"。

[6]【顏注】師古曰：貰，謂寬其罪。

[7]【顏注】師古曰：僵仆，倒地也。僵，音薑。仆，音赴。

[8]【顏注】師古曰：冀得踰冬月而減罪也。

[9]【顏注】師古曰：須，待也。

元始中，立坐與平帝外家中山衞氏交通，[1]新都侯王莽奏廢立爲庶人，徙漢中。[2]立自殺。二十七年，國除。後二歲，莽白太皇太后立孝王玄孫之曾孫沛郡卒史音爲梁王，[3]奉孝王後。莽篡，國絶。

[1]【今注】中山：諸侯王國名。都盧奴縣（今河北定州市）。案，平帝本爲中山王。被迎立爲帝後，王莽吸取哀帝與其外戚打壓王氏的教訓，刻意隔絶平帝與其母族衞氏的交往。莽子宇恐平帝成年後報復，私下多次聯繫衞氏家族，試圖能够促成衞氏家族來京。見王莽意堅，王宇與其師父、妻兄商議，暗地布置神鬼之事，欲以之説服王莽。事發覺，王宇夫妻被殺，衞氏幾被族滅，僅平帝之母未獲罪。王莽窮治此獄，牽連頗廣，元帝妹敬武公主、王莽六叔紅陽侯王立、王莽三叔之子平阿侯王仁皆受牽連自殺。梁王劉立亦因此事受牽連而死。事見本書卷九七下《外戚傳下》、卷九九上《王莽傳上》。

[2]【今注】漢中：郡名。秦時治南鄭縣（今陝西漢中市），漢時移治西城縣（今陝西安康市西北）。

[3]【今注】沛郡：治相縣（今安徽濉溪縣西北）。

　　贊曰：梁孝王雖以愛親故王膏腴之地，[1]然會漢家隆盛，百姓殷富，故能殖其貨財，廣其宮室車服。然亦僭矣。[2]怙親亡厭，牛禍告罰，[3]卒用憂死，悲夫！

　　[1]【顏注】師古曰：太后愛子，而帝親弟，故曰愛親。【今注】愛親：王先謙《漢書補注》指出，《史記》卷五八《梁孝王世家》作“親愛”，可見此爲泛言，不必如顏師古説，分指太后、景帝。

　　[2]【今注】案，此前贊語襲自《史記·梁孝王世家》“太史公曰”，此後贊語爲班固所增。

　　[3]【今注】案，“牛禍”句《史記·梁孝王世家》所無，其意當指梁孝王去世前所見“足上出背上”的畸形之牛，此事被班固視爲譴責梁孝王以下謀上的異象。牛禍，蔡琪本、殿本作“先禍”。

漢書　卷四八

賈誼傳第十八[1]

[1]【今注】案，本傳與《史記》卷八四《屈原賈生列傳》相比，二者在傳記上差別並不大，所區別的是，本傳收録了賈誼關於政事的奏疏。

賈誼，雒陽人也，[1]年十八，以能誦詩書屬文稱於郡中。[2]河南守吳公聞其秀材，召置門下，[3]甚幸愛。文帝初立，[4]聞河南守吳公治平爲天下第一，[5]故與李斯同邑，[6]而嘗學事焉，[7]徵以爲廷尉。[8]廷尉迺言誼年少，頗通諸家之書。[9]文帝召以爲博士。[10]是時，誼年二十餘，最爲少。每詔令議下，[11]諸老先生未能言，誼盡爲之對，人人各如其意所出。諸生於是以爲能。[12]文帝説之，[13]超遷，[14]歲中至太中大夫。[15]

[1]【今注】雒陽：縣名。治所在今河南洛陽市。
[2]【顏注】師古曰：屬謂綴輯之也，言其能爲文也。屬，音之欲反。【今注】能誦詩書屬文：能誦讀詩書，撰寫文章。詩書，指《詩經》《尚書》，泛指儒家經典。案，此句《史記》卷八四《屈原賈生列傳》作“能誦詩屬書”。屬書，如本書卷五六《董仲舒傳》“以修學著書爲事”，本書卷一〇〇下《叙傳下》云

"論道屬書"，指著作、纂輯。以賈誼所爲，當以"屬文"爲勝。

[3]【顏注】師古曰：秀，美也。【今注】秀材：指才能俊秀的人。或作"秀才"。周壽昌《漢書注校補》以《漢書》中"秀"字多避光武諱改作"茂"，但陳直《漢書新證》據東漢碑刻認爲並不避"秀"字。　門下：陳直《漢書新證》云，門下爲府門之下，非如後世門生。

[4]【今注】文帝：劉恒。公元前 180 年至前 157 年在位。紀見本書卷四。

[5]【顏注】師古曰：治平，言其政治和平也。【今注】治平：官吏安分其事，執法公平。即本書卷八九《循吏傳》所云"居以廉平，不至於嚴，而民從化"。

[6]【今注】李斯：楚國上蔡（今河南上蔡縣西南）人。戰國末入秦，先爲秦相呂不韋舍人，後爲客卿。上《諫逐客書》。任廷尉。秦統一後，任丞相。秦二世即位，被趙高誣謀反，遭腰斬。

[7]【顏注】師古曰：事之而從其學也。【今注】學事：從某人學習並在日常生活中侍奉之。

[8]【今注】廷尉：官名。漢九卿之一。掌法律刑獄，主管詔獄。秩中二千石。本書《百官公卿表》云，吳公爲廷尉在孝文元年（前 179）。

[9]【今注】諸家：當時各種學派的學説。《史記·屈原賈生列傳》作"諸子百家"。按本書卷八八《儒林傳》，賈誼修《左氏春秋傳》，爲《左氏傳訓故》。

[10]【今注】博士：官名。漢九卿之一奉常（太常）屬官。掌古今史事、禮制顧問及典守書籍。秩比六百石。武帝罷黜百家以前，博士治各家之學。武帝時置五經博士，爲學官，掌經學傳授、考核人材、奉命出使等事。

[11]【顏注】師古曰：謂有詔令出下及遣議事。

[12]【今注】案，《史記·屈原賈生列傳》作"諸生於是乃以

爲能不及也”。

[13]【顏注】師古曰：説，讀曰“悦”。

[14]【今注】超遷：越級升官。案，博士比六百石，太中大夫比千石，故稱超遷。

[15]【今注】太中大夫：官名。漢九卿之一郎中令（光禄勳）屬官。掌議論，備顧問。秩比千石。多由貴戚功臣擔任，與皇帝關係較爲親近。亦作“大中大夫”。

誼以爲，漢興二十餘年，天下和洽，宜當改正朔，[1]服色制度，[2]定官名，興禮樂。迺草具其儀法，[3]色上黄，[4]數用五，[5]爲官名悉更，奏之。[6]文帝謙讓未皇也。[7]然諸法令所更定，及列侯就國，[8]其説皆誼發之。於是天子議以誼任公卿之位。絳、灌、東陽侯、馮敬之屬盡害之，[9]迺毁誼曰：“雒陽之人年少初學，專欲擅權，紛亂諸事。”於是天子後亦疏之，不用其議，以誼爲長沙王太傅。[10]

[1]【今注】改正朔：正月朔日。古代曆法指一年開始的第一天。又代指曆法。不同曆法推出的正月及各月朔日的干支、時刻、節氣、閏月不同。漢初用秦曆，以十月爲歲首。賈誼主張改爲夏曆，以正月爲歲首。武帝太初元年（前104）采用了這一建議。

[2]【今注】服色制度：修改服裝的顏色、規範各種制度。案，“制度”的“制”上應有“法”字。《史記》卷八四《屈原賈生列傳》正作“易服色，法制度”。法制度，即正制度。蔡琪本、大德本、殿本“服”前有“易”字。

[3]【顏注】師古曰：草謂創造之。【今注】儀法：禮儀法度。

[4]【今注】色上黄：按五行學説，秦爲水德，色上黑。漢代

秦而立，以土勝水，故爲土德，色尚黄。

　　[5]【今注】數用五：官印皆改爲五字。漢初公卿太守都尉印文皆四字，至武帝時始改用五字。本書《藝文志》有《五曹官制》五篇，或即賈誼所上奏的官名。

　　[6]【顔注】師古曰：更，改也。【今注】悉更奏之：均作修改並上奏。王念孫《讀書雜志·漢書第九》云，此句當依《史記》作“悉更秦之法”。“秦”“奏”相似而誤，又脱“法”字。“色上黄”以下三句，皆是更秦之法。師古所云“更，改也”，亦指改秦法。

　　[7]【顔注】師古曰：皇，暇也。自以爲不當改制。【今注】文帝謙讓未皇也：《史記·屈原賈生列傳》作“孝文帝初即位，謙讓未遑也”，即文帝以初即位無暇改制，並非不當改制。

　　[8]【今注】列侯：爵名。即徹侯。秦漢二十等爵制的最高爵位（第二十級）。因避漢武帝劉徹諱，改稱通侯或列侯。金印紫綬，秦及漢初多以軍功封授。

　　[9]【顔注】師古曰：絳，絳侯周勃也。灌，灌嬰也。東陽侯，張相如也。馮敬，時爲御史大夫。【今注】害：妒忌。王先謙《漢書補注》認爲，《風俗通》載害賈誼者另有鄧通，因鄧通官職低微，故略之。至於馮敬，本書《百官公卿表》孝文三年（前177）書“典客馮敬”，七年書“典客馮敬爲御史大夫”。

　　[10]【今注】長沙王：指吳芮長孫吳差。長沙國，漢高祖五年（前202）置，以封吳芮。治臨湘（今湖南長沙市），領長沙、武陵二郡。　太傅：官名。古三公之一。周始置。西漢於高后元年（前187）初置。漢諸侯國有太傅輔王，内史治民，中尉掌武職，丞相統百官。

　　誼既以適去，[1]意不自得，及度湘水，[2]爲賦以弔屈原。[3]屈原，楚賢臣也，被讒放逐，作離騷賦。[4]其終篇曰：“已矣！國亡，人莫我知也。”遂自投江而死。誼追傷之，[5]因以自諭。[6]其辭曰：

[1]【顏注】師古曰：適讀曰讁（蔡琪本、大德本同，殿本作“適音讁”）。其下亦同。【今注】適：同“讁”。指官員被降職外放。然周壽昌《漢書注校補》云，太中大夫秩比千石，諸侯王太傅秩在内史、中尉之上，以禄秩而言，並不算“適”。所以稱爲“適去”，指賈誼去天子之側而爲王國官。

[2]【顏注】師古曰：湘水出零陵陽海山，北流入江也。【今注】案，度，大德本同，蔡琪本、殿本作“渡”。　湘水：古水名。源出廣西靈川縣東海洋山西麓，向北注入洞庭湖。

[3]【今注】屈原：芈姓，屈氏，名平，字原。楚國貴族。楚懷王時任左官徒、三閭大夫等職。公元前278年，秦將白起攻破楚都郢（今湖北荆州市荆州區西北）。之後，屈原投汨羅江而死。著有《離騷》《九歌》等。傳見《史記》卷八四。

[4]【顏注】師古曰：離，遭也。憂動曰騷。遭憂而作此辭。【今注】離騷：離別的憂思。《史記》卷八四《屈原賈生列傳》云“離騷者，猶離憂也”，司馬貞《索隱》引《離騷序》云：“離，别也。騷，愁也。”王先謙《漢書補注》引應劭《風俗通》載“賈誼與鄧通俱侍中同位，數廷譏之，因是文帝遷爲長沙太傅。及渡湘水，投弔書曰：‘闒茸尊顯，佞諛得志。’以哀屈原罷讒邪之咎，亦因自傷爲鄧通等所愬也”。

[5]【今注】追傷：賈誼哀悼百年前人物，故稱追傷。

[6]【顏注】師古曰：諭，譬也。

　　恭承嘉惠兮，[1]俟罪長沙。[2]仄聞屈原兮，自湛汨羅。[3]造託湘流兮，敬弔先生。[4]遭世罔極兮，迺隕厥身。[5]烏虖哀哉兮，逢時不祥！[6]鸞鳳伏竄兮，[7]鵷鶵翱翔。[8]闒茸尊顯兮，讒諛得志；[9]賢聖逆曳兮，方正倒植。[10]謂隨、夷溷兮，[11]謂跖、蹻廉；[12]莫邪爲鈍兮，[13]鈆刀爲銛。[14]于嗟默默，生之亡故兮！[15]斡棄周鼎，[16]寶康瓠兮。[17]騰駕罷牛，驂蹇驢兮；[18]驥垂兩耳，服鹽車兮。[19]章父薦屨，漸不可久兮；[20]嗟若先生，獨離此咎兮！[21]

[1]【顏注】師古曰：恭，敬也。嘉惠，謂詔命也。【今注】嘉惠：對他人給予的恩惠的敬稱。此處即皇帝之詔命。

[2]【顏注】師古曰：俟，古俟字。俟，待也。【今注】俟罪：漢代人常稱居官任職爲"待罪"，以示能力薄弱，不知何時會獲罪，是一種謙辭。

[3]【顏注】師古曰：仄，古側字。汨，水名，在長沙羅縣，故曰汨羅。湛讀曰沉。汨音莫歷反。【今注】仄聞：即傳聞、聽說，含有謙卑恭敬的意思。　汨羅：古水名。分爲南北兩支，南支稱汨水，爲主源；北支稱羅水，至今湖南汨羅市屈潭（大丘灣）匯合稱汨羅江。屈原沉江處，一說在羅縣（今湖南汨羅市北）屈潭。

[4]【顏注】師古曰：造，至也。言至湘水而因託其流也。造音千到反。【今注】造託：將吊文寄託給湘水，即投吊文於湘水之中。

[5]【顏注】張晏曰：讒言罔極。師古曰：罔，無也。極，中也，無中正之道。一曰極，止也。【今注】罔極：指事情變化無常。厥身：指屈原。

[6]【顏注】師古曰：虖，讀曰"呼"（蔡琪本同，大德本、殿本作"虖音呼"）。

[7]【今注】鸞鳳：古代傳說神鳥，指賢能之人。

［8］【顏注】師古曰：鵩，鵩鵂（鵩鵂，殿本作“鵂鵩”），怪鳥也。鵂，惡聲之鳥也。鵩音尺夷反。鵂音于驕反。鵩音休。【今注】鵩鵂：即貓頭鷹，指讒佞小人。

［9］【顏注】師古曰：闒茸，下材不肖之人也。闒音吐盍反。茸音人勇反。【今注】闒（tà）茸（róng）：闒指小門、小户，引申爲卑下；茸指細小的草。代指人品卑劣或者庸碌無能。

［10］【顏注】師古曰：植，立也，音倎。【今注】逆曳：指不能順直道而行。　倒植：指賢士居於低位，而小人反居高位，本末倒置。

［11］【顏注】應劭曰：隨，卞隨，湯時廉士，湯以天下讓而不受。夷，伯夷也，不食周粟，餓于首陽之下。師古曰：溷，濁也，音胡困反。

［12］【顏注】李奇曰：跖，秦大盜也。楚之大盜爲莊蹻。師古曰：跖音之石反。蹻音居略反。莊周云，盜跖，柳下惠之弟，蓋寓言也。【今注】案，“謂隨、夷溷兮”二句，《史記》卷八四《屈原賈生列傳》作“世謂伯夷貪兮，謂盜跖廉”。《文選》作“世謂隨、夷爲溷兮，謂蹠、蹻爲廉”，李善注引李奇云“蹠，魯之盜蹠。蹻，楚之莊蹻”，與此不同。

［13］【顏注】應劭曰：莫邪，吴大夫也，作寶劍，因以冠名。

［14］【顏注】晉灼曰：世俗爲利謂銛徹。師古曰：音弋占反。【今注】鈆刀爲銛（xiān）：以鉛刀作爲利刃。因鉛刀質軟，不能作爲鋒利的刀。比喻以無用的人和物當作有用。鈆，同“鉛”。銛，鋭利。

［15］【顏注】應劭曰：默默，不得意也。鄧展曰：言屈原無故遇此禍也。師古曰：生，先生也。

［16］【顏注】師古曰：斡，轉也，音管。【今注】斡棄：放棄。

［17］【顏注】鄭氏曰：康瓠，瓦盆底也。《爾雅》曰：“康瓠謂之甈。”師古曰：甈，音五列反。【今注】康瓠：破裂的瓦壺。

指不值錢的東西。

[18]【顏注】師古曰：罷，讀曰"疲"。蹇，跛也。【今注】驂：古代四馬駕一車，在車轅以内的兩匹稱爲服，一側再加一匹稱爲驂。

[19]【顏注】師古曰：駕鹽車也。【今注】驥：良馬、好馬。此句指有才能的人不被重用，反而受到壓制。典出《戰國策·楚策四》"君亦聞驥乎？夫驥之齒至矣，服鹽車而上太行"。

[20]【顏注】師古曰：章父，殷冠名也。言冠乃居下，屨反在上也。父讀曰甫。【今注】章父：冠名。殷商時的一種黑布帽子，即"緇布冠"。古代男子二十而加冠，冠禮時始加緇布冠。《史記·屈原賈生列傳》作"章甫"。

[21]【顏注】應劭曰：嗟，咨嗟也。勞苦屈原遇此難也。師古曰：離，遭也。【今注】若：當作"苦"。王先謙《漢書補注》引《史記》"若"作"苦"。據注文，亦當作"苦"。當據改。

　　誶曰：[1]已矣！國其莫吾知兮，[2]子獨壹鬱其誰語？[3]鳳縹縹其高逝兮，夫固自引而遠去。[4]襲九淵之神龍兮，[5]沕淵潛以自珍；[6]偭蟂獺以隱處兮，[7]夫豈從蝦與蛭螾？[8]所貴聖之神德兮，遠濁世而自藏。[9]使麒麟可係而羈兮，豈云異夫犬羊？[10]般紛紛其離此郵兮，[11]亦夫子之故也！[12]歷九州而相其君兮，何必懷此都也？[13]鳳皇翔于千仞兮，覽德輝而下之；[14]見細德之險微兮，遙增擊而去之。[15]彼尋常之汙瀆兮，豈容吞舟之魚！[16]橫江湖之鱣鯨兮，固將制於螻蟻。[17]

[1]【顏注】李奇曰：誶，告也。張晏曰：誶，《離騷》下章

亂也。師古曰：誶音碎。【今注】誶：詢問。《史記》卷八四《屈
原賈生列傳》作“訊”。

[2]【顏注】師古曰：一國之人不知我也。

[3]【顏注】師古曰：壹鬱猶怫鬱也。【今注】壹鬱：指心情
沉鬱不暢。

[4]【顏注】師古曰：縹縹，輕舉皃，音匹遥反。【今注】自
引：退避。

[5]【顏注】鄧展曰：襲，重也。師古曰：九淵，九旋之川，
言至深也。【今注】九淵：即深淵。指神話傳説中的九個神泉。典
出《列子·黄帝》：“鯢旋之潘爲淵，止水之潘爲淵，流水之潘爲
淵，濫水之潘爲淵，沃水之潘爲淵，氿水之潘爲淵，雍水之潘爲
淵，汧水之潘爲淵，肥水之潘爲淵，是爲九淵焉。”

[6]【顏注】鄧展曰：沕音昧。張晏曰：潛，藏也。【今注】
沕：隱没。 淵：《史記·屈原賈生列傳》作“深”。王先謙《漢
書補注》以上已有“淵”字，認爲此處當是“深”字。

[7]【顏注】服虔曰：蝛音梟。應劭曰：蝛獺，水虫害魚者
也。価，背也。欲舍蝛獺，從神龍遊也。師古曰：価音面。【今
注】蝛：水蟲名。似蛇，有四足，能害人。

[8]【顏注】服虔曰：蛭，水虫。螾，今之蟥螾也。孟康曰：
言龍自絶於蝛獺，況從蝦與蛭螾也。師古曰：蝦亦水虫也，音遐。
蛭音質。螾字與蚓同，音引，今合韻，當音弋人反。蟥音丘謹反。
【今注】案，此二句比喻龍不與蝛獺、蛤蟆、水蛭、蚯蚓一類小蟲
爲伍。蝦，即蛤蟆。蛭螾，即水蛭和蚯蚓。

[9]【今注】自臧：自我保全。

[10]【今注】案，此二句意爲如使駿馬受到羈絆，則與犬羊
没有什麽兩樣。

[11]【顏注】蘇林曰：般音槃。孟康曰：般音班。般，反
也。紛紛，搆讒意也（搆，殿本作“構”）。師古曰：般，孟音

是也。字從丹青之丹。離,遭也。郵,過也。【今注】般紛紛:紛繁雜亂的樣子。般與"斑""班"通用。郵,《史記·屈原賈生列傳》、《文選》賈誼《吊屈原文》作"尤"。原意指罪過,引申爲不幸。

[12]【顏注】李奇曰:亦夫子不如麟鳳之故,離此咎也。師古曰:此説非也。賈誼自言今之離郵,亦猶屈原耳。【今注】夫子:屈原。

[13]【顏注】師古曰:言往長沙爲傅,不足哀傷,何用苟懷此之都邑,蓋亦誼自寬廣之言。【今注】歷九州而相其君兮:賈誼認爲,屈原當此時應該遍歷九州,擇賢君而事之,不應該留戀楚都而遭放逐。賈誼所處形勢與當時不同,雖爲長沙王傅,仍爲漢臣。歷,《史記·屈原賈生列傳》作"瞵"。

[14]【顏注】師古曰:八尺曰仞。千仞,言其極高(殿本句末有"也"字)。【今注】案,"鳳皇翔于千仞兮"二句,指賢者見人君有德乃歸附。

[15]【顏注】師古曰:增,重也。言見苛細之人,險阨之證,故重擊其羽而高去。【今注】細德:細微的德行。其實如同無德。 險微:險難的徵兆。"微"當作"徵"。 遙增擊而去之:王先謙《漢書補注》云,此指鳳凰必覽德輝而後下,若見細德之險徵,則迅速高飛而去。遙,快速。增,高高上飛。擊,指鳥將飛時,拍打兩翼。

[16]【顏注】應劭曰:八尺曰尋,倍尋曰常。師古曰:水不泄爲汙,音一胡反,又音一故反。【今注】汙瀆:水不流動的小池塘和水渠。 吞舟之魚:可以吞大船的魚。比喻人和事物的巨大者。典出《莊子·庚桑楚》"庚桑楚:'吞舟之魚碭而失水,則蟻能苦之。'"

[17]【顏注】如淳曰:鱣、鯨,皆大魚也。臣瓚曰:鱣魚無鱗,口在腹下。鯨魚長者長數里。晉灼曰:小水不容大魚,而橫

鱣鯨於汙瀆，必爲螻蟻所制。以況小朝主闇，不容受忠逆之言，亦爲讒賊小臣所害。師古曰：鱣音竹連反，字或作鱏。鱏亦大魚也，音淫，又音尋。螻音樓，謂螻蛄也。【今注】案，"橫江湖"一句，指賢者不容於讒臣當道的朝廷。

誼爲長沙傅三年，有服飛入誼舍，止於坐隅。[1]服似鴞，[2]不祥鳥也。誼既以適居長沙，長沙卑濕，誼自傷悼，以爲壽不得長，迺爲賦以自廣。[3]其辭曰：

[1]【顏注】師古曰：坐音才臥反。【今注】坐隅：座席的旁邊。漢代無椅子，有席共坐於地，尊者正席，卑者坐於席的一角。

[2]【顏注】晉灼曰：《異物志》曰"有鳥，小雞，體有文色，土俗因形名之曰服，不能遠飛，行不出域"也。【今注】服：古書上說的一種不吉祥的鳥，形似貓頭鷹。王先謙《漢書補注》引《史記》云"楚人命鴞曰服"，似鴞與服是一物二名。又作"鵩"。

[3]【今注】案，王先謙《漢書補注》引王先慎說，《西京雜記》："賈誼在長沙，鵩鳥集其承塵。長沙俗以鵩鳥至人家，主人死。誼作《鵩鳥賦》，齊死生，等榮辱，以遣憂累焉。"

單閼之歲，四月孟夏，[1]庚子日斜，服集余舍，[2]止于坐隅，貌甚閒暇。[3]異物來崪，私怪其故，[4]發書占之，讖言其度。[5]曰："野鳥入室，主人將去。"問於子服："余去何之？[6]吉虖告我，凶言其災。淹速之度，語余其期。"[7]服迺太息，舉首奮翼，口不能言，請對以意。[8]

[1]【顏注】應劭曰：太歲在卯爲單閼。師古曰：閼音一葛

反。【今注】單閼之歲：漢文帝六年（前174），丁卯年。《文選》賈誼《鵩鳥賦》李善注引徐廣曰："文帝六年，歲在丁卯。"錢大昭《漢書辨疑》云，依《三統術》超辰法推之，單閼之歲是文帝七年。汪中云，據《史記·曆書》單閼之歲爲孝文五年。賈生以孝文元年爲博士，歲中超遷至太中大夫，旋出爲長沙王傅，至是適得三年。陳直《漢書新證》據《史記》徐廣注，文帝六年，歲在丁卯，《資治通鑑》亦同。則當以六年爲是。

[2]【顏注】孟康曰：日斜，日昳時。【今注】庚子：四月二十三日。陳直《漢書新證》據《二十史朔閏表》，文帝六年四月戊寅朔，二十三日爲庚子。　日斜：日昳時，未時，今下午十三時至十五時。《史記》卷八四《屈原賈生列傳》作"日施"。

[3]【顏注】師古曰：閒讀曰閑。【今注】閒暇：指鵩鳥見人並不驚恐。

[4]【顏注】孟康曰：崒音萃。萃，聚集也。【今注】崒：停留。王念孫《讀書雜志·漢書第九》認爲，上文止言有一鵩鳥，不應作"聚集"之義。賈誼看到鵩鳥落在自己的房裏，暗自疑問它爲什麼要來？

[5]【顏注】師古曰：識，驗也，有徵驗之書也。識音初禁反。【今注】度：吉凶的定數。度，與"數"義通。

[6]【顏注】師古曰：子服者，言加其美稱也。【今注】子服：你這隻鵩鳥。周壽昌《漢書注校補》認爲，子，同"汝"，不必爲美稱。

[7]【顏注】師古曰：淹，遲也。【今注】案，本句意爲，如果有吉祥的事，鵩鳥你要告訴我，即使將有凶事，也請將災禍説明。我（指賈誼）的壽命長短，也請將期限告訴我。

[8]【顏注】師古曰：意字合韻，宜音億。【今注】請對以意：用示意的方式來回答。

萬物變化，固亡休息。斡流而遷，或推而還。[1]形氣轉續，變化而嬗。[2]沕穆亡閒，胡可勝言![3]禍兮福所倚，福兮禍所伏;[4]憂喜聚門，吉凶同域。[5]彼吳彊大，夫差以敗;粵棲會稽，句踐伯世。[6]斯遊遂成，卒被五刑;[7]傅說胥靡，迺相武丁。[8]夫禍之與福，何異糾纏![9]命不可說，孰知其極?[10]水激則旱，矢激則遠。[11]萬物回薄，震蕩相轉。[12]雲烝雨降，糾錯相紛。[13]大鈞播物，坱圠無垠。[14]天不可與慮，道不可與謀。[15]遲速有命，烏識其時?[16]

[1]【顏注】師古曰：斡音管。斡，轉也。還讀曰旋。【今注】斡流：旋轉流動。指萬物運轉變化無常。

[2]【顏注】服虔曰：嬗音如蟬，謂變蛻也。蘇林曰：相傳與也。師古曰：此即禪代字，合韻故音嬋耳。蘇說是也。【今注】形氣轉續變化而嬗：天地間有形和無形的事物互相轉化。形氣指天地間有形而無形之物。

[3]【顏注】師古曰：沕穆，深微貌，胡，何也。言其理深微，不可盡言。沕音勿。【今注】沕穆：靜微深遠的樣子。

[4]【顏注】師古曰：此老子《德經》之言也。倚音於綺反。

[5]【顏注】師古曰：言禍福相因，吉凶不定。

[6]【顏注】師古曰：會稽，山名也。句踐避吳之難，保於此山，故曰棲也。“句”音“鉤”。“伯”讀曰“霸”。【今注】案，“彼吳彊大”至“句踐伯世”，指吳王夫差曾戰勝越國。越王句踐被圍困時，居會稽山。後句踐經過充分準備，一舉滅吳稱霸。

[7]【顏注】應劭曰：李斯西遊於秦，身登相位，二世時爲趙高所譖，身伏五刑。【今注】五刑：五種肉刑。按本書《刑法

志》，處以五刑的，先施以黥、劓，斬左右趾，再以笞杖殺之，梟其首，將其骨肉剁成肉醬。誹謗、詈詛的，又先斷其舌。

[8]【顏注】張晏曰：胥靡，刑名也。傅説被刑，築於傅巖，武丁以爲己相。師古曰：胥靡，相隨之刑也，解在《楚元王傳》。【今注】胥靡：古代的一種刑罰，將罪人繫在一起，使服勞役。傅説相武丁，事見《史記》卷三《殷本紀》。

[9]【顏注】應劭曰：禍福相爲表裏，如糾繩索相附會也。臣瓚曰：糾，絞也。繧，索也。師古曰：繧音墨。【今注】糾繧：指繩索絞合在一起。糾，兩股綫撚成的繩索。繧，三股綫撚成的繩索。

[10]【顏注】師古曰：極，止也。【今注】命不可説孰知其極：意爲天命不可言説，很難知道它的終極在哪。

[11]【顏注】師古曰：言水之激疾，則去盡，不能浸潤。矢之激發，則去遠。【今注】旱：同“悍”。指水流迅猛。

[12]【今注】萬物回薄震蕩相轉：萬物不斷激蕩，互相影響轉化。

[13]【今注】雲烝雨降糾錯相紛：水氣上升爲云又化爲雨，其間的變化是錯綜複雜的。烝，殿本作“蒸”。

[14]【顏注】如淳曰：陶者作器於鈞上，此以造化爲大鈞也。應劭曰：其氣块圠，非有限齊也。師古曰：今造瓦者謂所轉者爲鈞，言造化爲人，亦猶陶之造瓦耳。块音烏朗反。圠音於點反。【今注】块（yǎng）圠（yà）：廣大無邊。

[15]【今注】天不可與慮道不可與謀：天和道其理深遠，不可預先謀劃思慮。

[16]【顏注】師古曰：烏猶何也。【今注】案，此句指人的壽夭自有天命所定，不可能預知期限。

　　且夫天地爲鑪，造化爲工；陰陽爲炭，萬物

爲銅，[1]合散消息，安有常則？千變萬化，未始有極。[2]忽然爲人，何足控揣；[3]化爲異物，又何足患！[4]小智自私，[5]賤彼貴我；達人大觀，[6]物亡不可。[7]貪夫徇財，列士徇名；[8]夸者死權，品庶每生。[9]怵迫之徒，或趨西東；[10]大人不曲，意變齊同。[11]愚士繫俗，僆若囚拘；[12]全人遺物，獨與道俱。[13]衆人惑惑，好惡積意；[14]真人恬漠，獨與道息。[15]釋智遺形，超然自喪；[16]寥廓忽荒，與道翱翔。[17]乘流則逝，得坎則止；[18]縱軀委命，不私與己。[19]其生兮若浮，其死兮若休。[20]澹虖若深淵之靚，氾虖若不繫之舟。[21]不以生故自保，養空而浮。[22]德人無累，知命不憂。[23]細故蒂芥，何足以疑！[24]

[1]【顏注】師古曰：以冶鑄爲喻。【今注】案，"陰陽爲炭"二句，清人顏施禎《文選六臣彙注疏解》卷四説："陰陽所以成物，故曰'爲炭'。物由陰陽而成，故曰'爲銅'。"即陰陽促成萬物的形成，如同炭助燃燒。而物由陰陽轉化而成，如同以礦石冶煉爲銅。

[2]【今注】合散消息安有常則：指物質聚散生滅，怎麽能有一定規律？

[3]【顏注】孟康曰：控，引也。揣，持也。言人生忽然，何足引持自貴惜也（惜，蔡琪本、殿本作"借"）。如淳曰：控，引也。揣音團。控摶，玩弄愛生之意也。師古曰：如説是。

[4]【顏注】師古曰：患合韻音環。【今注】化爲異物：即變成其他東西，意爲死亡。《史記》卷八四《屈原賈生列傳》司馬貞《索隱》："謂死而形化爲鬼，是爲異物也。"

　　[5]【今注】小智：指目光短淺的人。

　　[6]【今注】達人：指善於判斷，通達明理的人。

　　[7]【今注】物亡不可：對尤物一視同仁，沒有不適宜的地方。

　　[8]【顏注】臣瓚曰：以身從物曰徇。【今注】列士：有德行聲望的人。《荀子·大略》：“子贛、季路，故鄙人也。被文學，服禮義，爲天下列士。”同“烈士”，與“貪夫”“夸者”對文。

　　[9]【顏注】臣瓚曰：謂夸泰也。莊子曰“權勢不尤，則夸者悲”。孟康曰：每，貪也。師古曰：品庶猶庶品也。【今注】夸者：謀求虛名的人。　品庶：衆庶，普通人。　每：王先謙《漢書補注》引《史記》作“馮”，意爲貪。據揚雄《方言》“梅，貪也”，司馬貞《索隱》云“‘每’字合從手旁”，後省作“每”。

　　[10]【顏注】孟康曰：怵，爲利所誘訹也。迫，迫貧賤，東西趨利也。師古曰：誘訹之訹則音戌。或曰，怵，怵惕也，音丑出反，其義兩通。而説者欲改字爲鉥，蓋穿鑿耳。【今注】怵迫：誘惑威迫。語出《管子·心術上》：“不怵乎好，不迫乎惡。”　西東：私下交接諸侯。據王先謙《漢書補注》引《史記·屈原賈生列傳》司馬貞《索隱》云：“《漢書》亦有作‘私東’。應劭曰：‘仕諸侯爲私。時天子居長安，諸王悉在關東，群小怵然，內迫私家，樂仕諸侯，故云“怵迫私東”也。’李奇曰：‘“私”多作“西”者，言東西趨利也。’”

　　[11]【今注】意變齊同：即《莊子》齊物之旨。意變，指上文所言“千變萬化”。意，同“億”，《史記·屈原賈生列傳》正作“億”。

　　[12]【顏注】李奇曰：僇音塊。蘇林曰：音人肩傴僇爾（音，大德本同，蔡琪本、殿本作“皆”）。音欺全反。師古曰：蘇音是。【今注】僇：困迫。案，大人不曲、愚士繫俗兩句意爲，道德高尚的人不爲物欲所屈，而將變化多端的事物一視同仁。而小

人則爲俗物所繫累，拘束得像被拘禁的犯人一樣。

[13]【今注】至人遺物獨與道俱：至人，有至德之人。語出《莊子·天下》："不離於真，謂之至人。"遺物，抛棄了外物所累。

[14]【顏注】李奇曰：惑惑，東西也。所好所惡，積之萬億也。臣瓚曰：言衆懷好惡，積之心意也。師古曰：瓚說是也。意合韻音於力反。【今注】衆人惑惑好惡積意：意爲普通人十分迷惑混亂，頭腦中聚集了很多喜好和憎惡，指存在偏見。意，據王念孫《讀書雜志·漢書第九》說，本作"懿"，或作"億"，指充滿。

[15]【顏注】師古曰：恬，安也。漠，靜也。【今注】真人：指存養本性、修行得道的人。《文子》云："真人體之以虛無、平易、清靜、柔弱、純粹素樸，不與物雜，至德天地之道，故謂之真人。"此句指真人寧靜淡泊，與道同存。

[16]【顏注】服虔曰：絶聖棄智，而亡其身也。師古曰：喪合韻音先郎反。【今注】釋智遺形超然自喪：意爲放棄智慮，遺棄形體，離塵脱俗，超然物外，與世無爭。指道家修行的最高境界。

[17]【顏注】師古曰：荒音呼廣反。【今注】寥廓忽荒與道翺翔：指真人如同在高遠空曠的天空上無所依附，與道一同翺游。

[18]【顏注】孟康曰：《易》"坎爲險"，遇險難而止也。張晏曰：謂夷易則仕，險難則隱也。【今注】乘流則逝得坎則止：指人生如木之浮水，遇到水中的小洲則停止。意爲隨遇而安。坎，《史記·屈原賈生列傳》作"坻"，指水中小洲。得，蔡琪本同，大德本、殿本作"遇"。

[19]【今注】縱軀委命不私與己：指自己的身軀交給自然和命運來支配，並不把它看作是自己的私有之物。

[20]【顏注】師古曰：休，息也。【今注】其生兮若浮其死兮若休：指人生時如同浮游，而死時如同休息。形容人生短暫，世事無常。

[21]【顏注】師古曰：澹，安也，音徒濫反。靚與静同。氾

音敷劍反。【今注】澹虖若深淵之靚氾虖若不繫之舟：指如同深淵一般安静，像不繫之舟一樣毫無牽掛，漂泊不定。指真人用心不動搖，不爲外物所繫累，無拘無束。

[22]【顏注】服虔曰：道家養空虚，若浮舟也。【今注】不以生故自保養空而浮：指真人不因爲生在世間而過於珍惜生命，應當養空虚之性，如空舟一般浮游於人間。保，《史記·屈原賈生列傳》作"寶"。浮，《史記·屈原賈生列傳》作"遊"。

[23]【今注】德人無累知命不憂：指有德行修養的人不爲外物所牽累，知天命而無憂。所謂德人，《莊子·天地》云："德人者，居無思，行無慮，不藏是非美惡。"

[24]【顏注】師古曰：蔕芥，小鯁也。蔕音丑芥反。【今注】細故蔕芥何足以疑：指不因爲鵩鳥入室這種瑣細之事而感到疑慮。蔕芥，《史記·屈原賈生列傳》作"懤萴"，司馬貞《索隱》云"萴，音介。張揖云：'懤介，鯁刺也。'"

後歲餘，文帝思誼，徵之。至，入見，上方受釐，坐宣室。[1]上因感鬼神事，而問鬼神之本。誼具道所以然之故。至夜半，文帝前席。[2]既罷，曰："吾久不見賈生，自以爲過之，今不及也。"迺拜誼爲梁懷王太傅。[3]懷王，上少子，愛，而好書，故令誼傅之，數問以得失。[4]是時，匈奴彊，侵邊。天下初定，制度疏闊。諸侯王僭儗，地過古制，[5]淮南、濟北王皆爲逆誅。[6]誼數上疏陳政事，多所欲匡建，[7]其大略曰：

[1]【顏注】蘇林曰：宣室，未央前正室也。應劭曰：釐，祭餘肉也。《漢儀注》祭天地五畤，皇帝不自行，祠還致福。釐音禧。師古曰：禧，福也。借釐字爲之耳，言受神之福也。【今注】

受釐：漢代皇帝或郡國祭祀天地之後，將剩餘的胙肉送回給皇帝，以示受福，即受釐。沈欽韓《漢書疏證》引應劭《風俗通》云："泰山廟，太守自侍祠，燔柴，上福脯三十朐，縣次傳送京師。"《續漢書·百官志》劉昭注"丁孚《漢儀》，桓帝祠恭懷皇后，緞辭賜皇帝福。太常再拜。太牢左辨以致皇帝"。　宣室：漢未央宮前殿正室，在未央殿北。漢初建，用於宣布政教。王莽地皇四年（23）毀於火。

[2]【顏注】師古曰：漸促近誼，聽説其言也。【今注】前席：移坐向前以接近。

[3]【今注】梁懷王：漢文帝少子劉揖，又名勝。傳見本書卷四七。

[4]【顏注】師古曰：漢朝問以國家之事。

[5]【顏注】師古曰：儗，比也，上比於天子。儗音擬。【今注】案，據《漢書考證》齊召南説，《史記》以賈誼與屈原同傳，但對賈誼的經國之才，救時之論，並未載録，故班固於此傳詳細補充。至於賈誼的《治安策》及上書，並與《新書》所載文章，亦節録以入傳。

[6]【今注】淮南：淮南王劉長，高祖劉邦少子，文帝之弟。文帝六年（前174）謀反。當處死，被文帝赦免，安置於嚴道（今四川滎經縣西），途中不食而死。傳見本書卷四四。　濟北：濟北王劉興居，高祖庶長子劉肥之子。呂后時封東牟侯，與大臣共立文帝。文帝三年謀反，被棘蒲侯柴武擊敗。自殺。傳見本書卷四四。

[7]【顏注】師古曰：匡，正也，正其失也。建，立也，立制節也。【今注】匡建：匡正建立。

　　臣竊惟事執，可爲痛哭者一，[1]可爲流涕者二，[2]可爲長大息者六，[3]若其它背理而傷道者，難徧以疏舉。[4]進言者皆曰天下已安已治矣，[5]臣獨以爲未也。曰安且治者，非愚則諛，[6]皆非事實知治亂之體者也。夫抱火厝之積薪之下而寢其上，[7]火未及燃，因謂之安，方今之埶，何以異此！本末舛逆，[8]首尾衡決，[9]國制搶攘，[10]非甚有紀，[11]胡可謂治！陛下何不壹令臣得孰數之於前，因陳治安之策，試詳擇焉！

[1]【今注】可爲痛哭者一：指後文"天下之勢方病大瘇"諸侯國強大，尾大不掉，影響中央政權。

[2]【今注】可爲流涕者二：指制匈奴與勸農足食兩事。後者載於本書《食貨志》。

[3]【今注】大息者六：王先謙《漢書補注》引王應麟説，有庶人上僭、秦俗經制、諭教太子、體貌大臣四事，及《新書·等齊》論名分不正、《銅布》論收銅鑄錢等。而《漢書》止載三篇，顏師古認爲"蓋史家直取其切要者"。余嘉錫《四庫提要辨正》認爲，《治安策》中明確"長太息"的地方，祇有庶人上僭、移風易俗、禮貌大臣三事。或以"六"當作"三"，是古書中"三""六"相混的現象。《三國志》卷二五《魏書·高堂隆傳》正作"可爲長歎息者三"。

[4]【顏注】師古曰：言不可盡條記也。

[5]【顏注】師古曰：進言者，謂陳説於天子前者也。治音直吏反。此下並同（大德本、殿本"下"前有"以"字）。

[6]【顏注】師古曰：實謂治安，則是愚也；知其不爾而假言之，是諂諛也。

[7]【顏注】師古曰：厝，置也，音千故反。

[8]【今注】舛逆：顛倒。

[9]【今注】衡決：橫斷、脫節。

[10]【顏注】蘇林曰：搶音濟濟蹌蹌，不安皃也（皃，大德

本同，蔡琪本、殿本作"貌"。本注下同）。晉灼曰：搶音傖。吳人罵楚人曰傖。傖攘，亂兒也。師古曰：晉音是。傖音仕庚反（庚，蔡琪本、殿本作"康"）。攘音女庚反（女，蔡琪本、殿本作"汝"）。【今注】搶攘：紛亂。

[11]【顏注】師古曰：紀，理也。

　　　夫射獵之娛，與安危之機孰急？[1]使爲治，勞智慮，苦身體，乏鍾鼓之樂，勿爲可也。[2]樂與今同，而加之諸侯軌道，兵革不動，[3]民保首領，匈奴賓服，四荒鄉風，[4]百姓素樸，獄訟衰息，大數既得，[5]則天下順治，海内之氣，清和咸理，生爲明帝，没爲明神，名譽之美，垂於無窮。《禮》"祖有功而宗有德"，[6]使顧成之廟，[7]稱爲太宗，上配太祖，與漢亡極。[8]建久安之執，成長治之業，以承祖廟，以奉六親，至孝也；[9]以幸天下，以育群生，至仁也；[10]立經陳紀，輕重同得，[11]後可以爲萬世法程，[12]雖有愚幼不肖之嗣，猶得蒙業而安，至明也。[13]以陛下之明達，因使少知治體者得佐下風，致此非難也。[14]其具可素陳於前，願幸無忽。[15]臣謹稽之天地，[16]驗之往古，桉之當今之務，[17]日夜念此至孰也，[18]雖使禹舜復生，爲陛下計，亡以易此。[19]

[1]【顏注】師古曰：言二事之中，何者爲急。【今注】夫射獵之娛與安危之機孰急：文帝喜射獵，本書卷五四《李廣傳》載李廣"數從射獵，格殺猛獸"，故賈誼有此説。

[2]【今注】案,《新書·數寧》"乏"下多"馳騁"二字。

[3]【顏注】師古曰:軌道,言遵法制也。

[4]【顏注】師古曰:鄉讀曰嚮也。【今注】四荒:指四方教化不及,不知禮義,蠻荒極遠的地方。《爾雅·釋地》:"觚竹、北户、西王母、日下,謂之四荒。"郭璞注:"觚竹在北,北户在南,西王母在西,日下在東。"

[5]【今注】大數:指治天下的道術。

[6]【今注】祖有功而宗有德:《新書·數寧》此句下有"始取天下爲功,始治天下爲德"二句。本書卷五《景紀》注引應劭説,以始取天下者爲祖,即漢高祖。始治天下者爲宗,即漢文帝。或以此二句爲《孔子家語·廟制》佚文。

[7]【今注】顧成:本書卷四《文紀》載,文帝四年(前176),作顧成廟。注引服虔説,因廟在長安城南,還顧見城,故名。而應劭説:文帝自爲廟,制度卑狹,若顧望而成,如同文王靈臺不日成之,故曰"顧成"。而如淳則云,文帝身存而爲廟,若《尚書》之《顧命》。清代傅山《漢書批注》卷八七以顧成即"守成"之義。

[8]【今注】與漢亡極:漢代吉祥語形容久遠。此類瓦當文較多,爲兩漢人常用的頌禱語。

[9]【顏注】應劭曰:六親,父母兄弟妻子也。【今注】六親:即六種親屬,依祖、父、子、孫縱向血緣關係而定。《新書·六術》認爲是父、兄弟、從父兄弟、從祖兄弟、從曾祖兄弟、同族兄弟。

[10]【今注】群生:指百姓。

[11]【今注】立經陳紀輕重同得:指法度綱紀輕重皆得其宜。賈誼《新書·數寧》"同"作"周"。

[12]【顏注】師古曰:程,式也。【今注】法程:法則、模式。

[13]【今注】蒙業而安:指後世子孫可以繼承文帝的基業而

得到安定。

[14]【顏注】師古曰：少知治體者，誼自謂也。【今注】下風：指群臣處在下位、卑位。《左傳》僖公十五年："君履后土而戴皇天，皇天后土實聞君之言，群臣敢在下風。"

[15]【顏注】師古曰：忽，怠忘也。【今注】其具可素陳於前願幸無忽：指賈誼誠心陳述於文帝，願文帝不要倦怠遺忘。素，同"愫"。誠心、誠實。

[16]【顏注】師古曰：稽，考也。

[17]【今注】案，桉之，蔡琪本、大德本、殿本作"按之"。

[18]【今注】孰：縝密、仔細、周詳。孰，通"熟"。

[19]【顏注】師古曰：易，改也。

夫樹國固，必相疑之執，[1]下數被其殃，上數爽其憂，[2]甚非所以安上而全下也。今或親弟謀爲東帝，[3]親兄之子西鄉而擊，[4]今吳又見告矣。[5]天子春秋鼎盛，[6]行義未過，[7]德澤有加焉，猶尚如是，況莫大諸侯，[8]權力且十此者虖！[9]然而天下少安，何也？大國之王幼弱未壯，漢之所置傅相方握其事。[10]數年之後，諸侯之王大抵皆冠，[11]血氣方剛，漢之傅相稱病而賜罷，彼自丞尉以上偏置私人，[12]如此，有異淮南、濟北之爲邪！此時而欲爲治安，雖堯舜不治。[13]

[1]【顏注】鄭氏曰：今建立國泰大，其勢必固相疑也。臣瓚曰：樹國於險固，諸侯強大，則必與天子有相疑之執也。師古曰：鄭說是也。【今注】夫樹國固：指諸侯強大，僭擬過制。

[2]【顏注】如淳曰：爽，忒也。【今注】下數被其殃上數爽

其憂：指諸侯王屢次因此蒙受猜疑而遭殃，漢帝則屢次被這種憂傷所害。故下文認爲不解決此類問題即不能安上而全下。數，屢次。爽，傷害。

[3]【顔注】應劭曰：淮南屬王長。【今注】案，《史記》卷一一八《淮南衡山列傳》稱其“不用漢法，出入稱警蹕，稱制，自爲法令，擬於天子”。

[4]【顔注】如淳曰：謂齊悼惠王子興居而爲濟北王反，欲擊取滎陽也。師古曰：“鄉”讀曰“嚮”。【今注】案，濟北王於文帝二年（前178）立，立二年（前176）而反。

[5]【顔注】如淳曰：時吳王又不脩漢法（脩，蔡琪本、大德本、殿本作“循”），有告之者。【今注】案，此指鼂錯上書文帝削吳之事。

[6]【顔注】應劭曰：鼎，方也。【今注】春秋鼎盛：指文帝當時正值盛年。春秋，指年齡。

[7]【顔注】師古曰：行音下更反。【今注】行義未過：指行爲遵循禮義而没有過失。

[8]【顔注】師古曰：莫大，謂無有大於其國者，言最大也。

[9]【顔注】師古曰：十倍於此。【今注】案，王先謙《漢書補注》引《資治通鑑》胡三省注：指在文帝時淮南王、濟北王尚敢以一國反叛，若使諸侯合力，則其力量大於二王，故後患無窮。

[10]【今注】傅相：指漢代諸侯國丞相（或稱相國）、太傅。景帝中元五年（前145），令諸侯王不得治國，改丞相曰相。與太傅通稱傅相。

[11]【顔注】師古曰：大抵，猶言大略也，音丁禮反。其下亦同。【今注】冠：指男子成年。古代男子二十而冠，舉行加冠儀式。

[12]【今注】丞尉：指漢代諸侯國的國丞、國尉。相當於縣丞、縣尉。本書卷四四《淮南衡山濟北王傳》如淳注引衞宏《漢

舊儀》，漢初諸侯王"吏四百石已下自除國中"，自丞尉以上遍置私人，明顯屬於僭擬。　案，偏，大德本、殿本作"徧"。

[13]【今注】雖堯舜不治：王念孫《讀書雜志·漢書第九》認爲，此句當作"雖堯舜不能"。《新書·宗首》作"雖堯舜不能"，無"治"字。

　　黃帝曰："日中必㷸，操刀必割。"[1]今令此道順而全安，甚易，不肯早爲，已廼墮骨肉之屬而抗剄之，[2]豈有異秦之季世虖！[3]夫以天子之位，乘今之時，因天之助，尚憚以危爲安，以亂爲治，假設陛下居齊桓之處，將不合諸侯而匡天下乎？[4]臣又知陛下有所必不能矣。假設天下如曩時，[5]淮陰侯尚王楚，[6]黥布王淮南，[7]彭越王梁，[8]韓信王韓，[9]張敖王趙，[10]貫高爲相，[11]盧綰王燕，[12]陳豨在代，[13]令此六七公皆亡恙，[14]當是時而陛下即天子位，能自安乎？臣有以知陛下之不能也。[15]天下殽亂，高皇帝與諸公併起，[16]非有仄室之埶以豫席之也。[17]諸公幸者，廼爲中涓，其次廑得舍人，[18]材之不逮至遠也。高皇帝以明聖威武即天子位，割膏腴之地以王諸公，多者百餘城，少者乃三四十縣，惠至渥也，[19]然其後十年之閒，反者九起。陛下之與諸公，非親角材而臣之也，[20]又非身封王之也，自高皇帝不能以是一歲爲安，故臣知陛下之不能也。

[1]【顏注】孟康曰：㷸音衞。日中盛者，必暴㷸也。臣瓚

曰：太公曰“日中不蠥，是謂失時；操刀不割，失利之期”，言當及時也。師古曰：此語見六韜。蠥謂暴曬之也。曬音所智反，又音所懈反。【今注】日中必蠥操刀必割：指太陽正當午時，正好晾曬東西；刀拿在手，就要趕緊割物。比喻做事要及時，機不可失。此句出《六韜·守土》。蠥，盧文弨《抱經堂叢書》本校記認爲，當作“熭”，義爲曬乾。

[2]【顏注】應劭曰：抗其頭而剄之也。師古曰：墮，毁也。抗，舉也。剄，割頸也。墮，音火規反。剄，音工鼎反。

[3]【今注】秦之季世：據王先謙《漢書補注》說，指秦二世元年（前209），六公子戮死於杜，公子將閭昆弟三人囚於內宫等事。

[4]【今注】案，“夫以天子之位”數句，指漢文帝居帝位時，尚不能轉危爲安，使天下安定。假設文帝處在齊桓那樣的諸侯之位，又怎麼能九合諸侯，一匡天下呢？王念孫《讀書雜志·漢書第九》引《漢紀·孝文紀》末一句作“將能九合諸侯而一匡天下乎”，與下文不能對應，故“將不”應作“將能”。

[5]【顏注】師古曰：曩，久也。謂昔時。【今注】曩時：指漢高祖初即位時。

[6]【今注】案，韓信，漢元年（前206）爲齊王，高帝六年四月封淮陰侯。傳見本書卷三四。

[7]【今注】案，漢四年七月封黥布爲淮南王。傳見本書卷三四。

[8]【今注】案，漢元年正月封彭越爲梁王。傳見本書卷三四。

[9]【今注】韓信：韓王信。漢二年受封爲韓王。六年投降匈奴，遂反。傳見本書卷三四。

[10]【今注】案，張敖爲張耳之子，漢五年襲封爲趙王。事迹見本書卷三二《張耳傳》。

［11］【今注】貫高：趙王張敖的國相。漢七年，高祖從平城過趙，趙王張敖待以子婿禮。高祖傲慢且辱罵張敖，貫高對此十分忿恨。次年，高祖再過趙，貫高陰謀殺高祖。事泄，與趙王敖同被捕。後經泄公審理，與張敖均被赦免。但貫高仍自殺。事迹見本書《張耳傳》。

［12］【今注】案，漢五年封盧綰爲燕王。盧綰傳見本書卷三四。

［13］【今注】案，高祖十年，陳豨自立爲代王。陳豨在代，大德本、殿本同，蔡琪本作“陳豨王代”。

［14］【顏注】師古曰：無恙，言無憂病也。【今注】亡恙：指假設所列漢初諸侯均在人世。案，此處所列諸侯均以謀反罪名被誅。

［15］【今注】案，蔡琪本、大德本、殿本“有”後有“者”字。

［16］【顏注】師古曰：縠，雜也。併，音步鼎反。【今注】縠亂：雜亂無章。

［17］【顏注】應劭曰：禮，卿大夫之支子爲側室。席，大也。臣瓚曰：席，藉也。言非有側室之執爲之資藉也。師古曰：瓚説是也。【今注】仄室：庶出之子。又作“側室”。指高祖憑藉淮陰侯等人平定天下，没有子弟作爲依靠。

［18］【顏注】師古曰：廑與僅同。廑，劣也，言纔得舍人。【今注】中涓：戰國、秦漢時皇帝的親近侍從，在宫中擔任灑掃清潔，掌通書謁出入。　舍人：戰國至西漢初皇帝親近左右之通稱。據《史記·高祖功臣侯者年表》，漢初功臣多以中涓、舍人跟隨劉邦。

［19］【顏注】師古曰：悳，古德字。渥，厚也，音握。

［20］【顏注】師古曰：角，校也，競也。【今注】角材：較量才能高下。此句與下文“又非身封王之也”指文帝所面臨的是漢

初高祖所封功臣諸侯。

　　然尚有可諉者，曰疏，[1]臣請試言其親者。假令悼惠王王齊，[2]元王王楚，[3]中子王趙，[4]幽王王淮陽，[5]共王王梁，[6]靈王王燕，[7]厲王王淮南，六七貴人皆亡恙，當是時陛下即位，能爲治虖？臣又知陛下之不能也。若此諸王，雖名爲臣，實皆有布衣昆弟之心，[8]慮亡不帝制而天子自爲者。[9]擅爵人，赦死皋，[10]甚者或戴黄屋，[11]漢法令非行也。雖行不軌如厲王者，令之不肯聽，召之安可致乎！[12]幸而來至，法安可得加！動一親戚，天下圜視而起，[13]陛下之臣雖有悍如馮敬者，[14]適啓其口，匕首已陷其匈矣。[15]陛下雖賢，誰與領此？[16]故疏者必危，親者必亂，已然之效也。[17]其異姓負彊而動者，漢已幸勝之矣，又不易其所以然。同姓襲是跡而動，[18]既有徵矣，[19]其執盡又復然。殃歊之變，未知所移，[20]明帝處之尚不能以安，後世將如之何！

　　[1]【顏注】孟康曰：諉，累也。以疏爲累，言不以國也。蔡謨曰：諉者，託也。尚可託言信、越等以疏故反，故其下句曰“臣請試言其親者”。親者亦恃彊爲亂，明信等不以疏也。師古曰：蔡説是矣。諉音女瑞反。【今注】諉：推託。　疏：疏遠。指韓信、彭越等人反叛是因爲異姓的原因。
　　[2]【今注】悼惠王：齊王劉肥，劉邦之子。傳見本書卷三八。

［3］【今注】元王：楚元王劉交，劉邦之弟。傳見本書卷三六。

［4］【今注】中子：趙隱王如意，劉邦之子。傳見本書卷三八。

［5］【今注】幽王：淮陽王劉友，劉邦之子。傳見本書卷三八。

［6］【顏注】師古曰："共"讀曰"恭"。【今注】共下：趙共王劉恢，劉邦之子。傳見本書卷三八。

［7］【今注】靈王：燕靈王劉建，劉邦之子。傳見本書卷三八。

［8］【顏注】師古曰：自以爲於天子爲昆弟，而不論君臣之義。

［9］【顏注】師古曰：慮，大計也，言諸侯皆欲同皇帝之制度，而爲天子之事。【今注】案，此四句意爲，這些諸侯王名義雖然是臣子，但祇是將與天子的關係視作平民兄弟，都想自己稱帝。

［10］【顏注】師古曰：擅，專也。

［11］【顏注】師古曰：天子車蓋之制（車，蔡琪本作"黃"，殿本作"戴"）。【今注】黃屋：古代帝王的車蓋，以黃繒爲裏。又稱"黃屋蓋"。後以黃屋代指帝王權位。

［12］【顏注】師古曰：不軌，謂不修法制也。致，至也。

［13］【顏注】應劭曰：圜，精正視也。師古曰：言驚愕也。【今注】圜視：環顧觀看。指一旦祇削弱某位諸侯，其他諸侯則見勢而起，則不可控制。圜視，《新書》作"環視"。

［14］【顏注】如淳曰：馮無擇子，名忠直，爲御史大夫，奏淮南屬王誅之。師古曰：悍，勇也。【今注】馮敬：王先謙《漢書補注》說，漢時有兩馮無擇，一爲秦將，即馮敬之父，見本書卷一《高紀》；一即漢博成侯，詳見本書《景武昭宣元成功臣表》。

［15］【顏注】師古曰：始欲發言節制諸侯王，則爲刺客所

殺。【今注】案，周壽昌《漢書注校補》曰：如前之審食其，後之袁盎。

[16]【顏注】師古曰：領，理也。【今注】誰與領此：有誰能與陛下治理這件事？領，治理。

[17]【今注】案，“故疏者必危”三句，指漢初至文帝時，異姓王與同姓王給中央政權造成的威脅已經是既成事實。疏者，指異姓王；親者，指同姓王。

[18]【顏注】師古曰：易其所以然，改其法制使不然（蔡琪本、大德本、殿本“改”前有“謂”字）。

[19]【顏注】師古曰：徵，證驗也。

[20]【顏注】師古曰：旤，古禍字。

屠牛坦一朝解十二牛，[1]而芒刃不頓者，[2]所排擊剥割，[3]皆衆理解也。[4]至於髖髀之所，非斤則斧。[5]夫仁義恩厚，人主之芒刃也；權埶法制，人主之斤斧也。今諸侯王皆衆髖髀也，釋斤斧之用，而欲嬰以芒刃，[6]臣以爲不缺則折。胡不用之淮南、濟北？埶不可也。[7]

[1]【顏注】蘇林曰：孔子時人也。師古曰：坦，屠牛者之名也。事見管子。【今注】屠牛坦：春秋時期齊國之善屠牛者，名坦。《淮南子·齊俗》又作“屠牛吐”。

[2]【顏注】師古曰：芒刃，謂刃之利如豪芒也（豪芒，蔡琪本、大德本同，殿本作“毫芒”）。頓讀曰鈍。【今注】芒刃：指刀刃像麥芒一樣鋒利。芒，指小麥等禾本科植物種子殼上的細刺。

[3]【今注】排擊剥割：剔除、刺擊、切割。

[4]【顔注】師古曰：解，支節也，音胡懈反。【今注】衆理
解：指按照肉的紋理分解。理，肌肉的紋理。

[5]【顔注】師古曰：髀，股骨也。髖，髀上也。言其骨大，
故須斤斧也。髖音寬。髀音陛，又音必爾反。

[6]【顔注】師古曰：嬰，繞也。

[7]【顔注】晉灼曰：二國皆反誅，何不施之仁恩，執不可
故也。

　　臣竊跡前事，[1]大抵彊者先反。淮陰王楚最
彊，則最先反；韓信倚胡，則又反；[2]貫高因趙
資，則又反；陳豨兵精，則又反；彭越用梁，則
又反；[3]黥布用淮南，則又反；盧綰最弱，最後
反。長沙迺在二萬五千户耳，[4]功少而最完，執疏
而最忠，非獨性異人也，亦形執然也。曩令樊、
酈、絳、灌據數十城而王，今雖以殘亡可也；[5]令
信、越之倫列爲徹侯而居，雖至今存可也。[6]

[1]【顔注】師古曰：尋前事之蹤跡。

[2]【顔注】師古曰：倚，依也，音於綺反。

[3]【顔注】晉灼曰：用，役用之也。

[4]【今注】長沙迺在二萬五千户耳：漢五年（前202）二月，
吳芮徙封長沙王。在，王念孫《讀書雜志·漢書第九》認爲，應讀
爲“纔”。“在”與“纔”“材”“裁”通。《新書·藩彊》正作
“乃纔二萬五千户”。

[5]【顔注】晉灼曰：事勢可亡也。師古曰：曩亦謂昔時也。

[6]【顔注】晉灼曰：事執可存。

　　然則天下之大計可知已。[1]欲諸王之皆忠附，則莫若令如長沙王；欲臣子勿菹醢，[2]則莫若令如樊、酈等；[3]欲天下之治安，莫若衆建諸侯而少其力。力少則易使以義，國小則亡邪心。[4]令海内之埶如身之使臂，臂之使指，莫不制從，[5]諸侯之君不敢有異心，輻湊並進而歸命天子，[6]雖有細民，[7]且知其安，故天下咸知陛下之明。割地定制，令齊、趙、楚各若干國，[8]使悼惠王、幽王、元王之子孫畢以次各受祖之分地，[9]地盡而止，及燕、梁它國皆然。其分地衆而子孫少者，建以爲國，空而置之，須其子孫生者，舉使君之。[10]諸侯之地其削頗入漢者，爲徙其侯國及封其子孫也，[11]所以數償之：一寸之地，一人之衆，天子亡所利焉，[12]誠以定治而已，故天下咸知陛下之廉。地制壹定，宗室子孫莫慮不王，[13]下無倍畔之心，上無誅伐之志，[14]故天下咸知陛下之仁。法立而不犯，令行而不逆，貫高、利幾之謀不生，柴奇、開章之計不萌，[15]細民鄉善，大臣致順，[16]故天下咸知陛下之義。卧赤子天下之上而安，植遺腹，朝委裘，而天下不亂，[17]當時大治，後世誦聖。[18]壹動而五業附，[19]陛下誰憚而久不爲此？[20]

[1]【顔注】師古曰：已，語終辭。

[2]【今注】案，蔡琪本、大德本、殿本“子”後有“之”字。　菹（zū）醢（hǎi）：古時一種酷刑，將人殺死後剁成肉醬。

菹，又作“葅”。

[3]【今注】樊酈：指舞陽侯樊噲、曲周侯酈商，二人均封列侯。

[4]【顏注】師古曰：使以義，使之遵禮義也。

[5]【今注】案，王念孫《讀書雜志·漢書第九》認爲“制從”當作“從制”，指謂莫不服從其節制。今本作“制從”，則文義不順。《新書·五美》《漢紀·孝文紀》皆作“莫不從制”，當據改。

[6]【今注】案，《新書》下有“天子無可以徼倖之權，無起禍召亂之業”二句。

[7]【今注】案，有，蔡琪本、大德本、殿本作“在”。

[8]【顏注】師古曰：若干，豫設數也。解在《食貨志》。

[9]【顏注】師古曰：分音扶問反，次下亦同。【今注】分地：分封土地。

[10]【顏注】師古曰：須，待也。

[11]【顏注】師古曰：徙其侯國，列侯國邑在諸侯王封內而犬牙相入者，則正其疆界，令其隔絕也。封其子孫者，分諸侯王之國邑，各自封其子孫，而受封之人若有罪黜，其地皆入於漢，故云頗入也。【今注】爲徙其侯國及封其子孫也：錢大昕、王鳴盛、楊樹達等並引沈彤説，認爲“也”當作“他”，與下文“所”字連讀。指諸侯王以罪被黜，其被削之封地併入漢朝。如其剩餘封地太小，不够子孫再封，則徙其侯國於其他地方，並以與其被削封地數量同樣多的地方封其子孫。

[12]【顏注】師古曰：償者，謂所正列侯疆界，有侵諸侯王者，則漢償之。

[13]【顏注】師古曰：慮，計也。【今注】莫慮不王：當據《新書》作“慮莫不王”，指宗室子孫知道自己均可受封，故没有反叛之心。

[14]【顏注】師古曰：倍讀曰偝（偝，殿本作“背”）。

[15]【顏注】應劭曰：柴奇、開章，皆與淮南王謀反者也。【今注】利幾：本項羽將，後降劉邦。漢五年（前202）反。　柴奇：棘蒲侯柴武之子。　開章：原姓啓，避漢景帝諱改爲“開”。漢六年反，謀使閩越及匈奴發其兵。

[16]【顏注】師古曰：“鄉”讀曰“嚮”。

[17]【顏注】服虔曰：言天下安，雖赤子、遺腹在位，猶不危也。應劭曰：置遺腹，朝委裘，皆未有所知也。孟康曰：委裘，若容衣，天子未坐朝，事先帝裘衣也。師古曰：應、孟二説皆是。【今注】案，“臥赤子”四句，指讓嬰兒做皇帝也能安定天下，擁立遺腹子，朝拜先帝衣物，使天下不亂。赤子，剛出生的嬰兒。遺腹，指夫死而妻已孕未産，夫遺子於妻腹中，故稱。委裘，置先帝遺衣於座而受群臣朝拜。

[18]【顏注】師古曰：稱誦其聖明。

[19]【今注】案，王先謙《漢書補注》認爲，五業，當依《新書·五美》改作“五美”，“業”與“美”形近致訛。五美，指前文所涉明、廉、仁、義、聖。

[20]【顏注】師古曰：憚，畏難也，音徒旦反。

　　天下之執方病大瘇。[1]一脛之大幾如要，一指之大幾如股，[2]平居不可屈信，[3]一二指搐，身慮亡聊。[4]失今不治，必爲錮疾，[5]後雖有扁鵲，不能爲已。[6]病非徒瘇也，[7]又苦跖盭。[8]元王之子，帝之從弟也；[9]今之王者，從弟之子也。惠王，親兄子也；今之王者，兄子之子也。[10]親者或亡分地以安天下，[11]疏者或制大權以偪天子，[12]臣故曰非徒病瘇也，又苦跖盭。可痛哭者，此病是也。

　　[1]【顏注】如淳曰：腫足曰瘇。師古曰：音上勇反（上，大德本同，蔡琪本、殿本作"止"）。

　　[2]【顏注】師古曰：幾，並音巨依反。

　　[3]【顏注】師古曰：信讀曰伸。

　　[4]【顏注】師古曰：愐謂動而痛也（愐，大德本同，蔡琪本、殿本作"搐"，本注下同）。聊，賴也。愐音丑六反。【今注】愐：手足肌肉或筋牽動、伸縮。指諸侯有一二人反叛，則天下需動，不能安定。

　　[5]【顏注】師古曰：錮疾，堅久之疾。

　　[6]【顏注】師古曰：扁鵲，良醫也。爲，治也。已，語終辭。

　　[7]【今注】案，王念孫《讀書雜志・漢書第九》認爲，"病非徒瘇"當作"非徒病瘇"。"病瘇"與"苦蹙"對文，則"病"字當在"瘇"字上，不當在"非徒"上。下文正作"非徒病瘇"。

　　[8]【顏注】師古曰：跂，古"蹞"字也，音之石反。足下曰蹞，今所呼脚掌是也。蹙，古"戾"字，言足蹞反戾，不可行也。【今注】跂蹙：脚掌扭曲反戾。跂蹙，又作"蹞蹙"。

　　[9]【顏注】師古曰：楚元王，高帝之弟，其子於文帝爲從弟。

　　[10]【顏注】師古曰：惠王，齊悼惠王。【今注】惠王：盧文弨《抱經堂叢書》本校記認爲，惠王是文帝親兄，其子哀王薨於文帝元年（前179），哀王之子文王嗣位，故後文稱"今之王者，兄子之子"。故"惠王"下當有"之子"二字。

　　[11]【顏注】師古曰：廣立蕃屛，則天下安，故曰以安天下。【今注】案，王先謙《漢書補注》曰："親者"，謂帝之子孫。後文"疏者"，即謂元王、惠王之後。

　　[12]【顏注】師古曰：偪，古逼字。

天下之執方倒縣。[1]凡天子者，天下之首，何也？上也。蠻夷者，天下之足，何也？下也。今匈奴嫚侮侵掠，至不敬也，[2]爲天下患，至亡已也，[3]而漢歲致金絮采繒以奉之。[4]夷狄徵令，是主上之操也；[5]天子共貢，是臣下之禮也。[6]足反居上，首顧居下，[7]倒縣如此，莫之能解，猶爲國有人乎？[8]非亶倒縣而已，[9]又類辟，且病痱。[10]夫辟者一面病，痱者一方痛。[11]今西邊北邊之郡，雖有長爵不輕得復，[12]五尺以上不輕得息，[13]斥候望烽燧不得臥，[14]將吏被介胄而睡，[15]臣故曰一方病矣。醫能治之，而上不使，[16]可爲流涕者此也。

[1]【今注】倒縣：指當時漢朝的中央與諸侯的情況比較危急。縣，同"懸"。

[2]【顏注】師古曰：嫚，古侮字。

[3]【顏注】師古曰：亡已，言不可止也。

[4]【今注】金絮采繒：指漢朝每年向匈奴貢奉錢財絲帛。本書卷九四上《匈奴傳上》載，漢代自高祖時對匈奴和親，嫁宗室女翁主爲單于閼氏，歲奉"絮繒酒食物各有數"。

[5]【顏注】師古曰：徵，召也。令，號令也。操謂主上之所操持也。操音千高反。

[6]【顏注】師古曰：共讀曰恭。

[7]【顏注】師古曰：顧亦反也，言如人反顧然。

[8]【顏注】師古曰：顛倒如此，而不能解救，豈謂國有明智之人乎？

[9]【顏注】師古曰：亶讀曰但。

[10]【顏注】服虔曰：病癖，不能行也。師古曰：辟，足病。痱，風。辟音壁。痱音肥。【今注】又類辟且病痱：辟，指人有足而跛不能行。"辟"與"躄""蹕"同。痱，指人中風偏癱。此兩句指由於諸侯勢大，造成尾大不掉，政令不通。

[11]【今注】案，王先謙《漢書補注》認爲，"一方痛"當爲"一方病"。"痛"與"病"字形相似而誤。痱病皆無痛，故當作"病"。下文正作"臣故曰一方病矣"。

[12]【顏注】張晏曰：長爵，高爵也。雖受高爵之賞，猶將禦寇，不得復除逸豫也。蘇林曰：輕，易也。不易得復除（復，殿本作"後"），言難也。師古曰：復音方目反。【今注】長爵：指可以世代相傳的高爵。本書卷一〇《成紀》載常侍王閎先被賜爵關內侯，後又被賜長爵關內侯。本書卷七《昭紀》如淳説，天下人皆直戍邊三日，亦名爲更，即漢律所謂繇戍。雖丞相子亦在戍邊之調。或指此事。

[13]【顏注】如淳曰：五尺謂小兒也。言無小大皆當自爲戰備。【今注】五尺：指小孩子。漢代一尺約合今23釐米。

[14]【顏注】文穎曰：邊方備胡寇，作高土櫓，櫓上作桔皋，桔皋頭兜零，以薪草置其中，常低之，有寇即火然舉之以相告（然，蔡琪本、大德本、殿本作"燃"），曰烽。又多積薪，寇至即然之，以望其煙，曰燧。張晏曰：晝舉烽，夜燔燧也。師古曰：張説誤也。晝則燔燧，夜則舉烽。【今注】斥候望烽燧不得臥：指由於邊境不安，經常燃烽燧報警，使斥候不得休息。燧是漢代邊塞的最基層單位。各燧相隔數里，有燧長及燧卒三四人，主要負責燃燧報警。白天舉烟火，夜裏舉火炬。斥候，指負責偵察放哨之人，又作"斥堠"。戰國時期秦國杜虎符、新郪虎符均載，燔燧之事，遇緊急情況，雖無虎符，也可以進行。

[15]【顏注】師古曰：被音皮義反。【今注】介胄：鎧甲和頭盔。

[16]【顏注】師古曰：醫者，誼自謂。

　　陛下何忍以帝皇之號爲戎人諸侯，[1]埶既卑辱，而觖不息，長此安窮！[2]進謀者率以爲是，固不可解也，亡具甚矣。[3]臣竊料匈奴之衆，[4]不過漢一大縣，[5]以天下之大困於一縣之衆，甚爲執事者羞之。陛下何不試以臣爲屬國之官以主匈奴？[6]行臣之計，請必係單于之頸而制其命，[7]伏中行説而笞其背，[8]舉匈奴之衆唯上之令。[9]今不獵猛敵而獵田彘，不搏反寇而搏畜菟，翫細娛而不圖大患，非所以爲安也。[10]德可遠施，威可遠加，而直數百里外威令不信，[11]可爲流涕者此也。

　　[1]【今注】帝皇之號：次於“皇帝”的稱號。《三國志》卷一三《魏書·王肅傳》：“漢總帝皇之號，號曰皇帝。有別稱帝，無別稱皇，則皇是其差輕者也。”　戎人：指匈奴。

　　[2]【顏注】師古曰：言長養此患，將何所窮極也。

　　[3]【顏注】師古曰：無治安之具。

　　[4]【顏注】師古曰：料，量也，音聊。

　　[5]【今注】大縣：漢代有人口萬戶以上的爲大縣，萬戶以下的爲小縣。大縣設令，小縣設長。

　　[6]【今注】屬國之官：當指屬國都尉。屬國，兩漢爲安置歸附的匈奴、羌等少數民族設置的行政區劃。在屬國之內，少數民族一般保持其本國之俗。

　　[7]【今注】單于：匈奴人部落聯盟首領的專稱。始於冒頓單于之父頭曼單于，本書卷九四《匈奴傳》謂全稱作“撑犁孤塗單于”。“撑犁”匈奴語之“天”，“孤塗”意爲“子”，“單于”意爲

"廣大"。

[8]【顏注】鄭氏曰：説，奄人也，漢使送公主妻匈奴，説不肯行，強之，因以漢事告匈奴也。師古曰：中行，姓也。説，名也。行音胡剛反。説讀曰悦。中行説事具在《匈奴傳》。

[9]【顏注】師古曰：聽天子之命。

[10]【今注】案，"今不獵猛敵而獵田彘"四句，指漢朝重視當時面臨的匈奴威脅、諸侯王勢力強大的情況，不能重小事而忽視大患，這不是使天下安定的方法。

[11]【顏注】師古曰：信讀曰伸。【今注】而直數百里外威令不信：指漢朝政令竟然不能通行於百里之外。直，竟然。

今民賣僮者，[1]爲之繡衣絲履偏諸緣，[2]内之閑中，[3]是古天子后服，所以廟而不宴者也，[4]而庶人得以衣婢妾。白縠之表，薄紈之裏，緁以偏諸，[5]美者黼繡，[6]是古天子之服，今富人大賈嘉會召客者以被牆。[7]古者以奉一帝一后而節適，[8]今庶人屋壁得爲帝服，倡優下賤得爲后飾，然而天下不屈者，殆未有也。[9]且帝之身自衣皂綈，[10]而富民牆屋被文繡；天子之后以緣其領，庶人孽妾緣其履：[11]此臣所謂舛也。夫百人作之不能衣一人，[12]欲天下亡寒，胡可得也？一人耕之，十人聚而食之，欲天下亡飢，不可得也。飢寒切於民之肌膚，欲其亡爲姦邪，不可得也。國已屈矣，[13]盜賊直須時耳，[14]然而獻計者曰"毋動[15]爲大"耳。[16]夫俗至大不敬也，至亡等也，[17]至冒上也，[18]進計者猶曰"毋爲"，可爲長太息者此也。

［1］【顔注】如淳曰：僮謂隸妾也。

［2］【顔注】服虔曰：如牙條以作履緣（如，蔡琪本、殿本作“加”）。師古曰：偏諸，若今之織成以爲要襻及褾領者也。古謂之車馬裝，其上爲乘車及騎從之象也。【今注】偏諸：用絲編織成的帶子或繩子。即絛（tāo），又作“編諸”“扁緒”。

［3］【顔注】服虔曰：閑，賣奴婢闌。【今注】閑：木籠周邊加上的木栅欄。

［4］【顔注】師古曰：入廟則服之，宴處則不著，蓋貴之也。

［5］【顔注】晉灼曰：以偏諸緁著衣也。師古曰：緁音妾，謂以偏諸纚著之也。纚音步千反。【今注】白縠之表薄紈之裏緁以偏諸：指衣服用白色的縐紗作表，細細的生絹作裏，邊緣用絲編成的帶子作爲花邊。白縠（hú），帶有縐紋的白色細紗。薄紈，細致的生絹。緁，縫衣服的邊。

［6］【顔注】師古曰：黼者，織爲斧形。繡者，刺爲衆文。【今注】黼繡：繡有斧形花紋的衣服。

［7］【顔注】師古曰：被，音皮義反。

［8］【顔注】師古曰：得其節而合宜。

［9］【顔注】師古曰：屈謂財力盡也，音其勿反。

［10］【顔注】師古曰：綈，厚繒也，音徒奚反。【今注】皂綈：黑色厚繒。亦指以黑色厚繒做成的衣服，比較粗糙。

［11］【顔注】師古曰：孽，庶賤者。【今注】孽妾：古代對庶妾的稱呼。當據《新書》作“孽妾”。

［12］【顔注】師古曰：衣，音於既反。

［13］【顔注】師古曰：屈，音其勿反。

［14］【顔注】師古曰：言待時而發。

［15］【顔注】師古曰：言天下安，不可動摇。

[16]【顏注】如淳曰：好爲大語者。【今注】毋動爲大：中華本原文在“毋動”處斷句，應誤，當連讀。據周壽昌《漢書注校補》說：漢文時尚黃老，以清靜爲治，故曰“毋動爲大”。

[17]【顏注】師古曰：無尊卑之差。

[18]【顏注】師古曰：冒，犯也。

　　商君遺禮義，棄仁恩，[1]并心於進取，行之二歲，秦俗日敗。[2]故秦人家富子壯則出分，家貧子壯則出贅。[3]借父耰鉏，慮有德色；[4]母取箕箒，立而誶語。[5]抱哺其子，與公併倨；[6]婦姑不相說，則反脣而相稽。[7]其慈子耆利，不同禽獸者亡幾耳。[8]然并心而赴時，猶曰蹶六國，兼天下。[9]功成求得矣，[10]終不知反廉愧之節，仁義之厚。[11]信并兼之法，遂進取之業，[12]天下大敗；眾掩寡，智欺愚，勇威怯，壯陵衰，其亂至矣。

[1]【顏注】師古曰：謂商鞅。

[2]【今注】行之二歲：據《史記》卷六八《商君列傳》，商鞅變法開始於秦孝公三年（前359），至秦孝公二十四年（前338），約二十年。

[3]【顏注】應劭曰：出作贅婿也。師古曰：謂之贅婿者，言其不當出妻家（蔡琪本、大德本、殿本“妻”前有“在”字），亦猶人身體之有肬贅，非應所有也。一說，贅，質也，家貧無有聘財，以身爲質也。贅音之銳反。分音扶問反。【今注】家貧子壯則出贅：指貧家之子壯年後被賣爲奴。錢大昭《漢書辨疑》認爲，贅而不贖，主家以女匹之，則謂之贅婿，故當時賤之。《史記·商君列傳》作“事末利及怠而貧者，舉以爲收孥”。

[4]【顏注】師古曰：櫌，摩田器也，言以櫌及鉏借與其父，而容色自矜爲恩德也。櫌音憂。【今注】櫌鉏：用於旱地鋤草和使地面平整的一種鶴頸鋤，由半月形的鋤頭和木柄組裝而成。　德色：以爲對別人有恩德而流露出來的神色。

[5]【顏注】服虔曰：誶猶罵也。張晏曰：誶，責讓也。師古曰：張說是也。誶音碎。【今注】箕箒：畚箕和掃帚，均爲掃除工具。　誶語：告訴、詰問。與上句意爲，秦人無禮義，父母向兒子借日常用具，都當作兒子給的恩惠，還要遭到詰問。

[6]【顏注】師古曰：哺，飲也。言婦抱子而哺之，乃與其舅併倨，無禮之甚也。哺音步。倨音步鼎反。【今注】公：指丈夫的父親。古代以舅姑代稱公婆。

[7]【顏注】應劭曰：稽，計也，相與計校也。師古曰：說，讀曰“悅”（說讀曰悅，蔡琪本同，大德本、殿本作“說音悅”）。稽，音工奚反。

[8]【顏注】師古曰：唯有慈愛其子而貪嗜財利，小異於禽獸也。無幾，言不多也。幾，音居豈反。【今注】其慈子耆利不同禽獸者亡幾耳：指秦人不知孝悌禮義，但如禽獸知愛子、貪利而已，故其與禽獸相差亡幾。

[9]【顏注】蘇林曰：厤，音“厥”。師古曰：厤謂拔而取之。【今注】案，王先謙《漢書補注》曰：《群書治要》引“時”下有“者”字。指秦人但求成功兼併六國，而舍棄禮義孝道。《新書·時變》亦作“然猶並心而赴時者曰”。

[10]【顏注】師古曰：求得，所求者得也。

[11]【顏注】師古曰：反，還也。【今注】案，王念孫《讀書雜志·漢書第九》云，古無以“廉”“愧”二字連續成文的，“愧”當爲“醜”字之誤。“廉醜”即“廉恥”，故《新書·時變》作“廉恥”。又下文“棄禮義，捐廉恥”，“禮義廉恥，是謂四維”，《賈子·俗激》並作“廉醜”。故知此“廉愧”爲“廉醜”之誤。

[12]【顏注】師古曰：信讀曰伸，一曰信任。

　　是以大賢起之，威震海内，德從天下。[1]曩之
爲秦者，今轉而爲漢矣。然其遺風餘俗，猶尚未
改。今世以侈靡相競，而上亡制度，棄禮誼，捐
廉恥，日甚，可謂月異而歲不同矣。逐利不耳，
慮非顧行也，[2]今其甚者殺父兄矣。盜者剟寢户之
簾，[3]搴兩廟之器，[4]白晝大都之中剽吏而奪之
金。[5]矯僞者出幾十萬石粟，[6]賦六百餘萬錢，乘
傳而行郡國，[7]此其亡行義之先至者也。[8]而大臣
特以簿書不報，期會之閒，以爲大故。[9]至於俗流
失，世壞敗，因恬而不知怪，[10]慮不動於耳目，
以爲是適然耳。[11]夫移風易俗，使天下回心而鄉
道，類非俗吏之所能爲也。[12]俗吏之所務，在於
刀筆筐篋，[13]而不知大體。陛下又不自憂，竊爲
陛下惜之。

　　[1]【顏注】師古曰：大賢謂高祖也。德從天下，天下從其
德。【今注】起之：扶持天下之危亂。
　　[2]【顏注】師古曰：言其所追赴，唯計利與不耳。念慮之
中，非顧行之善惡（蔡琪本同，大德本、殿本句末有“也”字）。
【今注】逐利不耳慮非顧行也：指人們祇在乎是否有利可圖，大多
不顧及行爲的好壞。慮，大率。
　　[3]【顏注】師古曰：剟謂割取之也。室有東西箱曰廟（箱，
蔡琪本、大德本同，殿本作“廂”，下同不注），無東西箱曰寢，
蓋謂陵上之寢。剟音輟。【今注】寢：古代帝王等陵園中的正殿，

其中往往藏有死者衣冠、几杖、象生等物，如同生時的露寢，供後人憑吊和祭享。一般在墓側。

[4]【顏注】如淳曰：搴，取也。兩廟，高祖、惠帝廟也。師古曰：搴，拔也，音騫，又音寒。【今注】搴兩廟之器：盜取高祖、惠帝兩廟中的祭器。本書卷五〇《張釋之傳》載"人盜高廟坐前玉環"。

[5]【顏注】師古曰：白晝，晝日也。言白者，謂不陰晦也。剽，劫也，音頻妙反。【今注】大都：指漢朝都城長安。

[6]【顏注】服虔曰：吏矯僞徵發，盈出十萬石粟。師古曰：服説非也。幾，近也。言詐爲文書，以出倉粟近十萬石耳。非謂徵發於下也。幾，音鉅依反。

[7]【顏注】如淳曰：此言富者出錢穀，得高爵，或乃爲使者，乘傳車循行郡國，以爲榮也。師古曰：如説亦非也。此又言矯僞之人詐爲詔令，妄作賦斂，其數甚多，又詐乘傳而行郡國也。行音下更反。【今注】案，"賦六百餘萬錢"二句，與"矯僞者"一句，指詐僞文書，從官倉中冒領幾十萬石糧食，私自徵收六百多萬錢的税，乘坐傳車到各諸侯國詐騙。本書卷五〇《汲黯傳》載汲黯"謹以便宜，持節發河内倉粟以振貧民。請歸節，伏矯制辠"。本書卷一下《高紀下》如淳説，按漢律乘傳者當持尺五寸木傳信，封以御史大夫印章。

[8]【今注】先至：蔡琪本、大德本同，殿本作"尤至"，據王先謙《漢書補注》説，"先"作"尤"。指小民奸僞至極，故曰"尤至"。

[9]【顏注】師古曰：特，徒也。言公卿大臣徒以簿書期會爲急（徒，蔡琪本、大德本、殿本作"特"），不知正風俗、屬行義也。【今注】案，"而大臣特以簿書不報"三句，指大臣祇是以簿書往來，期會交往爲日常重要的事情。

[10]【顏注】師古曰：恬，安也，音徒兼反。【今注】案，

"至於俗流失" 三句，指民風放縱，世道敗壞，人們反而安然處之，不以爲怪。流失，放縱、放浪。"失" 同 "泆"，也作 "流溢"。因，王先謙《漢書補注》認爲當作 "固"，同 "顧"，意爲反而、却。《賈子·俗激》正作 "固恬弗知怪"。當據改。恬而，恬然，毫不在意的樣子。

[11]【顏注】師古曰：適，當也，謂事理當然。

[12]【顏注】師古曰：鄉讀曰嚮。【今注】案，"夫移風易俗" 三句，指扭轉風俗敗壞，使天下的人重回正道，大都不是俗吏所能做到的事情。纇，大抵、大都。

[13]【顏注】師古曰：刀所以削書札。筐篋所以盛書。【今注】刀筆筐篋：周壽昌《漢書注校補》認爲，刀筆以治文書，筐篋以貯財幣。言俗吏日常所做的事情，在於科條徵斂等。

　　夫立君臣，等上下，使父子有禮，六親有紀，[1]此非天之所爲，人之所設也。夫人之所設，不爲不立，不植則僵，不脩則壞。[2]筦子曰：[3]"禮義廉恥，是謂四維；四維不張，國乃滅亡。"[4]使筦子愚人也則可，筦子而少知治體，則是豈可不爲寒心哉！[5]秦滅四維而不張，故君臣乖亂，六親殃戮，姦人並起，萬民離叛，凡十三歲，[6]而社稷爲虚。[7]今四維猶未備也，故姦人幾幸，而衆心疑惑。[8]豈如今定經制，[9]令君君臣臣，[10]上下有差，父子六親各得其宜，姦人亡所幾幸，而群臣衆信，上不疑惑！[11]此業壹定，世世常安，而後有所持循矣。[12]若夫經制不定，是猶度江河亡維楫，[13]中流而遇風波，舩必覆矣。[14]可爲長太息者此也。

[1]【顏注】師古曰：紀，理也。

[2]【顏注】師古曰：植，建也。僵，偃也，音疆。【今注】案，“夫人之所設”四句，指君臣上下六親之間的禮義綱紀等，不執行就不能建立，不樹立就會被廢棄，不進行修正就會敗壞。

[3]【顏注】師古曰：笔與管同。管子，管仲也。

[4]【今注】案，此四句出自《管子·牧民》。《新書》引作“四維：一曰禮，二曰義，三曰廉，四曰醜”“四維不張，國乃滅亡”。

[5]【顏注】師古曰：若以管子爲愚人，其言不實，則無禮義廉恥可也。若以管子爲微識治體，則當寒心而憂之。【今注】則是豈可不爲寒心哉：王念孫《讀書雜志·漢書第九》認爲，此句當從《新書·俗激》作“則是豈不可爲寒心哉”。“是”字指“四維不張”而言。指管子少知治體，則今之四維不張，豈不可使管子爲之寒心。

[6]【今注】凡十三歲：指從秦王政統一全國稱始皇至秦二世被趙高逼迫自殺有十三年餘。

[7]【顏注】師古曰：虛，讀曰“墟”，謂丘墟。

[8]【顏注】師古曰：幾，讀曰“冀”。次下亦同。【今注】案，“今四維猶未備也”三句，指禮義廉恥四維不張，故奸人有非分企圖，而普通人感到疑慮不安。幾幸，非分企求。

[9]【顏注】師古曰：經，常也。【今注】經制：指國家典章制度。

[10]【顏注】師古曰：君爲君德，臣爲臣道。【今注】君君臣臣：指君有君德，臣尊臣道。

[11]【顏注】師古曰：衆信謂共爲忠信也。【今注】而群臣衆信上不疑惑：據王念孫《讀書雜志·漢書第九》説，此本作“群衆信上而不疑惑”，今本“群”下衍“臣”字，“而”字又誤在“群臣”上。此謂衆不疑惑，非謂上不疑惑。“姦人無所幾幸”，對

上文"姦人幾幸"而言；"群衆信上而不疑惑"，對上文"衆心疑惑"而言。群衆即衆。《新書·俗激》正作"群衆信上而不疑惑"。

[12]【顏注】師古曰：執持而順行之。【今注】案，自"此業壹定"三句，指國家確立了禮義廉恥四維，則可以長久安定，後世也有可遵行的原則。持循，指遵行、遵循。

[13]【顏注】師古曰：維所以繫船，楫所以刺船也（船，蔡琪本同，大德本、殿本作"舩"）。《詩》云"紼纚維之"（纚，大德本、殿本作"纜"）。楫，音"集"，又音"接"。【今注】維楫：繫船的繩索和船槳。

[14]【顏注】師古曰：覆，音芳目反。

　　夏爲天子，十有餘世，而殷受之。[1]殷爲天子，二十餘世，[2]而周受之。周爲天子，三十餘世，[3]而秦受之。秦爲天子，二世而亡。人性不甚相遠也，[4]何三代之君有道之長，而秦無道之暴也？[5]其故可知也。

[1]【今注】案，《大戴禮》無此十二字。據《史記》卷二《夏本紀》，夏朝作爲天子有十七君，十四世。

[2]【今注】案，周壽昌《漢書注校補》曰：自"殷爲天子"至"此時務也"千餘言，皆載《大戴記·保傅》，惟字句小異。"二十餘世"，《保傅》作"三十餘世"，注云"三十一世"。考《三代世表》，從湯至紂二十九世。《史記》卷三《殷本紀》裴駰《集解》引譙周説，殷凡三十一世，六百餘年。《汲冢紀年》曰："湯滅夏以至于受二十九王，用歲四百九十六年也。"

[3]【今注】三十餘世：周朝自西周武王至東周赧王共三十七位天子，其中西周十二，東周二十五。《史記》卷四《周本紀》裴駰《集解》引皇甫謐説："周凡三十七王，八百六十七年。"

[4]【顏注】師古曰：遠，音于萬反。

[5]【今注】秦無道之暴：指秦朝不遵循禮義廉恥，以致很短時間滅亡。暴，意爲短促。

古之王者，太子迺生，固舉以禮，[1]使士負之，有司齊肅端冕，[2]見之南郊，見於天也。[3]過闕則下，過廟則趨，孝子之道也。[4]故自爲赤子而教固已行矣。[5]昔者成王幼在繈抱之中，[6]召公爲太保，[7]周公爲太傅，[8]太公爲太師。[9]保，保其身體；傅，傅之惠義；師，道之教訓：[10]此三公之職也。於是爲置三少，皆上大夫也，曰少保、少傅、少師，是與太子宴者也。[11]故迺孩提有識，三公、三少固明孝仁禮義以道習之，[12]逐去邪人，不使見惡行。於是皆選天下之端士[13]孝悌博聞有道術者以衛翼之，[14]使與太子居處出入。故太子迺生而見正事，聞正言，行正道，左右前後皆正人也。夫習與正人居之，不能毋正，猶生長於齊不能不齊言也；習與不正人居之，不能毋不正，猶生長於楚之地不能不楚言也。[15]故擇其所耆，必先受業，迺得嘗之；[16]擇其所樂，必先有習，迺得爲之。[17]孔子曰："少成若天性，習貫如自然。"[18]

[1]【顏注】師古曰：迺，始也。【今注】固舉以禮：指太子初生之時，以禮來培養。《左傳》桓公七年所謂太子生之禮，"接以太牢，卜士負之，士妻食之，公與文姜、宗婦命之"。

　　[2]【顏注】師古曰：齊讀曰齋。【今注】端冕：此處指穿著玄衣和戴著大冠。

　　[3]【顏注】師古曰：見音胡電反。【今注】南郊：古代天子在京都南面的郊外築圜丘以祭天的地方。

　　[4]【今注】過闕則下過廟則趨：指遇到宮闕、宗廟則下車快步疾行，以示尊敬。兩句爲互文。闕，古代都城的城門或宮門以及祠廟、陵墓前兩個高大方形臺，中間有闕口，上有樓觀，又稱爲門闕。

　　[5]【顏注】師古曰：赤子，言其新生未有眉髮，其色赤。【今注】赤子：指嬰兒初生，不著衣物。

　　[6]【今注】繈抱：王先謙《漢書補注》曰：《大戴禮記》“繈抱”作“繈褓”，盧文弨注：“武王崩，成王十有三也。而云‘在繈褓之中’，言其小。”孔廣森《大戴禮記補注》卷三，《新書·修政語》云：“成王年六歲即位，故云繈褓。”注文稱“十有三”，爲《尚書》古文説，與《新書》有異。據成王六歲即位，加以攝政七年，正合十有三歲之數。蓋誤以成王即位之初年與正式掌權合爲一年，故少七年。

　　[7]【今注】召公：文王庶子，名奭，食邑於召，後封於燕。

　　[8]【今注】周公：名旦，周武王弟，封於魯。武王崩，成王年幼，周公攝政。

　　[9]【今注】太公：姜尚。又稱太公望。武王滅商後，封於齊。

　　[10]【顏注】師古曰：保，安也。傅，輔也。道讀曰導。其下亦同。

　　[11]【顏注】師古曰：宴謂安居。【今注】上大夫：周代官制，王室及諸侯國，卿以下有大夫，分上中下三等。上大夫爲大夫爵中最高的一等。春秋時大國之上大夫相當於次國下卿，小國中卿之位。

[12]【顏注】師古曰：孩，小兒也。提謂提撕之。

[13]【顏注】師古曰：端，正也，直也。【今注】端士：公正坦率的人。

[14]【顏注】師古曰：悌音徒繼反。【今注】孝悌博聞有道術者以衛翼之：此句指選天下正直、守孝悌、博學的儒者來輔佐。有道術者，即儒者。《周禮·天官·太宰》疏：“儒，有道德、有道術之通名。”

[15]【今注】案，此句指人幼年時生長於好的環境有助於培養良好的品行。《群書治要》卷一六引作“夫習與正人居之，不能無正，猶生長楚之鄉，不能不楚言也”，《大戴禮記·保傅》亦作“夫習與正人居，不能不正也；猶生長於楚，不能不楚言也”，並與此異。

[16]【顏注】師古曰：“耆”讀曰“嗜”。

[17]【今注】案，“擇其所耆”數句，指所以選擇太子喜歡吃的食物，一定先給他傳授學業，然後纔給他吃；選擇太子高興玩的東西，一定先讓他完成學習內容，然後纔給他玩。

[18]【顏注】師古曰：貫亦習也，音工宦反（宦，蔡琪本、殿本同，大德本作“官”）。

　　及太子少長，知妃色，[1]則入于學。學者，所學之官也。[2]《學禮》曰：[3]“帝入東學，上親而貴仁，則親疏有序而恩相及矣；帝入南學，上齒而貴信，則長幼有差而民不誣矣；帝入西學，上賢而貴惠，則聖智在位而功不遺矣；帝入北學，上貴而尊爵，則貴賤有等而下不踰矣；[4]帝入大學，[5]承師問道，[6]退習而考於太傅，太傅罰其不則而匡其不及，[7]則惪智長而治道得矣。此五學者既成於上，則百姓黎民化輯於下矣。"[8]

[1]【顏注】師古曰：妃色，妃匹之色。【今注】妃色：指女色。王引之《經義述聞》卷一一以妃色當作"好色"。"好"訛作"妃"。

[2]【顏注】師古曰：官謂官舍。【今注】案，王引之《經義述聞》引盧文弨注，古者大子八歲入小學，十五入大學。即云大了稍成長，知好色，則入於大學。

[3]【今注】學禮：王聘珍《大戴禮記解詁》卷三說，這是《禮古經》五十六篇中的篇名。

[4]【顏注】師古曰：隃與踰同，謂越制。【今注】案，"帝入東學"至"則貴賤有等而下不隃矣"，辟雍居其中，四學環繞之。東堂曰東序，西堂曰瞽宗，北堂曰上庠，南堂曰成均。

[5]【今注】大學：周朝當代之學，指辟雍，又稱成均。大學，大德本同，蔡琪本、殿本作"太學"。

[6]【今注】承師問道：《禮記·祭義》載，"食三老五更於太學所以教諸侯之弟也"。指成王入太學，求教於三老五更等人。

[7]【顏注】師古曰：則，法也。匡，正也。【今注】案，王聘珍《大戴禮記解詁》引盧文弨注云，成王就學於太師、太傅、太保三公。此處祇提及太傅，舉居中者而言。

[8]【顏注】師古曰：輯與集同。輯，和也。【今注】百姓：百官族姓。

及太子既冠成人，[1]免於保傅之嚴，則有記過之史，[2]徹膳之宰，[3]進善之旌，[4]誹謗之木，[5]敢諫之鼓。[6]瞽史誦詩，工誦箴諫，[7]大夫進謀，士傳民語。[8]習與智長，故切而不媿；[9]化與心成，故中道若性。三代之禮：春朝朝日，秋暮夕月，所以明有敬也；[10] 春秋入學，坐國老，執醬而親饋之，[11] 所以明有孝也；行以鸞和，[12] 步中《采齊》，[13] 趣中《肆夏》，[14] 所以明有度也；[15] 其於禽獸，見其生不食其死，聞其聲不食其肉，[16] 故遠庖厨，所以長恩，且明有仁也。[17]

[1]【今注】既冠成人：古代男子二十加冠，代表成人。孔廣森《大戴禮記補注》卷三云："《荀子》曰：'天子、諸侯子十九而冠。'"

[2]【顏注】師古曰：有過則記。【今注】記過之史：監督君臣過失不法的官吏。《新書·保傅》作"司直之史"。《大戴禮·保傅》"記過"作"司過"。

[3]【顏注】師古曰：有闕則諫。【今注】徹膳之宰：撤去帝王飲食膳羞的官吏。膳宰，掌飲食膳羞，以供周天子、后及世子。《大戴禮記·保傅》下云"太子有過，史必書之。史之義，不得不書過，不書過則死。過書，而宰徹去膳。夫膳宰之義，不得不徹膳，不徹膳則死"。

[4]【顏注】師古曰：進善言者，立於旌下。【今注】進善之旌：古時立旌於朝，如民有治國的好辦法或舉薦人才要到旌下講明。王聘珍《大戴禮記解詁》卷三引盧辯注："堯置之。"旌，即幡。懸掛的旗幟。

[5]【顏注】師古曰：識惡事者，書之於木。【今注】誹謗之木：堯時置於路旁供人書寫其過失的立木。王聘珍《大戴禮記解詁》卷三引盧辯注："堯置之，使書政之憸失也。"崔豹《古今注·問答釋義第八》："誹謗木，今之華表木也。以橫木交柱頭，形似桔槔。大路交衢悉施焉。"

[6]【顏注】師古曰：欲顯諫者則擊鼓。【今注】敢諫之鼓：

舜置之，使諫者擊之以自聞也。

[7]【顏注】師古曰：瞽，無目者也。工，習樂者也。【今注】瞽史誦詩工誦箴諫：樂師歌誦進行委婉的勸諫，樂人則直陳其事而進諫。王念孫《讀書雜志·漢書第九》曰：上既言“有記過之史”，則此不當更言史。且誦詩乃瞽之事，並非史之事。《大戴禮·保傳》作“瞽夜誦詩”。

[8]【今注】士傳民語：《左傳》襄公十四年載，士傳言，與庶人謗。

[9]【顏注】師古曰：每被切磋，故無大過可恥媿之事。【今注】習與智長故切而不媿：從小養成的習慣與學習的知識，隨着年齡的增長互相促進而不產生衝突。不媿，《大戴禮記·保傳》作“不攘”。王先謙《漢書補注》認爲，“不媿”與“不攘”同義。

[10]【顏注】師古曰：朝日以朝，夕月以暮，皆迎其初出也。下朝音直遙反。【今注】有敬：《大戴禮記·保傳》作“有別”，盧辯注：“祭日東壇，祭月西壇，所以別内外，以端其位，教天下之臣也。”古代春分朝日，秋分夕月。朝日於朔，夕月於望。

[11]【顏注】師古曰：餽字與饋同（大德本、殿本無“字”字）。【今注】國老：對卿、大夫、士致仕官的尊稱。王先謙《漢書補注》引《漢辟雍儀》云：“三公設幾，九卿正履，天子親袒割牲，執醬而饋，執爵而酳，祝鯁在前，祝饐在後。”

[12]【顏注】師古曰：鸞和，車上鈴也，解在《禮樂志》。【今注】行以鸞和：出行時車馬行進的步調符合車上鈴鐺的頻律。鸞和，即鸞與和，古時車上的兩種鈴鐺。王先謙《漢書補注》曰：“以”，《大戴禮記》作“中”，是。盧辯注：“行，車行也。”

[13]【顏注】師古曰：樂詩名也。字或作薺，又作茨，並音才私反（才私反，蔡琪本作“在私反”、殿本作“律私反”）。【今注】采齊：《新書·保傳》作“采薺”，《大戴禮記》作“采茨”，孔廣森云：“逸詩篇名，或以爲‘齊夏’。”

[14]【顏注】師古曰：亦樂詩名。趣讀曰趨。趨，疾步也（也，蔡琪本作“貌”）。凡此中者（此，殿本作“言”），謂與其節相應也，並音竹仲反。【今注】趣中肆夏：孔廣森《大戴禮記補注》卷三，堂上謂之行，門外謂之趨。大寢之內奏《采茨》，朝廷之中奏《肆夏》。趨謂於朝廷。王出，至堂而《肆夏》作，出路門而《采薺》作。其反，入至應門路門亦如之。《玉藻》作“趨以《采薺》，行以《肆夏》”，先趨後行，據入時從外向內而言。樂節則同。是二經所說行、趨先後不同，而《肆夏》《采薺》二詩所作自有規定。《燕禮記》所云“賓及庭”，謂及寢庭。《郊特牲》所云“賓入大門”，疏云“賓行朝聘既畢，燕享之時，燕則大門是寢門，享則大門是廟門”，是寢、廟各異，奏《肆夏》於門內則同。故本《傳》“步”“趨”互倒。案，此二句爲互文寫法，指步行與車行均合乎音樂節奏。

[15]【今注】明有度：教天下禮儀。

[16]【今注】案，“其於禽獸”三句，《新書·保傅》上“不食”作“不忍”，下“不食”作“不嘗”。《孟子·梁惠王上》載“君子之於禽獸也，見其生，不忍見其死；聞其聲，不忍食其肉。是以君子遠庖厨”。

[17]【顏注】師古曰：遠，音于萬反。長，音竹兩反。

夫三代之所以長久者，以其輔翼太子有此具也。[1]及秦而不然。其俗固非貴辭讓也，所上者告訐也；[2]固非貴禮義也，所上者刑罰也。使趙高傅胡亥而教之獄，[3]所習者非斬劓人，則夷人之三族也。故胡亥今日即位而明日射人，忠諫者謂之誹謗，深計者謂之妖言，[4]其視殺人若艾草菅然。[5]豈惟胡亥之性惡哉？彼其所以道之者非其理故也。[6]

卷四八

賈誼傳第十八

[1]【今注】夫三代之所以長久者以其輔翼太子有此具也：指三代能夠長久的原因，在於其具有輔翼太子的制度和措施。具，制度。

[2]【顏注】師古曰：訐謂面相斥罪也，音居謁反。【今注】所上者告訐也：指秦朝崇尚互相告發。上，同"尚"，崇尚、提倡。告訐，指揭發別人的隱私。

[3]【今注】趙高：戰國末年趙國人。趙亡後入秦爲宦者。通獄法，秦始皇任爲中車府令兼行符璽令事。教胡亥學律令。始皇死後，與李斯僞造詔書，立胡亥爲皇帝，即二世，任郎中令。陳勝起義後，誣殺李斯等，任中丞相。二世三年，殺二世，立子嬰。被子嬰所殺。著有《爰歷篇》，已佚。　胡亥：秦始皇少子。即秦二世。公元前209年至前207年在位。

[4]【今注】案，"忠諫者謂之誹謗"二句，《大戴禮記·保傅》作"忠諫者謂之誹謗，深爲計者謂之妖誣"。妖言，怪異的邪說。

[5]【顏注】師古曰：艾讀曰刈。菅，茅也，音姦。【今注】艾草菅：指刈割稻草。比喻秦二世輕殺人命。草菅，古言草菅，今言稻草（參見徐雲峰《"草菅人命"新解》，《中國農史》1986年第3期）。

[6]【顏注】師古曰："道"讀曰"導"。

鄙諺曰："不習爲吏，視已成事。"[1]又曰："前車覆，後車誡。"夫三代之所以長久者，其已事可知也；[2]然而不能從者，是不法聖智也。[3]秦世之所以亟絕者，其轍跡可見也；[4]然而不避，是後車又將覆也。夫存亡之變，治亂之機，其要在

4307

是矣。天下之命，縣於太子；太子之善，在於早諭教與選左右。[5]夫心未濫而先諭教，則化易成也；開於道術智誼之指，則教之力也。[6]若其服習積貫，則左右而已。[7]夫胡、粤之人，[8]生而同聲，耆欲不異，[9]及其長而成俗，累數譯而不能相通，行者有雖死而不相爲者，[10]則教習然也。臣故曰選左右早諭教最急。夫教得而左右正，則太子正矣，太子正而天下定矣。書曰："一人有慶，兆民賴之。"[11]此時務也。

[1]【今注】視已成事：工念孫《讀書雜志·漢書第九》曰："視已成事"，本作"如視已事"，此後人不解"如"字之義而改。已事即成事，無庸更加"成"字。如不熟習吏事，則當效法以往的先例。"已事"二字正承前文"已事可知也"而言。

[2]【顏注】師古曰：已事，已往之事。

[3]【顏注】師古曰：法謂則而效之。【今注】聖智：指道德智慧都很卓越的人。《文子》載：文子問聖智。老子曰："聞而知之，聖也；見而知之，智也。故聖人常聞禍福所生而擇其道，智者常見禍福成形而擇其行；聖人知天道吉凶，故知禍福所生；智者先見成形，故知禍福之門。聞未生，聖也，先見成形智也，無聞見者愚迷。"

[4]【顏注】師古曰：亟，急也，音居力反。車迹曰轍。

[5]【顏注】師古曰：諭，曉告也。與猶及也。

[6]【今注】智誼之指：知曉義理的要旨。王念孫《讀書雜志·漢書第九》曰："智誼之指"，本作"智誼理之指"。"智"讀曰"知"，即知道義理的要旨。《大戴禮記》《新書》並作"知義理之指"。

[7]【顏注】師古曰：貫，音工宦反。【今注】案，"若其服習積貫"二句，指養成行爲習慣受到身邊的人影響。服習，熟悉。積貫，長期積累的習慣（多指不良習慣）。

[8]【今注】胡粵：沈欽韓《漢書疏證》曰：《荀子·勸學》"干越夷貉之子，生而同聲，長而異俗，教使之然也"，與此文意同。

[9]【顏注】師古曰："耆"讀曰"嗜"。

[10]【顏注】蘇林曰：言其人之行，不能易事相爲處。【今注】行者有雖死而不相爲者：此言其人行事，雖至老死各不相助。《老子》"安其居，樂其俗，民至老死不相往來"，與此同意。此句當據作"行有雖死而不相爲者"。殿本無前一"者"字。

[11]【顏注】師古曰：《周書·呂刑》之辭也。一人，天子也。言天子有善，則兆庶獲其利。

　　凡人之智，能見已然，不能見將然。[1]夫禮者禁於將然之前，而法者禁於已然之後，是故法之所用易見，而禮之所爲生難知也。[2]若夫慶賞以勸善，刑罰以懲惡，先王執此之政，堅如金石，行此之令，信如四時，據此之公，無私如天地耳，豈顧不用哉？[3]然而曰禮云禮云者，[4]貴絕惡於未萌，而起教於微眇，[5]使民日遷善遠辠而不自知也。[6]孔子曰："聽訟，吾猶人也，必也使毋訟乎！"[7]

[1]【顏注】師古曰：將然，謂欲有其事。【今注】案，此段至"秦事以觀之也"，見《大戴禮記·禮察》，文字有刪減。

[2]【今注】是故法之所用易見而禮之所爲生難知也：指犯罪

之後以法懲治，故其作用明顯；而禮導人爲善，故其效果並不明顯。

[3]【顏注】師古曰：顧猶反也。【今注】案，"先王執此之政"七句，指在賞善罰惡方面，先王推行時如金石般堅定，如四季運行般有原則，如天地般無私，現在怎麼反而不用呢？楊樹達《漢書窺管》認爲，執此之政、行此之令、據此之公，其中"之"字爲連字，並無實際意義。

[4]【今注】禮云禮云：連續兩個"禮云"，表示重視强調禮。

[5]【顏注】師古曰：眇，細小也。【今注】起教：從開始進行培養。

[6]【顏注】師古曰：見善則遷，畏皋而離。

[7]【顏注】師古曰：《論語》載孔子之言也。言使吾聽訟，與衆人齊等，然能先以德義化之，使其無訟。【今注】案，此句見《論語·顏淵》。

爲人主計者，莫如先審取舍；[1]取舍之極定於內，而安危之萌應於外矣。[2]安者非一日而安也，危者非一日而危也，皆以積漸然，[3]不可不察也。人主之所積，在其取舍。以禮義治之者，積禮義；以刑罰治之者，積刑罰。刑罰積而民怨背，禮義積而民和親。故世主欲民之善同，而所以使民善者或異。[4]或道之以德教，或敺之以法令。[5]道之以德教者，德教洽而民氣樂；敺之以法令者，法令極而民風哀。哀樂之感，禍福之應也。秦王之欲尊宗廟而安子孫，與湯武同，然而湯武廣大其德行，六七百歲而弗失，秦王治天下，十餘歲則大敗。此亡它故矣，湯武之定取舍審而秦王之定取舍不審矣。

[1]【顏注】師古曰：取謂所擇用也。舍謂所棄置也。

[2]【顏注】師古曰：極，中也。萌，始生也。【今注】案，"取舍之極定於内"二句，指取禮舍刑則安，取刑舍禮則危。

[3]【今注】積漸：逐漸累積而成。

[4]【今注】案，"故世主欲民之善同"二句，指人主欲民向善的意願是相同的，但使民向善的方式却有法與禮的區別。

[5]【顏注】師古曰：道讀曰導。歐與驅同。下皆類此（大德本、殿本無"皆"字）。【今注】歐：迫使。

夫天下，大器也。今人之置器，置諸安處則安，置諸危處則危。天下之情與器亡以異，在天子之所置之。湯武置天下於仁義禮樂，而德澤洽，禽獸草木廣裕，[1]德被蠻貊四夷，[2]累子孫數十世，此天下所共聞也。秦王置天下於法令刑罰，德澤亡一有，而怨毒盈於世，下憎惡之如仇讎，𣃔幾及身，子孫誅絕，[3]此天下之所共見也。是非其明效大驗邪！人之言曰："聽言之道，必以其事觀之，則言者莫敢妄言。"今或言禮誼之不如法令，教化之不如刑罰，人主胡不引殷、周、秦事以觀之也？[4]

[1]【顏注】師古曰：裕，饒也。

[2]【今注】蠻貊四夷：古代稱南方和北方的少數民族。亦作"蠻貉""蠻貊"。與"四夷"同義。

[3]【顏注】師古曰：幾，音鉅依反。

[4]【顏注】師古曰：胡，何也。

　　人主之尊譬如堂，群臣如陛，衆庶如地。故陛九級上，廉遠地，則堂高；[1]陛亡級，廉近地，則堂卑。高者難攀，卑者易陵，[2]理執然也。故古者聖王制爲等列，内有公、卿、大夫、士，[3]外有公、侯、伯、子、男，[4]然後有官師、小吏，[5]延及庶人，等級分明，而天子加焉，故其尊不可及也。

　　[1]【顏注】師古曰：級，等也。廉，側隅也。【今注】案，王先謙《漢書補注》引王文彬説，"陛九級上"，指天子階爲九等，每一尺爲一級。《儀禮・燕禮》賈公彦疏云："《禮器》云：'天子之堂九尺，諸侯七尺，大夫五尺，士三尺。'《士冠禮》'降三等受爵弁'，鄭注云：'降三等下至地。'則士三階。以此推之，則一尺爲一階；大夫五尺，五等階；諸侯七尺，七等階；天子九尺，九等階可知。"廉，廳堂的側邊。

　　[2]【顏注】師古曰：陵，乘也。

　　[3]【今注】公卿大夫士：周制以公、卿、大夫分爲三等，爲内爵，封於畿内。而對於公、卿、大夫等名的意義，《白虎通・爵》："公之爲言，公正無私也；卿之爲言，章善明理也；大夫之爲言大扶，扶進人者也。故傳曰：進賢達能，謂之大夫。"士，任事之人。大夫分上下，士分上中下。

　　[4]【今注】公侯伯子男：周制，公一等，侯一等，伯、子、男各一等，公、侯、伯、子、男凡五等，爲外爵，封於畿外。據《白虎通・爵》引《公羊傳》，天子三公稱公，王者之後稱公，其餘大國稱侯，小者稱伯子男。

[5]【顏注】師古曰：官師，一官之長。

　　里諺曰："欲投鼠而忌器。"此善諭也。鼠近於器，尚憚不投，恐傷其器，況於貴臣之近主乎![1]廉恥節禮以治君子，[2]故有賜死而亡戮辱。是以黥劓之辠不及大夫，[3]以其離主上不遠也。禮不敢齒君之路馬，蹵其芻者有罰；[4]見君之几杖則起，[5]遭君之乘車則下，入正門則趨；君之寵臣雖或有過，刑戮之辠不加其身者，尊君之故也。[6]此所以爲主上豫遠不敬也，[7]所以體貌大臣而厲其節也。[8]今自王侯三公之貴，皆天子之所改容而禮之也，[9]古天子之所謂伯父、伯舅也，[10]而令與衆庶同黥劓髡刖笞僇棄市之法，[11]然則堂不亡陛虖？被戮辱者不泰迫虖？[12]廉恥不行，大臣無迺握重權，大官而有徒隸亡恥之心虖？夫望夷之事，二世見當以重法者，[13]投鼠而不忌器之習也。

[1]【顏注】師古曰：近，音其靳反。【今注】案，指當時丞相絳侯周勃被人告謀反，後又復爵邑的事。詳見本書卷四〇《周勃傳》。

[2]【今注】案，王先謙《漢書補注》曰：《群書治要》引作"禮節"，《新書》同。《資治通鑑》作"節禮"，則司馬光所見《漢書》已與今本同。

[3]【今注】黥：古代在人臉上刺字並塗墨的刑罰。　劓：古代割去鼻子的酷刑。

[4]【顏注】師古曰：齒謂審其齒歲也。芻，所食之草也。

蹵音千六反。【今注】案，"不敢齒君之路馬"二句，指不敢與天子的路馬並列而行，以足踏路馬的草料則將受處罰（誅死）。《禮記·曲禮》載"以足蹵路馬芻有誅，齒路馬有誅"。齒路馬即以他馬與天子路馬並列而行。齒爲齒列之義。路馬，即輅馬。天子所乘車。蹵，踩踏。

　　[5]【今注】几杖：几案和拐杖，供老者使用。賜几杖有敬老之意。

　　[6]【今注】案，"君之寵臣雖或有過"三句，指君王尊重的大臣如有罪錯，也不會被施加刑罰，是出於尊敬君王的需要。寵臣，蓋爲君所貴愛之臣也。不得援寵幸爲説。

　　[7]【顏注】師古曰：遠，離也。【今注】豫遠不敬：指事先遠離引起對上不敬的事情。

　　[8]【顏注】師古曰：體貌，謂加禮容而敬之。

　　[9]【今注】案，"今自王侯三公之貴"二句，指當時王侯多是高祖舊部，對於文帝來説屬於長輩，應當尊重禮遇。改容，改變神色、態度。

　　[10]【顏注】師古曰：天子呼諸侯長者，同姓則曰伯父，異姓則曰伯舅。伯，長也。

　　[11]【顏注】蘇林曰：偶音罵。【今注】黥劓髡刖笞偶棄市：即前文所提到的各種刑罰。髡，剃去頭髮。刖，斬斷足。笞，以木杖、竹杖或荊條鞭打犯人。偶，"罵"的本字。辱罵。棄市，指將犯人處死後，把尸體暴露於街頭。

　　[12]【顏注】師古曰：迫，迫天子也。

　　[13]【顏注】如淳曰：決罪曰當。閻樂殺二世於望夷宮，本由秦制無忌上之風也。【今注】案，"夫望夷之事"二句，王先謙《漢書補注》曰：趙高殺秦二世，實爲弒逆，不可稱爲以法定二世之罪。當以重法即處死。當，意爲處其罪。此事指秦二世三年（前207），趙高派閻樂率千餘人至望夷宮殿門，逼二世自殺。望夷，秦

宮名。在今陝西涇陽縣東南涇水南岸余家堡村北。

　　臣聞之，履雖鮮不加於枕，冠雖敝不以苴履。[1]大嘗已在貴寵之位，天子改容而體貌之矣，吏民嘗俯伏以敬畏之矣，今而有過，帝令廢之可也，退之可也，賜之死可也，滅之可也；若夫束縛之，係緤之，[2]輸之司寇，編之徒官，[3]司寇小吏詈罵而榜笞之，[4]殆非所以令衆庶見也。夫卑賤者習知尊貴者之一旦，吾亦迺可以加此也，[5]非所以習天下也，非尊尊貴貴之化也。[6]夫天子之所嘗敬，衆庶之所嘗寵，死而死耳，賤人安宜得如此而頓辱之哉！[7]

　　[1]【顏注】師古曰：苴者，履中之藉也，音子余反。【今注】案，“履雖鮮不加於枕”二句，指尊卑名分不能混亂顛倒。苴，用苴麻做成的鞋墊。

　　[2]【顏注】師古曰：緤謂以長繩係之也。緤，音先列反。

　　[3]【顏注】師古曰：司寇，主刑罰之官。編，次列也。【今注】司寇：王念孫《讀書雜志·漢書第九》曰：此處及下文兩“司寇”皆當作“司空”。司空掌役使罪人，故曰“輸之司空，編之徒官”。徒，指役徒。後文“司空小吏詈罵而榜笞之”，指因役徒勞作不符合要求，則小吏笞打辱罵他們。周壽昌《漢書注校補》曰：秦廢周制，不稱司寇，名大理。又名廷尉。漢承秦制，有廷尉無司寇。哀帝元壽二年（前1），雖有司寇一職，但哀帝即位時間不長即崩，並未竟其事。故終漢世無此官。陳直《漢書新證》亦同意王念孫改“司寇”爲“司空”。司寇僅爲漢代刑罰名，未曾設司寇之官。同“伺寇”，謂把罪犯罰往邊地戍守防敵。婦女不宜派在

邊地，則改服類似司寇的勞役，稱爲“作如司寇”。刑期均爲二年。一說司寇，實是“筍簏”的省筆，筍，盛飯器，圓曰簞，方曰筍；簏或即簞之別名。筍簏，即以編織精緻竹器爲内容的自由刑和勞動刑（見蔡樞衡《中國刑法史》第六章，中國法制出版社 2005 年版）。

［4］【顏注】師古曰：榜音彭。

［5］【顏注】蘇林曰：知其有一旦之刑。

［6］【今注】案，“夫卑賤者”至“非尊尊貴貴之化也”，指尊貴者一旦獲罪，也可以被施加各種刑罰，這並不利於教化天下，不能養成尊貴者受尊重的風氣。

［7］【今注】案，“夫天子之所嘗敬”至“如此而頓辱之哉”，指尊貴者曾經受到天子敬重，以及衆人的愛戴，死就死了，卑賤者怎麼能這樣污辱他呢？頓辱，污辱。頓，使之困頓。此句中“寵”與“敬”字當互換。大臣爲天子所寵，爲衆庶所敬，不當混用。

　　豫讓事中行之君，[1]智伯伐而滅之，[2]移事智伯。及趙滅智伯，豫讓釁面吞炭，[3]必報襄子，五起而不中。[4]人問豫子，豫子曰：“中行衆人畜我，我故衆人事之；智伯國士遇我，我故國士報之。”[5]故此一豫讓也，反君事讎，行若狗彘，已而抗節致忠，行出虜列士，人主使然也。故主上遇其大臣如遇犬馬，彼將犬馬自爲也；如遇官徒，[6]彼將官徒自爲也。頑頓亡恥[7]臭訬亡節，[8]廉恥不立，且不自好，[9]苟若而可，[10]故見利則逝，見便則奪。[11]主上有敗，則因而挺之矣；[12]主上有患，則吾苟免而已，立而觀之耳；有便吾身者，則欺賣而利之耳。人主將何便於此？[13]群下至衆，而主上至少也，所託財器職業者粹於群下也。[14]俱亡恥，俱苟妄，則主上最病。故古者禮不及庶人，刑不至大夫，[15]所以屬寵臣之節也。

[1]【今注】豫讓，春秋末年刺客。晉國人。事迹見《戰國策·趙策一》、《史記》卷八六《刺客列傳》。 中行之君：中行文子荀寅。春秋時期晉國六卿之一，爲下卿。公元前 513 年，鑄刑鼎。因邯鄲大夫趙午被趙鞅所殺，故與趙鞅争鬬。後失敗奔齊國。

[2]【顔注】師古曰：行，音胡剛反（胡，蔡琪本同，大德本、殿本作"户"）。【今注】智伯伐而滅之：《史記》卷四三《趙世家》載，公元前 455 年，智伯與韓、趙、魏共攻晉出公，出公奔齊。智伯乃立晉懿公。智伯更加驕横，向趙索取土地。趙不與，故智伯怨恨，率韓、魏攻趙。趙襄子私下與韓、魏合謀，三家反攻，滅智氏，共分其封地。智伯，荀瑶。又作"知伯""知襄子"。春秋時期晉六卿之一。

[3]【顔注】鄭氏曰：黌，漆面以易貌。吞炭，以變聲也。師古曰：黌，熏也，以毒藥熏之。【今注】黌面吞炭：指以漆塗面，吞炭使聲音改變。劉向《戰國策》作"漆身爲厲，滅鬚去眉"，《史記·刺客列傳》作"漆身爲厲，吞炭爲啞"。

[4]【今注】五起而不中：指豫讓五次刺殺智伯而不成功。五次分別指宫塗厠、橋下兩次，及拔劍三躍。

[5]【今注】國士：吕思勉《秦漢史》以國士爲國中戰鬬之士。即《左傳》成公十六年所謂"國士在且厚"。哀公八年所謂"不足以害吴，而多殺國士"。古之精兵，皆萃於國都，而王卒尤强。

[6]【今注】官徒：官府的徒隸。

[7]【顔注】師古曰：頓讀曰鈍（大德本、殿本作"頓音鈍"）。【今注】頑頓亡恥：愚蠢不知羞辱。

[8]【顔注】師古曰：夐詬，謂無志分也。夐音胡結反。詬音后。【今注】夐詬亡節："夐"又作"謏"，本義爲耻辱。但此處意爲目光短淺，没有志向。《懸泉漢簡》賊律："毆親父母及同産，耐爲司寇，作如司寇。其夐詢（詬）詈之，罰金一斤。"當作"羞辱""辱罵"之義。

[9]【顔注】師古曰：自好猶言自喜也。好音呼倒反。

[10]【顔注】師古曰：若猶然。【今注】苟若而可：苟且如此即可。

[11]【顔注】師古曰：逝，往也。【今注】故見利則逝見便則奪：指見到好處便宜就前去奪取。《新書·階級》作"見利則趨，見便則奪"。

[12]【顔注】服虔曰：音挺起（蔡琪本、大德本、殿本"起"後有"也"字）。師古曰：挺，音式延反。【今注】主上有敗則因而挺之：指君王一旦有敗亂之事，則趁機撈取好處。挺，取。

[13]【顔注】師古曰：此於人主爲不便也。便音頻面反。

[14]【顔注】蘇林曰：粹，純也。言其執悉在群下。【今注】所託財器職業者粹於群下也：指君王所託付的財産、器物、權勢都在群臣手中。職業，《荀子·富國》注"職業，謂官職"，此處指權勢。

[15]【今注】案，"禮不及庶人"二句，指不爲庶人制定禮樂。除此之外，士以上皆有相應的禮樂制度。不對士大夫以上施加刑罰。《禮記·曲禮》作"國君撫式，大夫下之。大夫撫式，士下之。禮不下庶人，刑不上大夫"。《新書·階級》作"禮不及庶人，刑不至君子"。

　　古者大臣有坐不廉而廢者，[1]不謂不廉，曰"簠簋不飾"；[2]坐汙穢淫亂男女亡別者，不曰汙穢，曰"帷薄不脩"；坐罷軟不勝任者，不謂罷軟，曰"下官不職"。[3]故貴大臣定有其皋矣，猶未斥然正以讓之也，[4]尚遷就而爲之諱也。故其在大譴大何之域者，[5]聞譴何則白冠氂纓，[6]盤水加劍，[7]造請室而請皋耳，[8]上不執縛係引而行也。其有中罪者，聞命而自弛，[9]上不使人頸盭而加也。[10]其有大皋者，聞命則北面再拜，跪而自裁，[11]上不使捽抑而刑之也，[12]曰："子大夫自有過耳！[13]吾遇子有禮矣。"遇之有禮，故群臣自憙；[14]嬰以廉恥，故人矜節行。[15]上設廉恥禮義以遇其臣，而臣不以節行報其上者，則非人類也。

[1]【今注】古者大臣有坐不廉而廢者：此句至"子大夫自有過耳"，又見於《孔叢子·五刑解》。除簠簋不飾、帷薄不修、下官不職之外，還有臣節未著、行事不請。

[2]【顏注】師古曰：簠簋，所以盛飯也。方曰簠，圓曰簋。簠音甫，又音扶。簋音軌。【今注】簠簋不飾：陸佃《埤雅》卷二認爲，龜有靈德，伏匿而噎，善潛而不志於養，故古者簠簋皆爲龜形於其上，而大臣以貪墨坐廢者曰簠簋不飾。

[3]【顏注】師古曰：罷，廢於事也。軟，弱也。罷讀曰疲。軟音人兗反。【今注】下官不職：指官員不稱職，可以剝奪其官職，而不會辱及人身。

[4]【顏注】師古曰：讓，古呼字。

[5]【顏注】師古曰：譴，責也。何，問也。域，界局也。

[6]【顏注】鄭氏曰：以毛作纓。白冠，喪服也。【今注】白冠氂纓：用毛製的繫在頷下的冠帶。《荀子·正論》鄭玄注云"凶冠之飾，令罪人服之"。《孔子家語·五刑》作"白冠犛纓"。《荀

子·正論》作"慅嬰"，楊倞注認爲當爲"澡纓"，謂澡濯其布爲纓。澡或讀爲草。又作"草纓"，戴在罪犯冠上的草帶。《慎子》作"以草纓當劓"。

　　[7]【今注】盤水加劍：如淳曰水性平，若己有正罪，君以平法治之也。加，當以自刎也。或殺牲者以盤水取頸血，故示若此也。

　　[8]【顔注】應劭曰：請室，請罪之室。蘇林曰：音絜清。胡公漢官車駕出有請室令在前先驅，此官有別獄也。如淳曰：水性平，若己有正罪，君以平法治之也。加劍，當以自刎也。或曰，殺牲者以盤水取頸血，故示若此也。師古曰：應、如二說皆是。【今注】請室：請罪之室，爲請室令所屬。囚禁有罪貴族官吏的牢獄，使其在内思過，請求皇帝恕罪。亦作"清室""静室"。《孔叢子》作"造乎闕"。

　　[9]【顔注】師古曰：中罪，非大非小也。弛，廢也，自廢而死。弛，音式尔反。【今注】聞命而自弛：王先謙《漢書補注》認爲，聞命而免衣冠，就桎械，自毁其容儀，不待天子使人引頸而受剥去衣冠的羞辱。此雖不至大罪，然比起譴，何之罪更爲嚴重。不能身著冠纓而請罪，故須自毁而就獄。罪不至死，故稱中罪。弛，意爲毁壞。

　　[10]【顔注】蘇林曰：不戾其頸而親加刀鋸也。師古曰：盭，古戾字，音盧結反。【今注】頸盭（lì）：引頸受刑。但王先謙《漢書補注》認爲，既然是中罪，何至於引頸而受刀鋸之刑？

　　[11]【顔注】師古曰：裁，謂自刑殺也。【今注】北面再拜：北面，古代尊長面南而坐，卑幼叩拜，朝向北面。再拜，古代禮儀，先後拜兩次，表示恭敬。

　　[12]【顔注】師古曰：捽，持頭髮也。抑謂按之也。捽音才兀反。

　　[13]【顔注】服虔曰：子者，男子美號。

[14]【顔注】師古曰：憙讀曰喜，音許吏反。憙，好也，好爲志氣也。

[15]【顔注】師古曰：嬰，加也。矜，尚也。

　　故化成俗定，則爲人臣者主耳忘身，[1]國耳忘家，公耳忘私，利不苟就，害不苟去，唯義所在。上之化也，故父兄之臣誠死宗廟，[2]法度之臣誠死社稷，[3]輔翼之臣誠死君上，守圉扞敵之臣誠死城郭封疆。故曰聖人有金城者，比物此志也。[4]彼且爲我死，故吾得與之俱生；彼且爲我亡，故吾得與之俱存；夫將爲我危，故吾得與之皆安。[5]顧行而忘利，守節而伏義，故可以託不御之權，可以寄六尺之孤。[6]此厲廉恥行禮誼之所致也，主上何喪焉！[7]此之不爲，而顧彼之久行，[8]故曰可爲長大息者此也。[9]

[1]【顔注】孟康曰：唯爲主耳，不念其身。【今注】案，《新書》“耳”皆作“醜”，醜亦恥。

[2]【今注】父兄之臣：指同姓大臣。

[3]【今注】法度大臣：指掌管法令制度的大臣。

[4]【顔注】李奇曰：志，記也。凡此上陳廉恥之事，皆古記也。如淳曰：比謂比方也。使忠臣以死社稷之志，比於金城也。師古曰：二家之說皆非也。此言聖人屬此節行以御群下，則人皆懷德，勠力同心，國家安固不可毀狀若金城也（狀，蔡琪本、大德本同，殿本作“拔”）。尋其下文，義可曉矣。【今注】案，“故曰聖人有金城者”，指臣子能效忠國家，所以政權鞏固。“聖人有金城”的説法，正是比喻此意。

[5]【顏注】師古曰：夫，夫人也，亦猶彼人耳。夫音扶。【今注】案，“彼且爲我死”至“故吾得與之皆安”，指臣子要爲我（指君王）去死，我却能跟他們一起活下來。他們要爲我而舍身，我却能同他們共存。他們將爲我遭受危難，可是我却能與他們共同安定。

[6]【顏注】應劭曰：言念主忘身，憂國忘家，如此，可託權柄，不須復制御也。六尺之孤，未能自立者也。【今注】案，“顧行而忘利”至“寄六尺之孤”，指他們能爲顧全品行而忘掉私利，爲保守氣節而服從正義，所以可以把大權交給他們，也可以把幼主託付給他們。不御之權，指不加控制的權力。六尺之孤，原指年十五以下的兒童。此處指皇帝的幼子。伏，大德本同，殿本作“仗”。

[7]【顏注】師古曰：如此則於主上無所失。

[8]【顏注】服虔曰：彼謂亡國也。師古曰：顧，反也。久謂久行之也。言何不爲投鼠忌器之法，而反久行無陛級之事。【今注】案，“此之不爲”二句，指不以禮義廉耻遇其臣，而經常戮辱其臣。

[9]【顏注】師古曰：誼上疏言可爲長大息者六，今此至三而止，蓋史家直取其要切者耳。故下贊云撮其切於世事者著于傳。

是時丞相絳侯周勃免就國，人有告勃謀反，逮繫長安獄治，[1]卒亡事，復爵邑，故賈誼以此譏上。上深納其言，養臣下有節。是後大臣有罪，皆自殺，不受刑。至武帝時，稍復入獄，自甯成始。[2]

[1]【今注】長安獄：西漢長安中都官諸獄。

[2]【今注】甯成：西漢酷吏。南陽穰（今河南鄧州市）人。傳見本書卷九〇。

　　初，文帝以代王入即位，[1]後分代爲兩國，[2]立皇子武爲代王，參爲太原王，小子勝則梁王矣。[3]後又徙代王武爲淮陽王，[4]而太原王參爲代王，盡得故地。居數年，[5]梁王勝死，亡子。[6]誼復上疏曰：

　　[1]【今注】以代王入即位：高祖十一年（前196）誅陳豨，定代地，立劉恒爲代王，都晉陽縣（今山西太原市西南）。高后八年（前180）以代王即位。

　　[2]【今注】後分代爲兩國：按本書《諸侯王表》，在文帝二年（前178）。以劉武爲代王，都代縣（今河北蔚縣東北）。以劉參爲太原王，都晉陽縣（今山西太原市西南）。案，劉武、劉參，傳見本書卷四七。

　　[3]【今注】勝：梁懷王劉揖。傳見本書卷四七。　梁：都睢陽（今河南商丘市睢陽區）。

　　[4]【今注】徙代王武爲淮陽王：二事均在文帝三年。淮陽，王國名。都陳縣（今河南淮陽縣）。

　　[5]【今注】居數年：按本書《諸侯王表》，劉勝被封梁王在文帝元年，文帝十年薨。

　　[6]【今注】案，王先謙《漢書補注》引汪中説，梁王薨，無子，國除，則王國之官也應當省除。所以，賈誼此時上書請益封梁、淮陽，則是以故梁王太傅二千石留在長安。

　　陛下即不定制，如今之執，不過一傳再傳，[1]諸侯猶且人恣而不制，豪植而大强，[2]漢法不得行矣。陛下所以爲蕃扞及皇太子之所恃者，唯淮陽、代二國耳。[3]代北邊匈奴，與强敵爲鄰。能自完則足矣。而淮陽之比大諸侯，廑如黑子之著面，[4]適足以餌大國耳，[5]不足以有所禁禦。方今制在陛下，制國而令子適足以爲餌，豈可謂工哉！人主之行異布衣。布衣者，飾小行，競小廉，以自託於鄉黨，人主唯天下安社稷固不耳。高皇帝瓜分天下以王功臣，反者如蝟毛而起，[6]以爲不可，故蕲去不義諸侯而虛其國。[7]擇良日，立諸子雒陽上東門之外，[8]畢以爲王，[9]而天下安。故大人者，不牽小行，以成大功。

[1]【顏注】服虔曰：一二傳世也。

[2]【顏注】師古曰：植，立也。

[3]【顏注】師古曰：蕃翰得宜，則嗣主安固（主，蔡琪本、殿本作"王"），故云皇太子之所恃也。

[4]【顏注】師古曰：黑子，今所謂黶子也。著音直略反。

[5]【顏注】師古曰：餌謂爲其所吞食。

[6]【顏注】師古曰：蝟，蟲名也，其毛爲刺，音謂。

[7]【顏注】如淳曰：不誼諸侯，彭越、黥布等。師古曰：蕲讀與芟同，謂芟刈之。

[8]【顏注】師古曰：諸侯國皆在關東，故於東門外立之也。東面最北出門曰上東門。【今注】立諸子雒陽上東門之外：據《漢書考證》齊召南説：考本書卷一《高紀》，高帝雖自雒陽入都關中，而六年（前201）封子肥爲齊王，七年封子如意代王，九年徙王趙，十一年立子恒爲代王，子恢梁王，子友淮陽王，帝實在雒陽行封冊。祇有立子長淮南王，十二年立子建燕王，在長安。賈生從其最多者言之。雒陽亦有上東門，與長安門同名。以地勢言之，燕、趙、代在雒陽東北，齊、梁在其東，吳、楚、淮南則在其東南。

[9]【顏注】師古曰：畢猶盡（蔡琪本、大德本同，殿本此注在"而天下安"後）。

　　今淮南地遠者或數千里，越兩諸侯，[1]而縣屬於漢。[2]其吏民繇役往來長安者，自悉而補，中道衣敝，[3]錢用諸費稱此，[4]其苦屬漢而欲得王至甚，浦逃而歸諸侯者已不少矣。其埶不可久。臣之思計，願舉淮南地以益淮陽，而爲梁王立後，割淮陽北邊二三列城[5]與東郡以益梁；不可者，可徙代王而都睢陽。梁起於新郪以北著之河，[6]淮陽包陳以南揵之江，[7]則大諸侯之有異心者，破膽而不敢謀。梁足以扞齊、趙，淮陽足以禁吳、楚，陛下高枕，終亡山東之憂矣，此二世之利也。[8]當今恬然，適遇諸侯之皆少，[9]數歲之後，陛下且見之矣。夫秦日夜苦心勞力以除六國之虥，今陛下力制天下，頤指如意，[10]高拱以成六國之虥，難以言智。苟身亡事，畜亂宿虥，孰視而不定，[11]萬年之後，傳之老母弱子，將使不寧，不可謂仁。臣聞聖主言問其臣而不自造事，[12]故使人臣得畢其愚忠。唯陛下財幸！[13]

[1]【顏注】師古曰：越，過也。兩諸侯，梁及淮陽。

[2]【顏注】師古曰：爲縣而屬漢。【今注】縣屬於漢：越兩國之地而遠屬於漢。縣，同"懸"。遠離。

[3]【顏注】應劭曰：自悉其家資財，補縫作衣。師古曰：悉，盡也。

　　[4]【顏注】師古曰：稱，音尺孕反。

　　[5]【顏注】孟康曰：列城，縣（蔡琪本、大德本同，殿本此注在“與東郡以益梁”後）。

　　[6]【顏注】師古曰：新郪，潁川縣也。郪，音千移反。著，音直略反。【今注】案，睢陽，蔡琪本、殿本同，大德本作“淮陽”。

　　[7]【顏注】晉灼曰：包，取也。如淳曰：捷謂立封界也。或曰，捷，接也。師古曰：捷音鉅偃反。【今注】捷：王念孫《讀書雜志·漢書第九》曰：“捷”當爲“捷”字之誤。隸書“捷”字或作“捷”，與“捷”字相似，因誤而爲“捷”。是“捷”與“接”字異而義同。

　　[8]【顏注】如淳曰：從誼言可二世安耳。師古曰：言帝身及太子嗣位之時。

　　[9]【顏注】師古曰：恬，安也。少謂年少。

　　[10]【顏注】如淳曰：但動頤指麾，則所欲皆如意。【今注】頤指如意：王念孫《讀書雜志·漢書第九》曰，“頤”當爲“顧”。顧指，謂目顧人而指使之。

　　[11]【顏注】師古曰：“畜”讀曰“蓄”。【今注】案，孰，蔡琪本、殿本作“熟”。

　　[12]【顏注】師古曰：欲發言則問其臣。【今注】言問：詢問。

　　[13]【顏注】師古曰：財與裁同。裁擇而幸從其言。【今注】財幸：稍微留意。財，同“少”。

　　文帝於是從誼計，迺徙淮陽王武爲梁王，[1]北界泰山，西至高陽，[2]得大縣四十餘城；[3]徙城陽王喜爲淮南王，[4]撫其民。

　　[1]【今注】案，淮陽王劉武，文帝十二年（前168）徙梁。

　[2]【今注】高陽：縣名。治所在今河北高陽縣東。

　[3]【今注】大縣：漢代人口萬户以上的縣爲大縣，長官爲縣令，秩千石。

　[4]【今注】城陽：王國名。都莒縣（今山東莒縣）。

　　時又封淮南厲王四子皆爲列侯。[1]誼知上必將復王之也，上疏諫曰："竊恐陛下接王淮南諸子，[2]曾不與如臣者孰計之也。淮南王之悖逆亡道，天下孰不知其辠？[3]陛下幸而赦遷之，自疾而死，天下孰以王死之不當？今奉尊罪人之子，適足以負謗於天下耳。[4]此人少壯，豈能忘其父哉？[5]白公勝所爲父報仇者，大父與伯父、叔父也。[6]白公爲亂，非欲取國代主，[7]發忿快志，剡手以衝仇人之匈，[8]固爲俱靡而已。[9]淮南雖小，黥布嘗用之矣，漢存特幸耳。[10]夫擅仇人足以危漢之資，於策不便。[11]雖割而爲四，四子一心也。予之衆，積之財，此非有子胥、白公報於廣都之中，即疑有刺諸、荆軻起於兩柱之閒，[12]所謂假賊兵爲虎翼者也。[13]願陛下少留計！"

　　[1]【今注】淮南厲王四子皆爲列侯：據本書卷四《文紀》，梁王勝死在文帝十一年（前169），封厲王四子在文帝八年，班氏載此事於前疏後，因諫王淮南諸子亦在文帝十一年。

　　[2]【顔注】孟康曰：接，音"挾"，挾持欲王淮南諸子也。臣瓚曰：謂以恩接待而王之。師古曰：二説皆非也。謂接今時當即王之，言不久也。接猶續也，猶今人言續復爾。

　　[3]【顔注】師古曰：悖，惑也，音布内反。

　　[4]【顔注】師古曰：言若尊王其子，則是厲王無罪，漢枉

殺之。

[5]【顏注】師古曰：少壯，猶言稍長大。

[6]【顏注】師古曰：白公，楚平王之孫，太子建之子也。大父即祖，謂平王也。伯父、叔父，平王諸子也。事見《春秋傳》。

[7]【今注】案，非欲取國代主，蔡琪本、大德本、殿本句末有“也”字。

[8]【顏注】師古曰：刿，利也，音弋冉反。

[9]【顏注】師古曰：言與仇人俱滅斃也。靡，碎也，音武皮反（皮，蔡琪本、殿本作“彼”）。

[10]【顏注】師古曰：言漢之勝布得存，此直天幸耳。

[11]【顏注】師古曰：言假四子以資權，則當危漢。

[12]【顏注】師古曰：剸諸刺吳王，荆軻刺秦皇。事見《春秋傳》及《燕丹子》也。

[13]【顏注】應劭曰：《周書》云：“無爲虎傅翼，將飛入邑，擇人而食之。”【今注】假賊兵爲虎翼：王先謙《漢書補注》曰：假，借。《史記》卷七九《范睢蔡澤列傳》“齊所以大破者，以其伐楚而肥韓魏也。此所謂借賊兵齎盜糧者也”。“假賊兵”與“爲虎翼”是二喻。

梁王勝墜馬死，[1]誼自傷爲傅無狀，[2]常哭泣，後歲餘，亦死。賈生之死，[3]年三十三矣。

[1]【顏注】李奇曰：《文三王傳》言揖，此言勝，爲有兩名。

[2]【顏注】師古曰：無善狀。

[3]【今注】賈生之死：王先謙《漢書補注》引汪中説，梁懷王死，本書卷四《文紀》在文帝十一年（前169），《諸侯王表》云

十年，當以本紀爲正確。則賈生之卒在文帝十二年，其生在高帝七年（前200）。案，《文紀》封齊悼惠王、淮南厲王諸子在文帝十六年，下文云後四年，是賈誼之死爲文帝十二年無疑。

後四歲，齊文王薨，亡子。文帝思賈生之言，迺分齊爲六國，盡立悼惠王子六人爲王；[1]又遷淮南王喜於城陽，而分淮南爲三國，盡立厲王三子以王之。後十年，文帝崩，[2]景帝立，三年而吳、楚、趙與四齊王合從舉兵，[3]西鄉京師，[4]梁王扞之，卒破七國。至武帝時，淮南厲王子爲王者兩國亦反誅。孝武初立，舉賈生之孫二人至郡守。賈嘉最好學，世其家。[5]

[1]【今注】盡立悼惠王子六人爲王：王先謙《漢書補注》認爲，賈誼前疏言"梁足扞齊、趙，淮陽足禁吳、楚"。文帝考慮到齊國强大難以限制，正好齊文王薨，故文帝按賈誼所説，分王悼惠六子，以削弱其勢力。

[2]【今注】案，據本書卷四《文紀》，"十"當爲"七"。

[3]【顏注】韋昭曰：四齊王，膠東、膠西、菑川、濟南也。師古曰：從，音子容反。

[4]【顏注】師古曰："鄉"讀曰"嚮"。

[5]【顏注】師古曰：言繼其家業。

贊曰：劉向稱"賈誼言三代與秦治亂之意，其論甚美，通達國體，雖古之伊、管未能遠過也。[1]使時見用，功化必盛。爲庸臣所害，甚可悼痛。"追觀孝文玄默躬行以移風俗，[2]誼之所陳略施行矣。及欲改定制度，以漢爲土德，色上黄，數用五，[3]及欲試屬國，施五餌三表以係單于，[4]其術固以疏矣。誼亦天年早終，雖不至公卿，未爲不遇也。凡所著述五十八篇，掇其切於世事者著于傳云。[5]

[1]【顏注】師古曰：伊，伊尹。管，管仲。

[2]【顏注】師古曰：躬行，謂身親儉約之行也，自追觀以下，並史家之詞。

[3]【今注】案，"及欲改定制度"至"數用五"，周壽昌《漢書注校補》謂，武帝太初元年（前104）夏五月，正曆，遂以正月爲歲首，色上黃，數用五，似皆追行賈生之言。

[4]【顏注】師古曰：賈誼書謂愛人之狀，好人之技，仁道也；信爲大操，常義也；愛好有實，已諾可期，十死一生，彼將必至：此三表也。賜之盛服車乘以壞其目；賜之盛食珍味以壞其口；賜之音樂婦人以壞其耳；賜之高堂邃宇倉庫奴婢以壞其腹；於來降者，上以召幸之，相娛樂，親酌而手食之，以壞其心：此五餌也。

[5]【顏注】師古曰：掇，拾也，音丁活反。

漢書　卷四九

爰盎鼂錯傳第十九^[1]

[1]【顏注】師古曰：鼂，古朝（蔡琪本、大德本、殿本
"朝"後有"字"字），其下作朝，蓋通用耳。【今注】案，凌稚
隆《漢書評林》云，爰盎、鼂錯兩人互相讒殺，鼂錯死於爰盎，而
爰盎亦不免於刺客之手，命運相似，故合爲一傳。

爰盎字絲。其父楚人也，^[1]故爲群盜，徙安陵。^[2]
高后時，^[3]盎爲呂禄舍人。^[4]孝文即位，^[5]盎兄噲任盎
爲郎中。^[6]

[1]【顏注】師古曰：盎音一浪反。【今注】爰盎：《史記》
卷一〇一《袁盎鼂錯列傳》作"袁盎"。"爰"與"袁""轅"
通。然陳直《漢書新證》據漢印認爲，漢代爰、袁、轅自有區別，當以
"爰"字爲正體。陳氏還認爲，"盎"當爲"紻"字的假借，所據
《説文》："紻，纓卷也，謂冠纓曲而繞。"與"絲"字含義相近。
　楚：指戰國末期的楚國地區。
[2]【顏注】師古曰：群盜者，群衆相隨而爲盜也。【今注】
故爲群盜：據《史記·袁盎鼂錯列傳》"父故爲群盜，徙處安陵"，
爰盎之父爲盜。　安陵：縣名。治所在今陝西咸陽市東北。漢惠帝
建安陵於此，因置縣。

[3]【今注】高后：吕雉。字娥姁。單父（今山東單縣）人。劉邦稱帝後，輔佐高祖誅韓信、彭越等異姓諸侯王。其子惠帝即位後，實際掌權。惠帝崩後，臨朝稱制，封諸吕爲王侯，共掌握政權十六年（前195—前180）。紀見本書卷三。

[4]【今注】吕禄：吕后之侄。吕后七年（前181）封趙王。吕后八年，爲上將軍，居北軍。高后死，與諸吕爲周勃等所誅。舍人：戰國至西漢初對左右親近之人的通稱。

[5]【今注】孝文：漢文帝劉恒。公元前179年至前158年在位。紀見本書卷四。

[6]【顏注】如淳曰：盎爲兄所保任，故得爲郎中也。【今注】郎中：官名。九卿之一郎中令（光禄勳）屬官。掌守衞宮殿門户，出充車騎扈從。秩比三百石。又分車、户、騎郎。案，郎中，《史記·袁盎鼂錯列傳》作“中郎”。

　　絳侯爲丞相，[1]朝罷趨出，意得甚。[2]上禮之恭，常目送之。[3]盎進曰：“丞相何如人也？”上曰：“社稷臣。”盎曰：“絳侯所謂功臣，非社稷臣。社稷臣主在與在，主亡與亡。[4]方吕后時，諸吕用事，擅相王，[5]劉氏不絕如帶。[6]是時絳侯爲太尉，[7]本兵柄，[8]弗能正。[9]吕后崩，大臣相與共誅諸吕，太尉主兵，適會其成功，所謂功臣，非社稷臣。丞相如有驕主色，陛下謙讓，[10]臣主失禮，竊爲陛下弗取也。”後朝，上益莊，丞相益畏。[11]已而絳侯望盎曰：“吾與汝兄善，今兒迺毁我！”[12]盎遂不謝。

[1]【今注】絳侯：周勃。漢高祖六年（前201）正月封絳侯。傳見本書卷四〇。

[2]【顏注】師古曰：意甚自得也。

[3]【今注】目送之：《史記》卷一〇一《袁盎鼂錯列傳》“目”作“自”，裴駰《集解》引徐廣曰：“自，一作‘目’。”王先謙《漢書補注》以君主無自送臣下的道理，文帝尊禮絳侯，也不應親自送行，應以“目送”爲是。然《史記》卷七三《白起王翦列傳》有“於是王翦將兵六十萬人，始皇自送至灞上”，“自送”亦有道理。

[4]【顏注】如淳曰：人主在時，與共治在時之事；人主雖亡，其法度存，當奉行之（當，蔡琪本作“常”）。高祖誓非劉氏不王，而勃等聽王諸呂，是從生主之欲，不與亡者也。【今注】主亡與亡：王先謙《漢書補注》引王文彬説，爰盎認爲周勃聽命於諸呂，對漢高祖非劉氏不王的遺訓不能以死相爭，故以“主在與在，主亡與亡”相比。

[5]【今注】擅相王：本書卷三《高后紀》載，漢惠帝崩後，呂后稱制，立兄子呂台、呂產、呂禄、台子通四人爲王，封諸呂六人爲列侯。

[6]【顏注】師古曰：言微細也。【今注】不絕如帶：形容劉氏勢力細微而易斷。

[7]【今注】太尉：武官名。漢三公之一。掌軍事顧問，有兵事則設，無事則罷。秩萬石。高祖十一年（前196）周勃爲太尉。

[8]【顏注】師古曰：執兵權之本。【今注】本兵柄：“本”義爲“主”，即主兵柄。下文有“太尉主兵適會其成功”，《史記·袁盎鼂錯列傳》亦作“主兵柄”。

[9]【今注】案，《史記》卷九《呂太后本紀》載，周勃等對曰：“高帝定天下，王子弟，今太后稱制，王昆弟諸呂，無所不可。”

[10]【顏注】師古曰：如，似也。

[11]【顏注】師古曰：莊，嚴也。【今注】益莊：周壽昌

《漢書注校補》認爲，書中“莊”字多改爲“嚴”，避漢明帝劉莊諱。獨此與莊青翟及鄭當時字莊未改。

[12]【顔注】師古曰：望，責怨之也。【今注】迺毀我：王先謙《漢書補注》云，時盎年少，故絳侯以兒稱之。《史記·袁盎鼂錯列傳》作“廷毀我”，“廷”較“迺”含義更深，疑“迺”“廷”形近致誤。

　　及絳侯就國，人上書告以爲反，徵繫請室，[1]諸公莫敢爲言，唯盎明絳侯無罪。絳侯得釋，盎頗有力。[2]絳侯迺大與盎結交。

　　[1]【顔注】師古曰：請室，獄也，解在《賈誼傳》。【今注】請室：漢代請室令下屬囚禁有罪官吏的牢獄。一説爲“請罪之室”。“請室”又作“靜室”。《史記》卷一〇一《袁盎鼂錯列傳》作“清室”，指天子主獄清平如水。本書卷四〇《周勃傳》載，其後人有上書告周勃欲謀反，下廷尉，逮捕周勃治罪。周勃十分惶恐，不知如何回答獄吏的審問。獄吏漸漸侵辱周勃。

　　[2]【今注】案，本書《周勃傳》載，周勃以千金與獄吏，獄吏以書牘背面示之，讓他請公主作證。公主即漢文帝之女，後嫁給周勃之子周勝之。因此獄吏讓他以公主爲證。周勃曾以文帝的封賜贈予薄太后之弟薄昭，薄昭向薄太后説了周勃之事，薄太后也認爲周勃不可能謀反。對文帝説：“周勃當時掌握北軍時不反，現在衹有一縣，怎麼會謀反呢？”於是文帝遣使持節赦周勃，恢復其爵位和封邑。周勃出獄之後，感嘆道“我曾帥領百萬軍，如今纔知道獄吏的威風”。本書卷四八《賈誼傳》載，丞相絳侯周勃被免後返回自己的封國，有人告周勃謀反，逮捕關押在長安獄治，後沒有被治罪，恢復了爵位和封邑。故賈誼上書時借此事規勸文帝。文帝接受了他的建言，待大臣以禮節。此後如大臣有罪，皆令自殺，不施加

於刑罰。

　　淮南厲王朝，[1]殺辟陽侯，[2]居處驕甚。盎諫曰：
“諸侯太驕必生患，可適削地。”[3]上弗許。淮南王益
橫。[4]謀反發覺，上徵淮南王，遷之蜀，[5]檻車傳
送。[6]盎時爲中郎將，諫曰：“陛下素驕之，弗稍禁，
以至此，今又暴摧折之。淮南王爲人剛，有如遇霜露
行道死，[7]陛下竟爲以天下人弗能容，有殺弟名，奈
何？”上不聽，行之。[8]

　　[1]【今注】淮南厲王：劉長。劉邦少子。漢高祖十一年（前
196），立爲淮南王。其入朝在文帝三年（前 177）。因驕橫不法，
陰謀反叛，被貶謫蜀地，途中絶食而死。謚厲王。

　　[2]【顏注】師古曰：自國入朝而殺之。【今注】辟陽侯：審
食其。沛（今江蘇沛縣）人。以舍人從劉邦。呂后被項羽所俘時，
侍從數年。高祖六年，封辟陽侯。呂后時任左丞相。

　　[3]【顏注】師古曰：適讀曰謫。【今注】可適削地：據此，
爰盎與晁錯一樣主張削弱諸侯，而爰盎竟以此使晁錯被誅，史書叙
此，或有微言。

　　[4]【顏注】師古曰：橫音胡孟反（橫，蔡琪本作“撗”）。
【今注】案，橫，蔡琪本作“撗”。

　　[5]【今注】蜀：郡名。治成都縣（今四川成都市）。本書卷
四四《淮南厲王劉長傳》載，貶處“蜀嚴道邛郵”。

　　[6]【今注】檻車：有原始的木籠囚車和封閉式的車廂，而對
犯罪的貴族則往往使用條件舒適的輀車。有些罪犯需要蒙目並佩帶
桎梏。若是王侯、高級官員則允許奴僕、侍卒隨行贍護其生活（參
見宋傑《漢代的檻車押解制度》，《首都師範大學學報》2012 年第 2

期；《漢代的檻車傳送》，載《秦漢研究》第 1 輯，三秦出版社
2007 年版）。本書《淮南厲王劉長列傳》作“載以輜車”。　傳送：
本書《淮南厲王劉長傳》作“令縣次傳”。令所過諸縣慢慢地按順
序以傳車遞送。

[7]【今注】霜露：比喻艱難困苦的條件。王念孫《讀書雜
志·漢書第九》云，“霜”當爲“霧”。《説文》“霧”作“䨙”，
形與“霜”相近，因訛作“霜”。本書《淮南厲王劉長傳》作
“霧”。楊樹達《漢書窺管》引本書卷五八《公孫弘傳》、卷六九
《趙充國傳》均有“霜露”之説，或可以通。

[8]【今注】案，蔡琪本、大德本、殿本“行”前有“遂”字。

　　淮南王至雍，病死，聞，[1]上輟食，哭甚哀。[2]盎
入，頓首請辠。[3]上曰：“以不用公言至此。”盎曰：
“上自寬，此往事，豈可悔哉！且陛下有高世行三，此
不足以毀名。”上曰：“吾高世三者何事？”盎曰：“陛
下居代時，太后嘗病，三年，陛下不交睫解衣，[4]湯藥
非陛下口所嘗弗進。夫曾參以布衣猶難之，[5]今陛下親
以王者脩之，過曾參遠矣。諸呂用事，大臣顓制，[6]然
陛下從代乘六乘傳，馳不測淵，[7]雖賁育之勇不及陛
下。[8]陛下至代邸，[9]西鄉讓天子者三，南鄉讓天子者
再。[10]夫許由一讓，[11]陛下五以天下讓，過許由四矣。
且陛下遷淮南王，欲以苦其志，使改過，有司宿衞不
謹，[12]故病死。”於是上廼解，[13]盎繇此名重朝廷。[14]

　　[1]【顏注】師古曰：雍是扶風雍縣也（殿本無“也”字）。
聞，聞於天子也。【今注】雍：縣名。治所在今陝西鳳翔縣南。案，
本書卷四四《淮南厲王劉長傳》稱淮南王劉長乃不食而死。

[2]【顏注】師古曰：輟，止也。

[3]【顏注】師古曰：自責以不強諫也（强，蔡琪本作"彊"）。

[4]【顏注】師古曰：睫，目旁毛也。交睫，謂睡寐也。睫音接。【今注】案，《史記》卷一〇一《袁盎鼂錯列傳》"解"上有"不"字。

[5]【今注】曾參：字子輿。即曾子。春秋末期魯國南武城（今山東嘉祥縣）人。孔子弟子，儒家代表人物之一。後世稱"宗聖"。

[6]【顏注】師古曰：顓與專同。

[7]【顏注】鄭氏曰：大臣亂，乘傳而赴之，故曰不測淵。【今注】乘六乘傳：傳，傳車。傳車爲古代驛站專用車輛，每到一傳舍，即換車換馬換御者，繼續前行，取其快速。傳舍一般爲三十里一置，也有以一縣爲間距的。據拉車馬匹的多少與優劣，由高到低分爲四等：傳置、馳置、乘置、軺置。"六乘傳""七乘傳"爲特殊情況，分別爲六匹馬、七匹馬。（參梁錫鋒《漢代乘傳制度探討》，《河南師範大學學報》2004 年第 2 期）

[8]【顏注】孟康曰：孟賁、夏育，皆古勇士也。【今注】賁育：孟賁、夏育，均爲戰國時衛國勇士，力大無窮。

[9]【今注】代邸：邸是戰國時諸侯接待來賓的地方，秦時爲屬國舍，即專供歸降的少數民族及官員居住。漢代分爲國邸、郡邸、蠻夷邸。代邸即國邸，是漢廷爲前來朝請的諸侯王及隨從修築的居所，屬少府管理。

[10]【顏注】師古曰：鄉讀曰嚮。

[11]【顏注】師古曰：許由，古高士也。堯讓天下於由，由不受也。

[12]【今注】有司宿衛不謹：《史記·袁盎傳》作"有司衛不謹"。吳恂《漢書注商》認爲，淮南王當時爲罪人，不當稱宿衛。

[13]【今注】上迺解：《史記·袁盎傳》此下有"曰：'將奈何？'盎曰：'淮南王有三子，唯在陛下耳！'於是文帝立其三子皆爲王"二十八字。

[14]【顏注】師古曰：縣讀與由同。

盎常引大體忼慨。宦者趙談以數幸，[1]常害盎，盎患之。盎兄子種爲常侍騎，[2]諫盎曰：[3]"君衆辱之，後雖惡君，上不復信。"[4]於是上朝東宫，[5]趙談驂乘，盎伏車前曰："臣聞天子所與共六尺輿者，[6]皆天下豪英。今漢雖乏人，陛下獨奈何與刀鋸之餘共載！"[7]於是上笑，下趙談。談泣下車。

[1]【今注】宦者：漢代宫中担任雜役的閹人。　趙談：文帝時宦官。以明星氣、觀星象受寵幸。傳見本書卷九三。

[2]【今注】常侍騎：官名。西漢置。以騎郎持節侍從乘輿左右，故名。《史記》卷一〇一《袁盎鼂錯列傳》"騎"下有"持節夾乘"四字。

[3]【今注】諫盎：《史記·袁盎鼂錯列傳》"諫"作"説"。《集解》引徐廣曰："'説'，一作'謀'。"王先謙《漢書補注》認爲，"諫盎"當爲"謀盎"，即與爱盎相謀。"諫""謀"形近易亂。

[4]【顏注】師古曰：惡謂譖毁之，言其過惡。【今注】案，"君衆辱之"三句，《史記·袁盎鼂錯列傳》作"君與鬬，廷辱之，使其毁不用"。曾國藩《讀書録》曰：古人多稱尊長爲"君"，自稱爲"臣"。此處爲爱種稱其叔父爱盎爲君。秦漢間人們交談常自稱爲"臣"。（參見曾國藩《讀書録》，上海古籍出版社2012年版，第78頁）

[5]【今注】東宫：太后所居之宫。太后居長樂宫，在未央宫東，故稱東宫。

[6]【今注】六尺輿：帝王所乘坐的車。傳説夏朝創制，稱爲輦。秦以之爲帝王的車。漢朝沿用，以玉雕成，方徑六尺。或使人挽之，或用馬拉。

[7]【今注】刀鋸之餘：古代指受過宮刑的人。代指宦官。

　　上從霸陵上，[1] 欲西馳下峻阪，盎攬轡。[2] 上曰：“將軍怯邪？”盎言曰：“臣聞千金之子不垂堂，[3] 百金之子不騎衡，[4] 聖主不乘危，不徼幸。今陛下騁六飛，[5] 馳不測山，[6] 有如馬驚車敗，陛下縱自輕，奈高廟、太后何？”[7] 上乃止。

　　[1]【今注】霸陵：漢文帝的陵寝。在今陝西西安市東北。因靠近霸水（今灞河），故得名。本秦芷陽縣。文帝前元九年（前171）置陵於此，改縣名爲霸陵。

　　[2]【顔注】師古曰：攬與擥同。【今注】盎攬轡：《史記》卷一〇一《袁盎鼂錯列傳》作“袁盎騎，並車擥轡”。攬，通“擥”。

　　[3]【顔注】師古曰：言富人之子則自愛也。垂堂，謂坐堂外邊，恐墜墮也。【今注】案，王先謙《漢書補注》引《史記索隱》張揖云“恐簷瓦墮中人”，故“不垂堂”。蔡琪本“不垂堂”作“不垂金”。

　　[4]【顔注】如淳曰：騎，倚也。衡，樓殿邊欄楯也。師古曰：騎謂跨之耳，非倚也。【今注】不騎衡：王先謙《漢書補注》引《纂要》云“宮殿四面欄，縱者曰欄，橫者曰楯”，都比較高峻，故騎衡比較危險。

　　[5]【顔注】如淳曰：六馬之疾若飛也。【今注】六飛：皇帝的車駕。古代皇帝用六匹馬駕車。沈欽韓《漢書疏證》認爲，六飛指飛黃，即傳説中的神馬。楊樹達《漢書窺管》以“飛”當作

"驎"。六驎指六匹疾馳如飛的駿馬。《史記·袁盎鼂錯列傳》作
"六騑"。

[6]【今注】馳不測山：指在不熟悉地形的山上縱馬馳騁。
《史記·袁盎鼂錯列傳》作"馳下峻山"。

[7]【今注】高廟：供奉漢高祖劉邦的宗廟。代指劉邦。紀見
本書卷一。高祖十二年（前195），群臣曰"帝起細微，撥亂世反
之正，平定天下，爲漢太祖，功最高"，上尊號曰高皇帝。　太后：
呂后。漢惠帝之母。紀見本書卷三。高祖十二年五月，太子即皇帝
位，尊曰皇太后。

上幸上林,[1]皇后、慎夫人從。其在禁中,[2]常同
坐。[3]及坐，郎署盎引郤慎夫人坐。[4]慎夫人怒，不肯
坐。上亦怒，起。[5]盎因前説曰："臣聞尊卑有序則上
下和，今陛下既以立后，慎夫人迺妾，妾主豈可以同
坐哉![6]且陛下幸之，則厚賜之。陛下所以爲慎夫人，
適所以禍之也。獨不見'人豕'乎?"[7]於是上迺
説,[8]入語慎夫人。慎夫人賜盎金五十斤。

[1]【今注】上林：上林苑。古苑囿名。秦惠文王時始建，漢
武帝時擴建。苑内建有離宮別館數十處，並放養禽獸，爲皇帝射
獵、游樂之所。故址在今陝西西安市西南鄠邑區、周至縣界。

[2]【今注】禁中：西漢皇宮中有被稱作"宮""殿""省"
的三個區域。"宮"指整個皇宮，"殿"指皇帝及其輔助官員的辦
公區，"省"指皇帝的生活區。禁中爲皇帝生活起居和日常辦公的
地方，因門户有禁，非侍御者不得入，故稱禁中。又作"省中"。
（參見陳蘇鎮《漢未央宮"殿中"考》，《文史》2016年第2輯）

[3]【顏注】師古曰：同坐，謂所坐之處高下齊同，無差等

也。【今注】同坐：指同席而坐。尊者專席而坐，漢代有"三獨坐"，與之相對有同坐。

[4]【顏注】蘇林曰：郎署，上林中直衛之署也。如淳曰：盎時爲中郎將，天子幸署，豫設供帳待之，故得郤慎夫人坐也。師古曰：郤謂退而卑之也。坐音材臥反。【今注】郎署：官署名。掌上林苑中宿衛的官署。案，蔡琪本、大德本、殿本及《史記》卷一〇一《袁盎鼂錯列傳》"郎署"後有"長布席"三字。

[5]【今注】上亦怒起：《史記·袁盎鼂錯列傳》此句後有"入禁中"三字。

[6]【今注】妾主豈可以同坐哉：慎夫人與皇后豈可同坐？妾，指慎夫人。主，指皇后。

[7]【顏注】張晏曰：戚夫人也。【今注】人豕：指代戚夫人。漢高祖寵姬，爲呂后忌恨，被斬去手足，挖去眼睛，灼耳，飲啞藥，置在厠中。《史記·袁盎鼂錯列傳》作"人彘"。

[8]【顏注】師古曰：說讀曰悅。

然盎亦以數直諫，不得久居中。調爲隴西都尉，[1]仁愛士卒，士卒皆爭爲死。遷齊相，[2]徙爲吳相。[3]辭行，種謂盎曰："吳王驕日久，[4]國多姦，今絲欲刻治，[5]彼不上書告君，則利劍刺君矣。南方卑溼，絲能日飲，亡何，說王毋反而已。[6]如此幸得脫。"盎用種之計，吳王厚遇盎。

[1]【顏注】師古曰：調，選也，音徒釣反。【今注】調：由內朝官員而出爲外官。 隴西：郡名。治狄道（今甘肅臨洮縣）。都尉：武官名。輔佐郡守，掌軍事。秩比二千石。

[2]【今注】齊：王國名。漢高祖六年（前201），以劉肥爲齊王。文帝前元十五年（前165）國除。次年，分漢初劉肥齊國，以

臨淄郡以西置齊國。武帝元朔二年（前127）國除，爲齊郡。
相：官名。漢代朝廷派往諸侯國的最高行政長官。原稱丞相或相
國，掌統率衆官。景帝中五年（前145）改稱相。

[3]【今注】吳相：吳國的相。漢高祖十二年，以吳封劉濞。
都吳縣（今江蘇蘇州市）。

[4]【今注】吳王：指劉濞。傳見本書卷三五。

[5]【顔注】如淳曰：種稱叔父字曰絲。【今注】刻治：《史
記》卷一〇一《袁盎傳》作"劾治"。

[6]【顔注】師古曰（"古"字漫漶不清，據蔡琪本、大德
本、殿本補）：無何，言更無餘事。【今注】日飲亡何：吳王驕日
久，且南方卑濕，爰盎祇需日飲酒，其他一切事不要過問，如此纔
可以免禍。楊樹達《漢書窺管》則云，無何即不足憂。南方卑濕，
如能日飲，酒可禦濕，此爲一事；説王毋反爲一事。《史記·袁盎
鼂錯列傳》作"日飲，毋何"。

盎告歸，道逢丞相申屠嘉，[1]下車拜謁，丞相從車
上謝。盎還，愧其吏，[2]乃之丞相舍上謁，[3]求見丞
相。丞相良久乃見。因跪曰："願請閒。"[4]丞相曰：
"使君所言公事，之曹與長史掾議之，[5]吾且奏之；則
私，[6]吾不受私語。"盎即起説曰：[7]"君爲相，自度
孰與陳平、絳侯？"[8]丞相曰："不如。"盎曰："善，君
自謂弗如。夫陳平、絳侯輔翼高帝，定天下，爲將相，
而誅諸吕，存劉氏；君迺爲材官蹶張，[9]遷爲隊帥，[10]
積功至淮陽守，[11]非有奇計攻城野戰之功。且陛下從
代來，每朝，郎官者上書疏，[12]未嘗不止輦受，其言
不可用，置之；[13]言可采，未嘗不稱善。何也？欲以
致天下賢英士，[14]日聞所不聞，[15]以益聖。[16]而君自閉

箝天下之口，^[17]而日益愚。夫以聖主責愚相，君受禍不久矣。”丞相乃再拜曰：“嘉鄙人，迺不知，將軍幸教。”引與入坐，爲上客。

　　[1]【今注】申屠嘉：漢文帝後元二年（前162）爲丞相。傳見本書卷四二。

　　[2]【顏注】師古曰：惡不見禮也。

　　[3]【顏注】師古曰：上謁，若今通名也（蔡琪本、大德本同，殿本此注在“求見丞相”後）。【今注】舍：漢代官員辦公的官舍。

　　[4]【顏注】師古曰：欲因閒隙，私有所白也。

　　[5]【今注】之曹：赴掾史治事之所。　長史掾：長史的屬吏名。漢代三公、將軍府皆設長史，爲諸掾史之長。秩皆千石。相府長史掾職權尤重。

　　[6]【今注】則私：《史記》卷一〇一《袁盎鼂錯列傳》作“即私邪”。爰盎之所以“請間”，欲以鼂錯事向申屠嘉密告，而申屠嘉認爲爰盎以私事相告，難以處理，故拒之。

　　[7]【今注】起説：《史記·袁盎鼂錯列傳》作“跪説”。

　　[8]【顏注】師古曰：度，計量也。與猶如也。【今注】陳平：傳見本書卷四〇。

　　[9]【今注】材官：秦漢地方兵種名稱。秦時諸郡多有材官，漢代則廣泛分布於郡國。亦稱材士，屬徵兵。民年二十三以上，爲材官、騎士一歲。材官善射，也用於步戰。遇有戰事，由中央統一徵調，或戍衛京師，或駐屯邊塞。有時用於儀仗。其中有材官引强、材官蹶張等，指能引强弓、能以脚踏强弩而張之的材官。（參見王彥輝《論秦漢時期的正卒與材官騎士》，《歷史研究》2015年第4期）

　　[10]【顏注】如淳曰：隊帥，軍中小官。師古曰：帥音所類

反。【今注】隊帥：軍中小官。五人爲伍，十伍爲隊。一軍凡二百五十隊。

[11]【今注】淮陽：郡名。治陳縣（今河南淮陽縣）。本書《地理志下》有淮陽國，無淮陽郡。淮陽郡國改易凡八九次，終爲國。漢文帝十二年（前168）徙淮陽王爲梁王，淮陽國除爲郡。景帝二年（前155），復置淮陽國。

[12]【今注】郎官者：《漢書考正》據宋祁説："郎官者"應作"官與宦者"，即簡略敘述禁中官員。吳恂《漢書注商》則據《史記》，認爲"者"字衍，可從。

[13]【今注】案，王念孫《讀書雜志·漢書第九》云："受其言"下當有一"言"字。《史記·袁盎鼂錯列傳》亦作"未嘗不止輦受其言，言不可用，置之"。楊樹達《漢書窺管》認爲，此處應在"受"字斷句，指受郎官所上之書疏。王念孫誤斷句並增字。

[14]【今注】案，蔡琪本、大德本、殿本"士"後有"大夫"二字。

[15]【顏注】師古曰：日日得聞異言也（殿本注在"以益聖"後）。【今注】案，《史記·袁盎鼂錯列傳》作"則欲以致天下賢士大夫。上日聞所不聞"。王先謙《漢書補注》認爲，賢士大夫爲常見詞語，不當有"英"字。又《漢書考正》引宋祁説："上"字應當保留，以對下句"君"字。

[16]【今注】以益聖：《史記·袁盎鼂錯列傳》作"明所不知，日益聖智"。

[17]【顏注】師古曰：箝，簡也，音其炎反（殿本注在"而日益愚"後）。

　　盎素不好鼂錯，錯所居坐，盎輒避；盎所居坐，錯亦避：兩人未嘗同堂語。及孝景即位，鼂錯爲御史大夫，[1]使吏案盎受吳王財物，抵辠，詔赦以爲庶人。

吴楚反聞，[2]錯謂丞史曰：[3]"爰盎多受吳王金錢，專
爲蔽匿，言不反。今果反，欲請治盎，宜知其計謀。"
丞史曰："事未發，治之有絶。[4]今兵西向，治之何益！
且盎不宜有謀。"[5]錯猶與未決。[6]人有告盎，盎恐，
夜見竇嬰，[7]爲言吳所以反，願至前，口對狀。[8]嬰入
言，上迺召盎。盎入見，竟言吳所以反，獨急斬錯以
謝，[9]吳可罷。上拜盎爲泰常，[10]竇嬰爲大將軍，[11]兩
人素相善。是時，諸陵長安中賢大夫争附兩人，[12]車
騎隨者日數百乘。

[1]【今注】御史大夫：官名。掌考課、監察和彈劾百官，主
管圖籍秘書、文書。秩中二千石。案，據本書《百官公卿表下》，
晁錯爲御史大夫在漢景帝二年（前155）。

[2]【顏注】師古曰：聞，聞於天子。【今注】吳楚反：漢景
帝三年，吳王濞、楚王劉戊聯合趙、濟南、膠西、菑川、膠東等，
以誅晁錯爲名反叛。

[3]【顏注】如淳曰：《百官表》御史大夫有兩丞。丞史，丞
及史也。【今注】丞史：秦漢時中央和地方官吏的屬吏。漢時，御
史大夫有兩御史丞及諸侍御史，合稱丞史。太守以下的郡丞、長史
等佐官，亦總稱丞史。

[4]【顏注】如淳曰：事未發之時，治之乃有所絶也。

[5]【顏注】如淳曰：盎大臣，不宜有姦謀。

[6]【顏注】師古曰：與讀曰豫。

[7]【今注】竇嬰：時拜爲大將軍。傳見本書卷五二。

[8]【顏注】師古曰：至天子之前也。

[9]【今注】案，蔡琪本、大德本、殿本"謝"後有"吳"字。

[10]【今注】泰常：官名。漢九卿之一。掌宗廟禮儀等。秩

中二千石。王先謙《漢書補注》以此處及下文"泰常"應當作"奉常"。據本書《百官公卿表上》，景帝中元六年（前144）改"奉常"爲"太常"。此事在景帝三年，當作"奉常"，不應當作"太常"。後人多知太常，又以"泰""太"通用，字形相近而誤。因此誤改"奉"爲"泰"。

[11]【今注】大將軍：官名。漢代將軍的最高稱謂。位在三公上，卿以下皆拜。後又設大司馬，爲將軍的加官。

[12]【今注】諸陵：長安附近的長陵、安陵、霸陵等。　長安中賢大夫：在朝爲官者。案，"諸陵"後當加"長者"，指徙居諸陵而未仕的地方富人豪强。如脱"長者"二字，則文義不明。《史記》卷一〇一《袁盎鼌錯列傳》作"諸陵長者長安中賢大夫"。

　　及鼌錯已誅，盎以泰常使吳。吳王欲使將，不肯。欲殺之，使一都尉以五百人圍守盎軍中。初，盎爲吳相時，從史盜私盎侍兒。[1]盎知之，弗泄，遇之如故。人有告從史："君知女與侍者通"，迺亡去。盎驅自追之，[2]遂以侍者賜之，復爲從史。及盎使吳見守，從史適在守盎校爲司馬，[3]迺悉以其裝齎買二石醇醪，[4]會天寒，士卒飢渴，飲醉西南陬卒，卒皆卧。[5]司馬夜引盎起，曰："君可以去矣，吳王期旦日斬君。"盎弗信，曰："何爲者？"[6]司馬曰："臣故爲君從史盜侍兒者也。"盎乃驚，謝曰："公幸有親，[7]吾不足紮公。"[8]司馬曰："君弟去，[9]臣亦且亡，辟吾親，[10]君何患！"迺以刀決帳，道從醉卒直出。[11]司馬與分背。[12]盎解節旄懷之，[13]屨步行七十里，[14]明，見梁騎，馳去，遂歸報。[15]

[1]【顏注】文穎曰：婢也。【今注】從史：漢代高級官僚的隨從屬吏。本書卷五八《兒寬傳》：“除爲從史。”顏師古注：“從史者，但只隨官僚，不主文書。”

[2]【顏注】師古曰：驅馳而追，言疾速。

[3]【顏注】師古曰：爲校中之司馬，所領士卒，正當守盎。【今注】校爲司馬：指秦漢軍隊中校的司馬，掌管指揮、軍法、軍需等事務。校爲秦漢軍隊編制單位，亦稱營，以校尉領之，少者數百人，多者千餘人。又指營壘，軍之一部爲一校。

[4]【顏注】師古曰：裝齎，謂所齎衣物自隨者也。醇者不雜，言其醨也（醨，蔡琪本、大德本、殿本作“釀”）。醨，汁滓合之酒也，音牢。【今注】醇醨：濃烈純粹的酒。

[5]【顏注】師古曰：陬，隅也。飲音於禁反。陬音子侯反，又音鄒。【今注】案，《史記》卷一〇一《袁盎鼂錯列傳》作“飲酒醉，西南陬卒皆卧”。

[6]【今注】案，《史記·袁盎鼂錯列傳》“何”上有“公”字。

[7]【顏注】文穎曰：言汝有親老。

[8]【顏注】師古曰：纍，古累字也，音力瑞反。

[9]【顏注】師古曰：弟（蔡琪本作“第”），但也。【今注】案，弟，蔡琪本作“第”。

[10]【顏注】如淳曰：藏匿吾親，不使遇害也。晉灼曰：辟音避。

[11]【顏注】師古曰：於醉卒之處決帳而開，令通道得亡也。【今注】道從醉卒直出：指引導袁盎從醉卒所值守之營壘而出。道，王念孫《讀書雜志·史記第五》云，“道”應讀曰“導”，義爲“引導”，並非“通道”之義。直，值守。《史記》作“道從醉卒直隧出”。

[12]【顏注】師古曰：一時各去也。

[13]【顏注】如淳曰：不欲令人見。【今注】節旄：符節上

装飾的牦牛尾。漢代使臣出使時所持的信物，用竹子做成，長八尺，上綴有旄牛尾。

[14]【顔注】如淳曰：著屐步行而逃亡。【今注】屐步行七十里：爰盎解下節旄，以其杖扶而步行。屐，木頭鞋。但此處應以屐與屬同類，均爲輕便草鞋，便於行動。屐可以在泥水中行走。《史記·袁盎鼂錯列傳》作"杖，步行七八里"。

[15]【顔注】文穎曰：梁騎將擊吳楚者也。師古曰：遇梁軍之騎，遂因得脱，歸報天子。

吳、楚已破，上更以元王子平陸侯禮爲楚王，[1]以盎爲楚相。嘗上書，不用。盎病免家居，[2]與間里浮湛，相隨行鬭雞走狗。[3]雒陽劇孟嘗過盎，[4]盎善待之。安陵富人有謂盎曰："吾聞劇孟博徒，[5]將軍何自通之？"盎曰："劇孟雖博徒，然母死，客送喪車千餘乘，[6]此亦有過人者。且緩急人所有。[7]夫一旦叩門，[8]不以親爲解，[9]不以在亡爲辭，[10]天下所望者，獨季心、劇孟。[11]今公陽從數騎，[12]一旦有緩急，寧足恃乎！"遂罵富人，弗與通。諸公聞之，皆多盎。[13]

[1]【今注】元王：楚元王劉交。劉邦同母少弟，字游。漢高祖六年（前201）立爲楚王，都彭城（今江蘇徐州市）。　禮：劉禮。據本書《王子侯表上》，漢景帝元年（前156）封侯，三年爲楚王。平陸，即東平國之東平陸，在今山東汶上縣北。本書卷三六《楚元王傳》載，立宗正平陸侯禮爲楚王，奉元王後，是爲文王。

[2]【顔注】家居：辭官不仕。

[3]【顔注】師古曰：湛讀曰沉。【今注】浮湛：浮起和沉下。湛，同"沉"。比喻個人没有意志，與當時社會上的庸人隨波

逐流，同流合污。

[4]【今注】雒陽：縣名。一作"洛陽"。治所在今河南洛陽市東北。 劇孟：洛陽（今河南洛陽市東北）人。以任俠聞名於河南。吳楚七國之亂時，周亞夫至河南，知吳楚未與劇孟聯合，於是召見並籠絡他。

[5]【顏注】服虔曰；博戲之徒也。

[6]【今注】喪車：因承載喪事所用，或載送葬者，或載靈柩，故稱喪車。如《史記》卷六《秦始皇本紀》所云輼輬車。本書卷六八《霍光傳》載霍光尸柩亦以輼輬車。《史記》卷一〇〇《季布欒布列傳》有所謂廣柳車。因柳爲棺車之飾，又以柳爲車之通名。本書卷九九《王莽傳下》有"輀車"。呂思勉《讀史札記》認爲，此類大車寬轍，故送葬時因阡陌狹窄，不能通行，毀人禾苗。故《禮記·檀弓》有買道而葬的故事。（參見呂思勉《讀史札記》，上海古籍出版社 2016 年版，第 168 頁）

[7]【顏注】師古曰：凡人在生，不能無緩急之事。

[8]【今注】案，《史記》卷一〇一《袁盎鼂錯列傳》"一旦"下有"有急"二字。

[9]【顏注】張晏曰：不語云親不聽也。臣瓚曰：凡人之於赴難濟厄（濟厄，殿本作"齊危"），多以有父母爲解，而孟兼行之。師古曰：瓚説是也。解者，若今言分疏矣。【今注】不以親爲解：吳恂《漢書注商》認爲，古書中多有以父兄在，不急朋友之難的説法。如《論語》中子路"聞斯行諸"的提問，《白虎通義》亦有朋友之道，因父兄在，"不得許友以其身，不得專通財之恩"的説法。所以"以親爲解"是漢代以前就存在的社會現象，就如季心、劇孟等任俠之人則赴人之難，不以父母在而推諉。

[10]【顏注】師古曰：或實在家而辭云不在。【今注】不以在亡爲辭：王先謙《漢書補注》引王文彬説：《史記》"在"作"存"。"在亡"如同"存亡"，即朋友有難，不以自己在與不在進

行推脱。也有説法是不以朋友在與不在影響對朋友的情誼。吴恂《漢書注商》則認爲，不會假稱不在而拒絕朋友。

[11]【顏注】文穎曰：心，季布弟也。【今注】案，《史記·季布欒布列傳》載，季布之弟季心，氣蓋關中，遇人恭謹，爲人任俠，方數千里的士皆争爲之死。曾經殺人，逃至吴地，藏匿於爰盎家。嘗爲中司馬，中尉郅都不敢不待之以禮。縣中少年做事時多借助其名聲。當時，季心以勇，欒布以諾，聞名於關中。

[12]【顏注】鄧展曰：陽，外也。晋灼曰：陽猶常也。師古曰：鄧説是也。【今注】陽從數騎：王先謙《漢書補注》引《史記》，“陽”作“常”。《集解》徐廣曰：“‘常’，一作‘詳’。”“詳”即“佯”，“陽”與“佯”字相假借，即假裝。

[13]【顏注】師古曰：多猶重。【今注】多：稱贊。

　　盎雖居家，[1]景帝時時使人問籌策。梁王欲求爲嗣，[2]盎進説，其後語塞。[3]梁王以此怨盎，使人刺盎。[4]刺者至關中，[5]問盎，稱之皆不容口。[6]迺見盎曰：“臣受梁王金刺君，君長者，不忍刺君。然後刺者十餘曹，[7]備之！”盎心不樂，家多怪，迺之棓生所問占。[8]還，梁刺客後曹果遮刺殺盎安陵郭門外。[9]

[1]【今注】居家：隱居不仕。《史記》卷一〇一《袁盎鼌錯列傳》作“袁盎雖家居”。凡隱不仕者，皆謂“家居”，前文亦作“家居”，故此處當改“居家”爲“家居”。

[2]【今注】梁王：梁孝王劉武。傳見本書卷四七。

[3]【顏注】師古曰：塞，不行也。【今注】案，本書卷四七《梁孝王劉武傳》，漢景帝四年（前153），竇太后欲以梁王爲嗣，爰盎與大臣向漢景帝進言，但“太后議格”。

[4]【今注】使人刺盎：事詳見本書卷五一《鄒陽傳》。梁孝

王欲求爲漢嗣，上書願賜容車之地直接到長樂宮，又築甬道朝太后。爰盎等以爲不可，故景帝不許。梁王因此怒，令人刺殺爰盎。

［5］【今注】關中：函谷關以西今陝西關中盆地一帶。

［6］【顏注】師古曰：稱美其德，口不能容也。

［7］【顏注】如淳曰：曹，輩也。

［8］【顏注】蘇林曰：音栝。文穎曰：音陪，秦時賢士善術者也。師古曰：蘇音文說是。【今注】楷生："楷"即"栝"字假借。本書《律曆志上》有安陵人栝育，栝生或亦爲安陵人。

［9］【今注】梁刺客：本書《梁孝王劉武傳》刺客有羊勝、公孫詭等。

鼂錯，潁川人也。[1]學申商刑名於軹張恢生所，[2]與雒陽宋孟及劉帶同師。[3]以文學爲太常掌故。[4]

［1］【顏注】晉灼曰：音曆置之曆。師古曰：據《申屠嘉傳》序云"責通請錯，匪躬之故"，以韻而言，晉音是也。潘岳《西征賦》乃讀爲錯雜之錯，不可依也。【今注】潁川：郡名。治陽翟（今河南禹州市）。

［2］【顏注】師古曰：軹縣之儒生姓張名恢，錯從之受申商法也。【今注】申商：戰國申不害和商鞅的合稱。此處指循名責實、明賞罰的法家學説。　刑名：法家思想，主張定名分，以法治國家、定賞罰。刑，指刑法。名，指名分。　軹：縣名。治所在今河南濟源市東南。　張恢生：周壽昌《漢書注校補》以爲，本傳明言鼂錯學申商刑名於張恢生，故張恢爲刑名家，並非儒生。《史記》作"張恢先"，徐廣注："先，即先生。"《索隱》云："軹縣人張恢先生。"本傳有"鄧先"，本書卷六七《梅福傳》有"叔孫先"，均指先生。本書卷七二《貢禹傳》則簡稱"先生"爲"生"。則"生""先"均爲"先生"之簡稱。

[3]【今注】劉帶：《史記》卷一○一《袁盎鼂錯列傳》作"劉禮"。

[4]【顏注】應劭曰：掌故，六百石吏，主故事。【今注】文學：漢朝察舉科目名，爲常見特科之一。通常多與"賢良"連稱爲"賢良文學"。昭宣時始獨立以"文學"之名出現，稱作"文學高第"。 太常掌故：官名。漢九卿之一太常屬官。掌禮樂典章制度，備諮詢。秩百石。王先謙《漢書補注》據《索隱》引《漢舊儀》云"太常博士弟子試射策，中甲科補郎，中乙科補掌故"。裴駰《史記集解》引應劭注作"掌故，百石吏，主故事"。故顏注"六"字當衍，當作"百石"。武帝時，博士弟子能通一藝以上的，補文學掌故。又有治禮掌故、太史掌故等。

錯爲人陗直刻深。[1]孝文時，天下亡治《尚書》者，[2]獨聞齊有伏生，[3]故秦博士，[4]治《尚書》，年九十餘，老不可徵。迺詔太常，使人受之。太常遣錯受《尚書》伏生所，還，因上書稱説。[5]詔以爲太子舍人，[6]門大夫，[7]遷博士。

[1]【顏注】師古曰：陗字與峭同。峭謂峻陿也，音千笑反。

[2]【今注】尚書：先秦時稱《書》。漢初始稱《尚書》，指上古之書。尚，同"上"。記載夏、商、周事迹，體裁有典、謨、訓、誥、誓、命六種。武帝立五經博士，該書成爲儒家經典之一。

[3]【今注】伏生：西漢儒生。名勝。傳見本書卷八八。秦始皇焚書時，伏生將《尚書》藏於壁中，後祇殘存二十九篇。伏生以此書傳授齊魯諸生。因用當時通行隸書書寫，故稱《今文尚書》，以區別於武帝初年出自孔壁的《古文尚書》。

[4]【今注】博士：官名。秦置，漢因之，隸屬九卿之一奉常（太常）。設僕射一人領之。掌古今史事、禮制顧問及典守書籍。秩

比六百石。武帝時置五經博士，充學官，掌經學傳授、考核人才、奉命出使等事。

［5］【顏注】師古曰：稱師法而說其義。【今注】因上書稱說：指鼌錯上書，稱引《尚書》之義。《史記》卷一〇一《袁盎鼌錯列傳》作“因上便宜事，以《書》稱說”。

［6］【今注】太子舍人：官名。負責太子東宮的更直宿衛。西漢太子太傅、少傅屬官均有太子舍人。秩二百石。

［7］【顏注】師古曰：初爲舍人，又爲門大夫。【今注】門大夫：官名。太子東宮司門之宮。全稱太子門大夫。秩六百石。

又上書言：“人主所以尊顯功名揚於萬世之後者，以知術數也。[1]故人主知所以臨制臣下而治其衆，則群臣畏服矣；知所以聽言受事，則不欺蔽矣；知所以安利萬民，則海內必從矣；知所以忠孝事上，則臣子之行備矣：此四者，臣竊爲皇太子急之。人臣之議或曰皇太子亡以知事爲也，[2]臣之愚，誠以爲不然。竊觀上世之君，[3]不能奉其宗廟而劫殺於其臣者，皆不知術數者也。皇太子所讀書多矣，而未深知術數者，不問書說也。[4]夫多誦而不知其說，所謂勞苦而不爲功。臣竊觀皇太子材智高奇，馭射伎藝過人絕遠，然於術數未有所守者，以陛下爲心也。[5]竊願陛下幸擇聖人之術可用今世者，以賜皇太子，因時使太子陳明於前。唯陛下裁察。”上善之，於是拜錯爲太子家令。[6]以其辯得幸太子，太子家號曰“智囊”。[7]

［1］【顏注】張晏曰：術數，刑名之書也。臣瓚曰：術數謂法制，治國之術也。師古曰：瓚說是也。公孫弘云“擅殺生之力

（殺生，殿本作“生殺”），通壅塞之途，權輕重之數，論得失之道，使遠近情僞必見於上（蔡琪本“使”後有“之”字），謂之術。”此與錯所言同耳。【今注】術數：指人主治國御下的權術，其説出自申不害。沈欽韓《漢書疏證》引《韓非・定法篇》：“申不害言術。術者，因能而授官，循名而責實，操生殺之柄，課群臣之能，此人主之所執也。”又申子曰，“聖君任法而不任智，任數而不任説”。

[2]【顔注】師古曰：言何用知事。【今注】案，此句指皇太子不必知道以上所謂術數四事。

[3]【今注】上世之君：秦朝二世皇帝。

[4]【顔注】師古曰：説謂所説之義也。【今注】不問書説：不了解書中的含義。

[5]【顔注】張晏曰：若伯魚須仲尼教，乃讀詩書也。【今注】以陛下爲心：擔心陛下懷疑太子急於即位爲君。案，周壽昌《漢書注校補》認爲，詩書當是詩禮之誤。鼂錯從伏生受《尚書》，但文帝好黄老，不喜歡儒學，所以説太子不熟悉數術。《論語・季氏》載，陳亢問於伯魚，退而喜曰“問一得三：聞詩，聞禮，又聞君子之遠其子也”。

[6]【顔注】臣瓚曰：《茂陵中書》：太子家令秩八百石。【今注】太子家令：官名。詹事屬官。漢代太子、公主和其他諸侯王，以及王莽任安漢公時，均置家令。其中，太子家令主倉穀、飲食、湯沐邑、刑獄等。秩千石。

[7]【顔注】師古曰：言其一身所有皆是智算，若囊橐之盛物也。

是時匈奴彊，[1]數寇邊，[2]上發兵以禦之。錯上言兵事，曰：

臣聞漢興以來，胡虜數入邊地，小入則小利，大入則大利；高后時再入隴西，攻城屠邑，歐略畜産；[3]其後復入隴西，殺吏卒，大寇盜。竊聞戰勝之威，民氣百倍；[4]敗兵之卒，沒世不復。[5]自高后以來，隴西三困於匈奴矣，民氣破傷，亡有勝意。今兹隴西之吏，賴社稷之神靈，奉陛下之明詔，和輯士卒，底厲其節，[6]起破傷之民以當乘勝之匈奴，用少擊衆，殺一王，敗其衆而法曰大有利。[7]非隴西之民有勇怯，迺將吏之制巧拙異也。故兵法曰："有必勝之將，無必勝之民。"繇此觀之，[8]安邊境，立功名，在於良將，不可不擇也。

[1]【今注】匈奴：古代北方部族，又稱"胡"。傳見本書卷九四。

[2]【今注】案，漢文帝前三年（前177）五月，匈奴入河南地（今内蒙古河套地區），侵掠上郡（今陕西榆林市東南）。文帝前十四年（前166），匈奴侵入朝那、蕭關（均在今寧夏固原市境）。漢文帝後六年（前158年）匈奴入上郡、雲中。

[3]【顏注】師古曰：歐與驅同。【今注】歐略：驅趕搶劫。

[4]【顏注】師古曰：益奮厲也。【今注】民氣：民心士氣。

[5]【顏注】師古曰：永挫折也。【今注】沒世：終身、永遠。

[6]【顏注】師古曰：輯與集同。底與砥同。

[7]【今注】敗其衆而法曰大有利：《漢書考正》宋祁云，"法曰"二字衍，當作"敗其衆，而有大利"。

[8]【顏注】師古曰：繇讀與由同。

臣又聞用兵臨戰，合刃之急者三：[1]一曰得地形，二曰卒服習，[2]三曰器用利。兵法曰：丈五之溝，漸車之水，[3]山林積石，經川丘阜，[4]中木所在，[5]此步兵之地也，車騎二不當一。[6]土山丘陵，曼衍相屬，[7]平原廣野，此車騎之地，[8]步兵十不當一。平陵相遠，川谷居閒，[9]仰高臨下，此弓弩之地也，[10]短兵百不當一。兩陳相近，平地淺中，可前可後，此長戟之地也，[11]劍楯三不當一。[12]萑葦竹蕭，[13]中木蒙蘢，支葉茂接，[14]此矛鋋之地也，[15]長戟二不當一。曲道相伏，險阸相薄，此劍楯之地也，弓弩三不當一。士不選練，卒不服習，起居不精，動靜不集，[16]趨利弗及，避難不畢，前擊後解，與金鼓之指相失，[17]此不習勒卒之過也，百不當十。兵不完利，[18]與空手同；甲不堅密，與袒裼同；[19]弩不可以及遠，與短兵同；射不能中，與亡矢同；中不能入，與亡鏃同：[20]此將不省兵之禍也，[21]五不當一。故兵法曰：器械不利，以其卒予敵也；卒不可用，以其將予敵也；將不知兵，以其主予敵也；君不擇將，以其國予敵也。四者，兵之至要也。[22]

[1]【顏注】師古曰：合刃，謂交兵。

[2]【今注】服習：熟悉、清楚。指訓練士卒熟悉戰略戰術。《六韜·教戰》載"合三軍之衆，欲令士卒服習教戰之道"。

[3]【顏注】師古曰：漸讀曰瀸，謂浸也，音子廉反。【今注】漸車：指水淹没車輪。與"丈五之溝"同爲車騎不容易越過的地形。

[4]【顏注】師古曰：經川，常流之水也。大陸曰阜。

[5]【顏注】師古曰：中，古草字。

[6]【今注】車騎二不當一：兩輛戰車抵不上一輛的戰鬥力。案，《六韜·奇兵》云："深谷險阻者，所以止車禦騎也。"

[7]【顏注】師古曰：曼衍（蔡琪本作"曼延"），猶聯延也。屬，續也。衍音弋戰反。屬音之欲反。

[8]【今注】此車騎之地。"地"字下當有"也"字。魏徵等輯《群書治要》卷一六引《漢書》有"也"字。荀悅《漢紀》卷八《孝文皇帝紀下》亦有。

[9]【顏注】師古曰：遠，離也。

[10]【今注】弓弩：漢代弓用手開，強度小於弩。計算弩力的單位用石，而弓力用斤。1 石合 120 斤。（參見孫機《漢代物質文化資料圖説（增訂本）》，上海古籍出版社 2011 年版，第 159 頁）故弩可以射遠。

[11]【今注】長戟：漢代士兵常用的戟是一種卜字形鐵戟，衹有前伸的直刺和旁出的橫枝。又有長柄，江蘇盱眙縣東陽西漢墓所出土的木柄長 2.49 米，當爲騎兵所用。步兵所用不足 2 米。（參見孫機《漢代物質文化資料圖説（增訂本）》，第 147 頁）沈欽韓《漢書疏證》引《吳子·圖國篇》"長戟二丈四尺，短戟一丈二尺"。

[12]【今注】楯：防護身體的護具。有革、木、鐵等材質。楯，通"盾"。（參見孫機《漢代物質文化資料圖説（增訂本）》，第 162—163 頁）案，劍楯爲漢代步兵武器，多用於近身搏鬪。

[13]【顏注】師古曰：萑，薍也。葦，葭也。蕭，蒿也。萑音桓（桓，大德本、殿本作"完"）。【今注】萑葦竹蕭：指蘆葦竹蒿之類的叢生植物。

[14]【顏注】師古曰：蒙蘢，覆蔽之貌也。蘢音來東反。【今注】蒙蘢：枝葉茂盛的樣子。　茂接：形容草木枝葉旺盛濃密。

〔15〕【顏注】師古曰：鋋，鐵把短矛也，音上延反。【今注】鋋：短柄鐵矛。也可以投擲。在林木茂密的地方，短鋋大有用武之地。（參見孫機《漢代物質文化資料圖説（增訂本）》，第 147 頁）

〔16〕【顏注】師古曰：集，齊也。

〔17〕【顏注】師古曰：金，金鉦也。鼓所以進衆，金所以止衆也。【今注】案，"趨利弗及"四句：遇到有利時機不能很快利用，碰到危險情況不能迅速躲避，前隊進攻，後隊懈怠，不能遵守金鼓的指揮。畢，快速。解，同"懈"。懈怠。案，蔡琪本、大德本、殿本"金鼓之指"作"金鼓之音"。《漢書考正》宋祁亦認爲，當作"金鼓之音"。但王念孫《讀書雜志·漢書第九》認爲，古代行軍作戰，聞鼓則進，聞金則止，隨其指揮，故當作"指"。

〔18〕【今注】兵不完利：王先謙《漢書補注》引《管子·參患》："兵不完利，與無操者同實；甲不堅密，與無俴者同實。"

〔19〕【顏注】應劭曰：袒裼，肉袒也。師古曰：裼音錫。【今注】袒裼：脱去上衣，露出身體。有學者認爲，或當作"但裼"（參見沈兼士《袒裼、但馬、鏬襪》，載《沈兼士學術論文集》，中華書局 1986 年版，第 289 頁）。

〔20〕【顏注】師古曰：鏃，矢鋒也，音子木反。【今注】鏃：漢代用銅鏃，但含錫量增加，硬度比秦代更高。箭頭裝入箭幹的部分，用鐵鋋。其中飛宝箭殺傷力最強，鏃較重，殺傷力更大而射程較近。漢人多在強弩上使用。（參見孫機《漢代物質文化資料圖説（增訂本）》，第 161—162 頁）案，"弩不可以及遠"六句，王先謙《漢書補注》引《管子·參患》："弩不可以及遠，與短兵同實；射而不能中，與無矢者同實；中而不能入，與無鏃者同實。"

〔21〕【顏注】師古曰：省，視也。【今注】將不省兵之禍：將領不知道如何領兵導致的過錯。禍，指過錯。

〔22〕【今注】案，"故兵法曰"數句，王先謙《漢書補注》引《管子·參患》："故凡兵有大論，必先論其器，論其士，論其將，

論其主。故曰，器濫惡不利者，以其士予人也；士不可用者，以其將予人也；將不知兵者，以其主予人也；主不積務於兵者，以其國予人也。"故此兵法當指《管子》。

　　臣又聞小大異形，彊弱異執，險易異備。[1]夫卑身以事彊，小國之形也；合小以攻大，敵國之形也；[2]以蠻夷攻蠻夷，中國之形也。[3]今匈奴地形技藝與中國異。上下山阪，出入溪澗，中國之馬弗與也；[4]險道傾仄，且馳且射，[5]中國之騎弗與也；風雨罷勞，飢渴不困，[6]中國之人弗與也：此匈奴之長技也。若夫平原易地，輕車突騎，[7]則匈奴之眾易橈亂也；[8]勁弩長戟，射疏及遠，[9]則匈奴之弓弗能格也；[10]堅甲利刃，長短相雜，[11]遊弩往來，什伍俱前，[12]則匈奴之兵弗能當也；材官騶發，矢道同的，[13]則匈奴之革笥木薦弗能支也；[14]下馬地鬭，劍戟相接，去就相薄，[15]則匈奴之足弗能給也：[16]此中國之長技也。以此觀之，匈奴之長技三，中國之長技五。陛下又興數十萬之眾，以誅數萬之匈奴，眾寡之計，以一擊十之術也。

　　[1]【顏注】師古曰：易，平也，音弋豉反（豉，殿本作"跂"）。【今注】險易異備：因地勢險要和平坦不同，防禦的方式也不同。沈欽韓《漢書疏證》引《大司馬》鄭司農注："險野人為主，人居前；易野車為主，車居前。"

　　[2]【顏注】師古曰：彼我力均，不能相勝，則須連結外援

共制之也。

[3]【顏注】師古曰：不煩華夏之兵，使其同類自相攻擊也。【今注】案，"夫卑身以事彊"六句，卑微地侍奉強國，是小國的表現；聯合小國來攻打大國，是均勢國家的表現；利用蠻夷來攻打蠻夷，這是中國的表現。敵國，指勢均力敵的兩國。形，情勢，形勢。

[4]【顏注】師古曰：與猶如。

[5]【顏注】師古曰：仄，古側字。

[6]【顏注】師古曰：罷讀曰疲。

[7]【顏注】師古曰：易亦平也。突騎，言其驍銳可用衝突敵人也。

[8]【顏注】師古曰：撓，攪也，音火高反，其字從手。一曰，橈（蔡琪本、大德本、殿本作"撓"），曲也，弱也，音女教反，其字從木。【今注】案，橈，蔡琪本、大德本、殿本作"撓"。

[9]【顏注】師古曰：疏亦闊遠也。【今注】射疏及遠：用勁弩、長戟以射殺或擊殺距離疏遠的敵人。《漢書考正》引劉奉世說，長戟恐誤，或如大弩以槍爲矢一樣，可以射疏及遠。戟有鈎，並不能發射。但據楊樹達《古書句讀釋例》，這是古書中合叙的手法，即前一句叙兩件事物，後一句叙兩件事物，分別對應。

[10]【今注】格：抗拒、抵抗。

[11]【今注】案，即以長短兵器相互配合使用。沈欽韓《漢書疏證》引《司馬法·定爵》曰："五兵當長以衛短，短以救長，迭戰則久，皆戰則強。"

[12]【顏注】師古曰：伍人爲伍，二伍爲什。【今注】遊弩：弩有強有弱，強者爲大弩，弱者爲小弩。其中小弩臨敵對陣，可以爲往來之游弩。

[13]【顏注】蘇林曰：騥音馬驟之驟（馬，蔡琪本作"駿"）。

如淳曰：驍，矢也。處平易之地可以矢相射也。臣瓚曰：材官，騎射之官也。射者驍發，其用矢者同中一的，言其工妙也。師古曰：驍謂矢之善者也。《春秋左氏傳》作"靫"字，其音同耳。材官，有材力者。驍發，發驍矢以射也。手工矢善，故中則同的。的謂所射之準臬也。蘇音失之矣。臬音牛列反，即謂㮚也。【今注】驍發：善於快速連續射箭。荀悦《漢紀·孝文紀》作"材官騾發"。驍，通"騾"。　矢道：箭飛行的軌道。

[14]【顏注】孟康曰：革笥，以皮作如鎧者被之。木薦，以木板作如楯。一曰，革笥若楯（若楯，殿本作"若薦楯"），木薦之以當人心也（殿本無"薦"字）。師古曰：一說非也。笥音息嗣反。

[15]【顏注】師古曰：薄，迫也。

[16]【顏注】師古曰：給謂相連及（及，殿本作"也"）。

　　雖然，兵，凶器；戰，危事也。以大爲小，以彊爲弱，在俛卬之間耳。[1]夫以人之死爭勝，跌而不振，[2]則悔之亡及也。帝王之道，出於萬全。今降胡義渠蠻夷之屬來歸誼者，[3]其衆數千，飲食長技與匈奴同，可賜之堅甲絮衣，[4]勁弓利矢，益以邊郡之良騎。令明將能知其習俗和輯其心者，[5]以陛下之明約將之。即有險阻，以此當之；平地通道，則以輕車材官制之。兩軍相當表裏，[6]各用其長技，衡加之以衆，[7]此萬全之術也。

[1]【顏注】師古曰：言不知其術，則雖大必小，雖彊必弱也。俛亦俯字。卬讀曰仰。【今注】俛卬：指時間短暫，瞬息之間。同"俯仰"。

[2]【顏注】服虔曰：蹉跌不可復起也。師古曰：跌，足失據也。跌音徒結反。【今注】跌而不振：摔倒了爬不起來。比喻受到打擊或挫折後不能振作。

[3]【今注】義渠：西戎之一。分布在今甘肅慶陽市及涇川縣一帶。春秋戰國時，常與秦國交戰。周赧王十五年（前300）爲秦所併。此處所謂降胡義渠，指漢文帝時歸降的義渠人。

[4]【今注】絮衣：棉衣。漢代的甲，使用時需要襯有一層絮類絲織物（參見孫機《漢代物質文化資料圖説（增訂本）》，上海古籍出版社2011年版，第173—174頁）。

[5]【顏注】師古曰：輯與集同也。

[6]【今注】案，當，蔡琪本、大德本、殿本作“爲”。

[7]【顏注】張晏曰：衡音橫（橫，蔡琪本作“撗”）。師古曰：衡即橫耳，無勞借音。

　　傳曰：“狂夫之言，而明主擇焉。”[1]臣錯愚陋，昧死上狂言，唯陛下財擇。[2]

[1]【今注】狂夫之言而明主擇焉：《史記》卷九二《淮陰侯列傳》作“狂夫之言，聖人擇焉”。又見《説苑·談叢》。

[2]【顏注】師古曰：財與裁同也。

　　文帝嘉之，乃賜錯璽書寵答焉，[1]曰：“皇帝問太子家令：上書言兵體三章，聞之。[2]書言‘狂夫之言，而明主擇焉’。今則不然。言者不狂，而擇者不明，國之大患，故在於此。使夫不明擇於不狂，是以萬聽而萬不當也。”[3]

[1]【今注】璽書：皇帝的詔敕。古代將文書書寫於簡牘上，兩片合一，以繩縛之，在繩結上用泥密封，鈐以印璽。春秋戰國時，國君大夫之印稱璽，秦以後作爲皇帝專用。《後漢書》卷一《光武紀》注引《漢制度》，帝王之書有四，即策書、制書、詔書、誡敕。　寵答：皇帝對臣下嘉許的答復，亦用作給人復信的敬辭。

[2]【顏注】李奇曰：三者，得地形，卒服習，器用利。

[3]【今注】萬聽而萬不當：指聽很多進言也得不到好處。

錯復言守邊備塞，勸農力本，[1]當世急務二事，曰：

臣聞秦時北攻胡貉，[2]築塞河上，[3]南攻楊粤，[4]置戍卒焉。其起兵而攻胡、粤者，非以衛邊地而救民死也，貪戾而欲廣大也，故功未立而天下亂。且夫起兵而不知其埶，戰則爲人禽，屯則卒積死。[5]夫胡貉之地，積陰之處也，木皮三寸，冰厚六尺，[6]食肉而飲酪，其人密理，鳥獸毳毛，[7]其性能寒。[8]楊粤之地少陰多陽，其人疏理，[9]鳥獸希毛，其性能暑。秦之戍卒不能其水土，戍者死於邊，輸者僨於道。[10]秦民見行，如往棄市，因以謫發之，名曰“謫戍”。[11]先發吏有謫及贅壻、賈人，後以嘗有市籍者，[12]又後以大父母、父母嘗有市籍者，後入閭，[13]取其左。[14]發之不順，行者深怨，有背畔之心。[15]凡民守戰至死而不降北者，以計爲之也。[16]故戰勝守固則有拜爵之賞，攻城屠邑則得其財鹵以富家室，故能使其衆蒙矢石，赴湯火，[17]視死如生。今秦之發卒也，有萬死之害，而亡銖兩之報，[18]死事之後不得一算之復，[19]天下明知禍烈及己也。[20]陳勝行戍，至於大澤，[21]爲天下先倡，[22]天下從之如流水者，秦以威劫而行之之敝也。

［1］【今注】勸農力本：事詳見本書《食貨志上》。

［2］【今注】胡貉：泛指戰國時期北方各民族。包括東胡、匈奴、林胡、樓煩等。亦作“胡狢”“胡貃”。

［3］【顏注】師古曰：貉音莫客反。【今注】築塞河上：戰國及秦漢時期，黃河河道被利用，作北方軍事防綫，稱“河塞”“因河爲塞”。河上塞，指關中北部邊塞上沿黃河的各種津渡關隘（參見楊建《西漢初期津關制度研究——附〈津關令〉簡釋》，上海古籍出版社 2010 年版，第 67 頁）。

［4］【顏注】張晏曰：楊州之南越也。【今注】楊粵：在今河南內鄉縣、鄧州市與湖北襄陽市之間。又稱“於邑”“楊雩”（參見段渝《楚熊渠伐庸、楊粵、鄂的地理位置》，《歷史地理》第 8 輯，上海人民出版社 1990 年版），也有學者認爲，楊粵指漢水中游的楊水流域，在今湖北江陵縣潛江一帶（參見曹天曉《〈史記·楚世家〉“三王”封地考》，《文教資料》2016 年第 34 期）。案，殿本“楊粵”作“揚粵”。下同不注。

［5］【今注】積死：王念孫《讀書雜志·漢書第九》“積”讀爲“漬”。指漬死，病死。由於邊地苦寒，戍卒不耐其水土，則生疾病，相漸漬而死。但吳恂《漢書注商》以爲，積死即死者先後相積，人數衆多。水土不服不至於傳染。

［6］【顏注】文穎曰：土地寒故也。【今注】案，“木皮三寸”二句，沈欽韓《漢書疏證》引《尸子》：“朔方之寒，冰厚六尺，木皮三寸。北極左右有不釋之冰。”木皮，即樹皮。

［7］【顏注】師古曰：密理，謂其肌肉也。毳，細毛也。【今

注】密理：人的肌膚表面紋理細膩緊密。

[8]【顏注】師古曰：能讀曰耐。此下能暑亦同。

[9]【今注】疏理：指人的肌膚表面粗糙。

[10]【顏注】服虔曰：債，仆也。如淳曰：債音奮。

[11]【今注】案，此句意爲，凡是被"謫戍"的秦民，視此猶如遭"棄市"之刑。

[12]【今注】市籍：居住於"市里"的特定人群所持有的一種身份憑證，作爲經商及收稅的憑證。市籍非終身制，可以通過軍功、贖買、貲郎、入粟等方式轉爲民籍（參見陸建偉《秦漢時期市籍制度初探》，《中國經濟史研究》1999 年第 4 期；王剛《漢代市籍問題再探》，《南都學壇》2016 年第 3 期）。

[13]【今注】閭：漢代里的外門和內門有專稱，外部之門爲閭，內部之門爲閻。里設里門若干，定時開閉，有專人管理，統一時間出入。

[14]【顏注】孟康曰：秦時復除者居閭之左，後發役不供，復役之也。或云直先發取其左也。師古曰：閭，里門也。居閭之左者，一切皆發之，非謂復除也。解在《食貨志》。【今注】案，"先發吏有謫"至"取其左"數句，《史記》卷一二三《大宛列傳》載，太初三年（前 102），武帝爲支援貳師將軍李廣利征大宛，"發天下七科適"。張守節《正義》引張晏曰"吏有罪一，亡命二，贅壻三，賈人四，故有市籍五，父母有市籍六，大父母有籍七：凡七科"。所載與此有不同，無"閭左"而有"亡命"。取其左，左指居里門之左身份卑賤之人。秦漢謫發次序，先發有罪，次及身份、職業受歧視者，漸及"閭左"等無辜之人。

[15]【今注】案，何焯《義門讀書記》卷一七云，恐文帝懲秦戍卒創亂，不敢徙民實塞下，因此就秦所以致亂之故分析明白，使提議不會被阻撓。案，深怨，殿本作"深恐"。

[16]【顏注】師古曰：北謂敗退。【今注】以計爲之也：此

句意爲，覺得有利於自己，所以願意爲之。

[17]【顏注】師古曰：蒙，冒犯也。【今注】鹵：古同"擄"。掠奪。

[18]【今注】銖兩：分量極輕微。比喻細小。二十四銖爲一兩。

[19]【顏注】師古曰：復，復除也，音方目反。【今注】一算之復：秦漢時期算賦，即人口稅。又稱爲口賦、口算、口算錢。漢代民年十五以上至五十六出賦錢，人出一算。一算百二十錢。

[20]【顏注】師古曰：猛火曰烈，取以喻耳。

[21]【今注】大澤：地名。即大澤鄉。在今安徽宿州市東南。

[22]【顏注】師古曰：倡讀曰唱也。

　　胡人衣食之業不著於地，[1]其執易以擾亂邊竟。[2]何以明之？胡人食肉飲酪，衣皮毛，非有城郭田宅之歸居，如飛鳥走獸於廣壄，[3]美草甘水則止，草盡水竭則移。以是觀之，往來轉徙，時至時去，此胡人之生業，而中國之所以離南畝也。[4]今使胡人數處轉牧行獵於塞下，[5]或當燕代，[6]或當上郡、北地、隴西，[7]以候備塞之卒，卒少則入。陛下不救，則邊民絶望而有降敵之心；救之，少發則不足，多發，遠縣纔至，則胡又已去。[8]聚而不罷，爲費甚大；罷之，則胡復入。如此連年，則中國貧苦而民不安矣。

[1]【顏注】師古曰：著音直略反。【今注】案，此句指胡人不定居，衣食不依賴於農桑。

[2]【顏注】師古曰：竟讀曰境。

[3]【顏注】師古曰：壄，古野字。

[4]【顏注】師古曰：畮，古畝字也。南畮，耕種之處也。【今注】南畮：泛指農田。古代以農田向陽利於農作物生長，適應水流與地勢，田土南北向布局，故稱南畝。代指家鄉。

[5]【今注】塞下：漢代北方邊疆及附近地區。

[6]【今注】燕：戰國時期燕國所在地。在今河北北部、遼寧西部。　代：戰國時期代國所在地。在今山西北部、河北西部。

[7]【今注】上郡：治膚施（今陝西榆林市東南）。　北地：郡名。治義渠（今甘肅寧縣西北）。案，沈欽韓《漢書疏證》以爲，此謂北邊東起幽燕、西至隴右河西。以漢郡言之，上谷、代郡、漁陽、右北平之塞當匈奴左地（左賢王所部），極於遼西。上郡、隴西、北地之塞當匈奴右地（右賢王所部），極於酒泉、敦煌，延聯西域。鼂錯時河西四郡尚未開闢，故言邊塞出於隴西。

[8]【顏注】李奇曰：纔音裁。師古曰：纔，淺也，猶言僅至也（殿本無“也”字）。他皆類此。

　　陛下幸憂邊境，遣將吏發卒以治塞，甚大惠也。然令遠方之卒守塞，一歲而更，[1]不知胡人之能，[2]不如選常居者，家室田作，且以備之。以便爲之高城深塹，[3]具藺石，布渠答，[4]復爲一城，其內城間百五十步。[5]要害之處，通川之道，調立城邑，毋下千家，[6]爲中周虎落。[7]先爲室屋，具田器，迺募辠人及免徒復作令居之；[8]不足，募以丁奴婢贖辠及輸奴婢欲以拜爵者；[9]不足，迺募民之欲往者。皆賜高爵，[10]復其家。[11]予冬夏衣，廩食，能自給而止。[12]郡縣之民得買其爵，以自增至卿。[13]其亡夫若妻者，縣官買予之。[14]人情非有匹敵，不能久安其處。塞下之民，禄利不厚，不可使久居危難之地。胡人入驅而能止其所驅者，以其半予之，[15] 縣官爲贖[16] 其民。[17] 如是，則邑里相救助，赴胡不避死，非以德上也，[18] 欲全親戚而利其財也。此與東方之戍卒不習地埶而心畏胡者，功相萬也。[19] 以陛下之時，徙民實邊，使遠方亡屯戍之事，塞下之民父子相保，亡係虜之患，利施後世，名稱聖明，其與秦之行怨民，相去遠矣。[20]

[1]【顏注】師古曰：更謂易代也，音庚，又讀如本字。【今注】一歲而更：漢制，歲更始於高后五年（前 183）。楊振紅認爲，屯戍兵役多爲臨時征發，其期限並不一定，所以歲更並非一次性完成，而是在任務期限內通過多次積累完成（參見楊振紅《出土簡牘與秦漢社會（續編）》，廣西師範大學出版社 2015 年版，第 203—204 頁）。

[2]【今注】不知胡人之能：不知胡人的長處，則防禦的方法不够完備。

[3]【今注】高城深塹：高高的城墻，深深的護城河。形容防守堅固。塹，壕溝。

[4]【顏注】服虔曰：藺石，可投人石也。蘇林曰：渠答，鐵疾藜也（疾，蔡琪本、殿本作「蒺」）。如淳曰：藺石，城上雷石也。墨子曰：「城上二步一渠，立程長三尺，冠長十尺，臂長六尺；二步一答，答廣九尺，袤十二尺。」師古曰：藺石，如說是也。渠答，蘇說是也。雷音來内反。【今注】藺石：古代守城用以投擲的大石。又作「雷石」「礧石」。　渠答：當爲守城者用於遮蔽矢石的防禦戰具（參見李少一《「渠答」非「鐵蒺藜」辨》，《辭書研究》1987 年第 5 期）。又作「渠苔」。另學者認爲，即鐵疾藜。

鐵製棱錐狀物，布於水中或道路，阻攔敵軍人馬、車輛通行。《墨子·備城門》將蒺藜與渠並列，故兩者並非一物。

[5]【今注】案，“復爲一城”二句，王先謙《漢書補注》認爲，即大城中復立一小城。如杜佑《通典·守拒法》載，城外四面壕內，離城十步，更立小隔城，厚六尺，高五尺，仍立女墻，稱爲“羊馬城”。荀悅《漢紀》卷八《孝文皇帝紀下》删“具繭石，布渠答”，於“復爲一城”上增“其外”二字。

[6]【顏注】師古曰：調，謂算度之也。惣計城邑之中令有千家以上也。調音徒釣反。

[7]【顏注】鄭氏曰：虎落者，外蕃也，若今時竹虎落也（蔡琪本、大德本、殿本無“落”字）。蘇林曰：作虎落於塞要下，以沙布其表，旦視其跡，以知匈奴來入，一名天田。師古曰：蘇說非也。虎落者，以竹篾相連遮落之也。【今注】中周虎落：於內城小城之間以虎落周繞之，故稱爲“中周虎落”。虎落，遮蔽防護城堡或要塞的竹籬笆。又作“弧落”。破城子發掘的塢，門外設甕城。城外四周埋設四排尖木椿，作爲城墻外的防禦措施。居延簡文中又作“彊落”“柃柱”。（參見黃今言《漢代西北邊塞的“塢”》，《江西師範大學學報》2012 年第 2 期）

[8]【顏注】張晏曰：募民有罪自首，除罪定輸作者也，復作如徒也。臣瓚曰：募有罪者及罪人遇赦復作竟其日月者，今皆除其罰，令居之也。師古曰：瓚說是也。復音扶目反。【今注】徒復作：經朝廷赦免後形成的一種身份，再次犯罪按平民而不按刑徒對待。有學者指出，公私之間的債務問題也是復作的來源（參見崔建華《西漢“復作”的生成機制及身份歸屬探討》，《中國史研究》2016 年第 2 期）。“復作”徒被徙邊後，身份仍然是刑徒，故在漢簡中也被稱作“徒復作”。居延漢簡有“四月旦見徒復作三百七十九人”等記載（34·9）。

[9]【今注】丁奴婢贖辠及輸奴婢：丁奴婢是有罪人願入官爲

奴婢者，如漢文帝時的緹縈。輸奴婢是無罪人自願輸人入官爲奴婢，欲以拜爵。如本書《食貨志下》所載"其後府庫并虚，乃募民能入奴婢，得以終身復爲郎增秩"。

[10]【今注】高爵：七大夫、公乘以上，謂之高爵。

[11]【顏注】師古曰：復音方目反。

[12]【顏注】師古曰：初徙之時，縣官且廩給其衣食，於後能自供贍乃止也。

[13]【顏注】孟康曰：《食貨志》所謂樂卿者也，朝位從卿而無職也。師古曰：孟説非也。樂卿，武帝所置耳，錯之上書未得豫言之也。然二十等爵内無有卿名，蓋謂其等級同列卿者也。【今注】卿：漢代高爵之泛稱。本書卷四一《樊噲傳》謂左庶長以上之爵。此指樂卿。西漢武功爵的第八級，爲武帝所置。令民得以錢穀買爵位，以補軍用不足。其第七級以上的高爵得補吏、免役。凡買爵者，最高得至樂卿。朝位從九卿，加"樂"字，以區別於正卿。

[14]【今注】縣官：官府。又代指天子、朝廷。楊振紅認爲，以"縣官"稱天子、國家的制度始於秦始皇統一中國。意爲秦從諸侯國君升格爲天子，成爲居住在縣内（王畿）統治天下的官。（參見楊振紅《"縣官"之由來與戰國秦漢時期的"天下"觀》，《中國史研究》2019年第1期）

[15]【顏注】孟康曰：謂胡人入爲寇，驅收中國，能奪得之者，以半與之。師古曰：孟説非也。言胡人入爲寇，驅略漢人及畜產，而它人能止得其所驅者，令其本主以半賞之。

[16]【顏注】張晏曰：得漢人，官爲贖也。師古曰：此承上句之言，謂官爲備價贖之耳。張説非也。

[17]【今注】案，"胡人入驅"三句指匈奴驅掠人民及畜產，如其他人能阻止，得其所驅的畜產，則以其一半給予此人，並不需要官府爲之贖買。如果百姓各有骨肉，不能以畜產給予他人，則由

官府爲備價贖買，仍令完聚。

[18]【顏注】師古曰：言非以此事欲立德義於主上也。【今注】案，王先謙《漢書補注》引王文彬説，指民間互相救助，並非感恩於皇帝，而是會圖保全家人並可以獲得他人的財產。而且臣下之於皇帝，不能稱爲"立德"。德，感恩。

[19]【顏注】如淳曰：東方諸郡民不習戰鬬當成邊者也。【今注】功相萬：其功萬倍於東方之戍卒。

[20]【顏注】師古曰：言發怨恨之人使行戍役也。

上從其言，募民徙塞下。錯復言：

> 陛下幸募民相徙以實塞下，使屯戍之事益省，輸將之費益寡，[1]甚大惠也。下吏誠能稱厚惠，奉明法，[2]存卹所徙之老弱，[3]善遇其壯士，和輯其心而勿侵刻，[4]使先至者安樂而不思故鄉，則貧民相募而勸往矣。[5]臣聞古之徙遠方以實廣虛也，[6]相其陰陽之和，嘗其水泉之味，審其土地之宜，觀其中木之饒，然後營邑立城，製里割宅，[7]通田作之道，正阡陌之界，先爲築室，家有一堂二內，門户之閉，[8]置器物焉，民至有所居，作有所用，此民所以輕去故鄉而勸之新邑也。[9]爲置醫巫，以救疾病，以脩祭祀，男女有昏，[10]生死相卹，墳墓相從，種樹畜長，[11]室屋完安，此所以使民樂其處而有長居之心也。

[1]【顏注】如淳曰：將，送也。或曰，將，資也。【今注】輸將：輸送。將，送。

[2]【顏注】師古曰：稱，副也。

　　[3]【今注】所徙之老弱：陳直《漢書新證》認爲，居延漢簡
廩食簡及車馬簡多記載父母妻子到所，有老有弱。雖名爲正卒戍
邊，其實與募民徙塞下相似。　案，郵，蔡琪本作"恤"。

　　[4]【顏注】師古曰：輯與集同。【今注】和輯：使和睦團結。

　　[5]【今注】募：王念孫《讀書雜志·漢書第九》認爲，"募"
當爲"慕"。所徙之民慕先至者，使之安樂，因而欲往，故曰"相
慕而勸往"，不當作"相募"。

　　[6]【顏注】師古曰：所以充實寬廣空虛之地。【今注】廣
虛：指徙遠方之民，以實空曠之地。"廣"與"曠"同，"虛"與
"墟"同。

　　[7]【今注】製里割宅：劃分鄉里和住宅區。

　　[8]【顏注】張晏曰：二內，二房也。【今注】二內：指東房
西室。據王鳴盛《十七史商榷》卷二四引鄭康成説，古代天子、諸
侯有左右房，大夫、士則僅有東一房、西一室，並無左右房。袁延
勝認爲，古代房屋，前爲堂，後爲室，室之東旁爲一房。這是秦漢
民居的普遍樣式，如《睡虎地秦墓竹簡·封診式》"封守"提及某
里士伍甲的房屋爲："一宇二內，各有户，内室皆瓦蓋，大木具，
門桑十木（株）。"三楊莊漢代聚落遺址部分民居同此。（參見袁延
勝《三楊莊聚落遺址與漢代户籍問題》，《中原文物》2012 年第 3
期）

　　[9]【顏注】師古曰：之，往也。

　　[10]【顏注】師古曰：昏謂婚姻配合也。

　　[11]【顏注】張晏曰：畜長，六畜也。師古曰：種樹謂桑果
之屬。長音竹兩反。【今注】種樹畜長：指人民種植五穀、桑麻，
豢養禽畜，以滿足養生送死的需要，故沒有遷徙的意願。本書卷五
一《枚乘傳》、卷八九《黃霸傳》、卷九一《貨殖傳》均作"種樹
畜養"。

臣又聞古之制邊縣以備敵也，使五家爲伍，伍有長；十長一里，里有假士；[1]四里一連，連有假五百；[2]十連一邑，邑有假候：[3]皆擇其邑之賢材有護，[4]習地形知民心者。居則習民於射法，出則教民於應敵。故卒伍成於內，則軍正定於外。服習以成，勿令遷徙，[5]幼則同遊，長則共事。夜戰聲相知，則足以相救；晝戰目相見，則足以相識；驩愛之心，足以相死。如此而勸以厚賞，威以重罰，則前死不還踵矣。[6]所徙之民非壯有材力，但費衣粮，[7]不可用也；雖有材力，不得良吏，猶亡功也。

[1]【今注】假士：古代邊遠縣行政組織中以五十家爲一里，設假士一人統領。因其非常設官職，是出於權宜設置，故稱假士。

[2]【顏注】服虔曰：假音假借之假。五百，帥名也（帥，蔡琪本作"師"）。師古曰：假，大也，音工雅反。【今注】假五百：臨時設置的連的長官，非常設官職，故稱"假"。一説假五百同古代軍隊之"伍伯"，但非統兵官，所統民衆數量爲二百人。

[3]【今注】假候：暫時設置的軍候。軍候爲漢代領兵武官，大將軍營五部，部下有曲，曲設軍候一人，秩比六百石。案，《管子·小匡》作"制五家爲軌，軌有長。十軌爲里，里有司。四里爲連，連有長。十連爲鄉，鄉有良人。三鄉一帥"。

[4]【顏注】師古曰：有保護之能者也。今流俗書本"護"字作"讓"，妄改之耳。

[5]【顏注】師古曰：各守其業也。

[6]【顏注】師古曰：還讀曰旋。旋踵，回旋其足也。

[7]【今注】案，粮，殿本作"糧"。

陛下絕匈奴不與和親，臣竊意其冬來南也，[1]
壹大治，[2]則終身創矣。[3]欲立威者，始於折
膠，[4]來而不能困，使得氣去，[5]後未易服也。愚
臣亡識，唯陛下財察。[6]

[1]【顏注】師古曰：意，疑之也。

[2]【今注】壹大治：集中力量給予匈奴致命一擊，使之一蹶
不振。這是鼂錯欲求速勝的思想。王夫之《讀通鑑論》卷二批評
說：當時漢朝除非經營數十年之久，否則不能成功。以和親的手段
進行羈縻，爭取時間鞏固邊防，或許不用給匈奴致命一擊而不敢南
犯。鼂錯冒昧處置，希望大治之，故不能成功。可見，在王夫之看
來，在對付匈奴時，和親、實邊、大治，三者不可缺一。

[3]【顏注】師古曰：創，懲艾也，音初亮反。

[4]【顏注】蘇林曰：秋氣至，膠可折，弓弩可用，匈奴常
以爲候而出軍。【今注】折膠：膠是製弓的材料之一。每當秋季，
膠可折，弓弩可用，匈奴於此時侵漢。故防禦匈奴，正在此時。古
人治弓用膠爲動物膠，非植物膠，且膠在治弓過程中作黏合劑，並
不能加強弓的硬度。折膠，"膠"當通"驕"（參見王彥坤《〈漢
書·鼂錯傳〉通假字補考》，《學術研究》2003 年第 2 期）。

[5]【顏注】師古曰：使其得勝，逞志氣而去（志氣，大德
本、殿本作"氣志"）。

[6]【今注】財察：裁擇審察。財，通"裁"。

後詔有司舉賢良文學士，[1]錯在選中。上親策詔
之，曰：

惟十有五年九月壬子，[2]皇帝曰：昔者大禹勤
求賢士，施及方外，[3]四極之內，[4]舟車所至，人

迹所及，靡不聞命，以輔其不逮；[5]近者獻其明，遠者通厥聰，比善勠力，[6]以翼天子。[7]是以大禹能亡失德，夏以長楙。[8]高皇帝親除大害，[9]去亂從，[10]並建豪英，以爲官師，[11]爲諫争，輔天子之闕，[12]而翼戴漢宗也。賴天之靈，宗廟之福，方内以安，澤及四夷。今朕獲執天子之正，以承宗廟之祀，朕既不德，又不敏，明弗能燭，而智不能治，此大夫之所著聞也。故詔有司、諸侯王、三公、九卿及主郡吏，[13]各帥其志，以選賢良明於國家之大體，通於人事之終始，及能直言極諫者，各有人數，將以匡朕之不逮。二三大夫之行當此三道，[14]朕甚嘉之，故登大夫于朝，[15]親諭朕志。[16]大夫其上三道之要，及永惟朕之不德，吏之不平，政之不宣，民之不寧，[17]四者之闕，悉陳其志，毋有所隱。上以薦先帝之宗廟，[18]下以興愚民之休利，著之于篇，[19]朕親覽焉。觀大夫所以佐朕，至與不至，[20]書之，周之密之，重之閉之。[21]興自朕躬，[22]大夫其正論，毋枉執事。[23]烏虖，戒之！[24]二三大夫其帥志毋怠！

[1]【今注】賢良文學：漢代察舉科目名，賢良指才幹出衆、德高望重者，爲常見之特科，始於漢文帝二年（前178）。文學指經學。均秩比六百石以上。

[2]【今注】惟十有五年九月壬子：陳直《漢書新證》認爲，十以下單數，必加“有”字，這是西漢沿用先秦文法。九月壬子，爲九月二十七日。

[3]【顏注】師古曰：施，延也，音弋豉反。【今注】方外：封畿之外，指邊境地區。

[4]【今注】四極：四方邊境之地。

[5]【顏注】師古曰：意所不及者，取其言以自輔也。

[6]【今注】比善勠力：指和睦親善，齊心協力。

[7]【顏注】師古曰：比，和也。翼，助也。比音頻寐反。

[8]【顏注】師古曰：楙，美也。【今注】長楙：長久興盛。

[9]【今注】大害：指秦朝。

[10]【顏注】師古曰：從音子容反。亂從，謂禍亂之踪迹也。一曰，亂謂作亂者，從謂合從者，若六國時爲從者也。今書本“從”下或有“順”字，或有“治”字者，皆非也，後人妄加之也。【今注】亂從：禍亂之踪跡。指秦末漢初項羽、三秦、陳豨、英布等與高祖争天下者。

[11]【顏注】師古曰：師，長也，各爲一官之長也。字或作“帥”，音所類反。【今注】官師：一官之長，爵位不高。或説先秦時期對士、大夫等低級官吏的通稱。泛指百官。（參見孫思旺《論傳世典籍中的官師與出土竹簡中的大官之師》，《社會科學戰綫》2017 年第 10 期）

[12]【今注】闕：過失。

[13]【顏注】師古曰：主郡吏，謂郡守也。【今注】有司：官吏。古代設官分職，官吏各有執掌，故稱有司。　諸侯王：漢朝封爵的最高稱號。漢初分封異姓功臣、同姓皇子，像古代的諸侯國君，故稱爲諸侯王。金印綠綬，食邑。漢朝置諸侯國丞相，掌統率衆官。諸侯王治國，可以任命内史以下官吏。有太傅輔佐諸侯王，内史治民，中尉掌管武事。　三公：漢初以丞相、太尉、御史大夫爲三公。成帝綏和元年（前 8），改御史大夫爲大司空，增加大司馬、大司空，設立三公官。　九卿：秦漢時期中央官職的總稱，包括奉常（後改太常）、郎中令（後改光禄勳）、衛尉、太僕、廷尉、

典客（後改大鴻臚）、宗正、少府、治粟內史（後改大司農）。泛指中央高級官吏。

[14]【顏注】張晏曰：三道，國體、人事、直言也。師古曰：二三大夫，惣謂當時受策者，非止錯一人焉。

[15]【今注】登：召見。

[16]【顏注】師古曰：諭，告也。

[17]【顏注】師古曰：永猶深也。惟，思也。

[18]【今注】薦：祭獻、進獻。

[19]【顏注】師古曰：休，美也。篇謂簡也。

[20]【今注】至與不至：是否合適、恰當。

[21]【顏注】師古曰：重音直龍反（龍，蔡琪本、殿本作“隴”）。【今注】周之密之重之閉之：指此事需要周全細密，重視謹慎。

[22]【顏注】師古曰：言朕自發視之（視之，蔡琪本、殿本作“視也”）。

[23]【顏注】張晏曰：毋爲有司枉橈也（橈，殿本作“撓”）。【今注】執事：對百官的泛稱。

[24]【顏注】師古曰：虖讀曰呼。

錯對曰：

平陽侯臣窋、[1]汝陰侯臣竈、[2]潁陰侯臣何、[3]廷尉臣宜昌、[4]隴西太守臣昆邪[5]所選賢良太子家令臣錯[6]昧死再拜言：[7]臣竊聞古之賢主莫不求賢以爲輔翼，故黃帝得力牧而爲五帝先，[8]大禹得咎繇而爲三王祖，[9]齊桓得筦子而爲五伯長。[10]今陛下講于大禹及高皇帝之建豪英也，[11]退託於不明，以求賢良，[12]讓之至也。臣竊觀上世之傳，[13]若高皇帝之建功業，陛下之德厚而得賢佐，皆有司之所覽，刻於玉版，[14]藏於金匱，[15]歷之春秋，[16]紀之後世，爲帝者祖宗，與天地相終。今臣窋等逝以臣錯充賦，[17]甚不稱明詔求賢之意。臣錯中茅臣，[18]亡識知，昧死上愚對，曰：

[1]【顏注】孟康曰：曹窋，參子也。【今注】窋：曹窋，泗水郡沛縣（今江蘇沛縣）人。襲封平陽侯，吕后時爲御史大夫。謚静侯。窋，一作"窌"。平陽侯國治所在今山西臨汾市金殿鎮（參見馬孟龍《西漢侯國地理》，上海古籍出版社 2013 年版，第 367 頁）。

[2]【顏注】如淳曰：夏侯，嬰子也。【今注】竈：夏侯竈，漢文帝八年（前 172）襲封。謚文侯。汝陰侯國治所在今安徽阜陽市老城區（參見馬孟龍《西漢侯國地理》，第 367 頁）。1977 年安徽阜陽市雙古堆一號漢墓確定爲汝陰夷侯夏侯竈之墓（參見王襄天、韓自强《阜陽雙古堆西漢汝陰侯墓發掘簡報》，《文物》1978年第 3 期）。

[3]【顏注】文穎曰：灌嬰子。【今注】何：灌何，灌嬰之子。吴楚反時，爲將軍。漢文帝前元五年（前 175）襲封。又作"灌阿"。潁陰侯國治所在今河南許昌市。

[4]【今注】廷尉：官名。漢九卿之一。掌法律刑獄，主管詔獄。秩中二千石。　宜昌：事迹不詳。爲廷尉在漢文帝前元十五年（前 165）。

[5]【顏注】服虔曰：公孫昆邪也。師古曰：昆讀曰混，音下昆反。【今注】昆邪：即公孫昆邪，又作"公孫渾邪"。北地義渠（今甘肅慶陽市涇川縣一帶）人。文帝時歸漢。景帝三年（前 154），從周亞夫平定七國之亂，以功拜隴西太守。次年封平曲侯，

官至典屬國。景帝中四年（146）犯法失侯，免爲庶人。本書《藝文志》有《公孫渾邪》十五篇，屬陰陽家。

[6]【顏注】師古曰：詔列侯九卿及郡守舉賢良，故錯爲窋等所舉。

[7]【今注】昧死再拜：冒犯死罪再次叩拜。秦漢時期大臣上書常用的謙詞，以表敬畏。

[8]【顏注】服虔曰：力牧，黃帝之佐也。【今注】黃帝：上古帝王。號軒轅氏、有熊氏。與蚩尤戰於涿鹿。因有土德之瑞，故號黃帝。後世很多發明和製作均以黃帝爲始。　五帝：上古帝王名。説法不一。一般指黃帝、顓頊、嚳、堯、舜。

[9]【今注】咎（gāo）繇（yáo）：皋陶，偃姓，又作“皋繇”“咎陶”。傳説爲掌管刑法的“理官”。　三王：夏、商、周三朝的第一位帝王大禹、商湯、周武的合稱。

[10]【顏注】師古曰：笔字與管同。伯讀曰霸。【今注】齊桓：姓姜，名小白。齊襄公弟。初奔莒國。襄公被殺，從莒返回即位，任用管仲、鮑叔牙、隰朋、高傒等，鋭意改革，國力軍事增強。伐魯，會盟於柯（今山東陽穀縣東北阿城鎮）。公元前679年，九合諸侯。公元前663年，助燕國打敗山戎，救邢、衛，攻蔡。伐楚，與楚會盟於召陵。平定周王室内亂，助周襄王即位。公元前651年，大會諸侯於葵丘（今河南民權縣東北）。爲春秋時第一個霸主。　五伯：即“五霸”。《史記》説爲齊桓公、宋襄公、晉文公、秦穆公、楚莊王，《荀子》則認爲是齊桓公、晉文公、楚莊王、吳王闔閭、越王句踐。

[11]【顏注】臣瓚曰：講謂講議也。【今注】大禹：姒姓，名文命。鯀之子。夏后氏部落首領，繼鯀治水有功。建立夏朝，號夏后。　高皇帝：劉邦。本書卷一《高紀下》載，群臣以“高祖起微細，撥亂世反之正，平定天下，爲漢太祖，功最高”，上尊號爲高皇帝。

[12]【顏注】師古曰：自託不明，是謙退。

[13]【顏注】師古曰：謂史傳。

[14]【今注】玉版：上面有文字和圖畫的玉片。比喻珍貴的書籍檔案。

[15]【今注】案，藏，蔡琪本作"臧"。　金匱：漢代收藏圖書的櫃子，多以銅包邊，故稱"金匱"。

[16]【今注】春秋：春季和秋季。代指一年。

[17]【顏注】如淳曰：猶言備數也。臣瓚曰：充賦，此錯之謙也，云如賦調也。【今注】充賦：湊數，表示謙虛。

[18]【今注】中茅：草野未出仕的人。《儀禮·士相見禮》云，在邦稱"市井之臣"，在野稱"草茅之臣"，庶人則稱"刺草之臣"。

　　詔策曰"明於國家大體"，愚臣竊以古之五帝明之。臣聞五帝神聖，其臣莫能及，故自親事，[1]處于法宮之中，明堂之上；[2]動靜上配天，下順地，中得人。故衆生之類亡不覆也，根著之徒亡不載也；[3]燭以光明，亡偏異也；[4]德上及飛鳥，下至水蟲草木諸産，皆被其澤。[5]然後陰陽調，四時節，日月光，風雨時，膏露降，[6]五穀孰，[7]祅孽滅，[8]賊氣息，[9]民不疾疫，河出圖，洛出書，[10]神龍至，鳳鳥翔，德澤滿天下，靈光施四海。此謂配天地，治國大體之功也。

[1]【顏注】師古曰：親理萬機之勞。

[2]【顏注】如淳曰：法宮，路寢正殿也。【今注】法宮：正殿。古代帝王處理政事的地方。　明堂：古代天子宣明政教的地

方。凡朝會、祭祀、慶賞、選士、養老、教學等大典，均在此舉行。漢代明堂建於長安近郊東南，形制上圓下方。

[3]【顏注】師古曰：有根著地者皆載之也。著音直略反。
【今注】根著之徒：指有正當職業的居民。

[4]【顏注】師古曰：燭，照也。

[5]【顏注】師古曰：破音皮義反。

[6]【顏注】師古曰：甘露凝如膏。

[7]【今注】案，孰，蔡琪本、殿本作"熟"。

[8]【今注】祅：同"妖"。又作"𥚄"。許慎《說文解字》"𥚄"下云："地反物爲𥚄也。"反物，指事物反常。

[9]【今注】賊氣：陰陽不正之氣。

[10]【今注】河出圖洛出書：相傳伏羲氏時洛陽東北孟津縣境內有龍馬負圖出於河，伏羲據其文以畫八卦。相傳大禹時，洛陽西洛寧縣洛河中有神龜出，背負九組黑白點組成的圖畫。禹因此而治水，並劃天下爲九州，依此治理天下。（參見李立新《"河圖洛書"與漢字起源》，《周易研究》1995 年第 3 期）

詔策曰"通於人事終始"，愚臣竊以古之三王明之。臣聞三王臣主俱賢，故合謀相輔，計安天下，莫不本於人情。人情莫不欲壽，三王生而不傷也；人情莫不欲富，三王厚而不困也；人情莫不欲安，三王扶而不危也；人情莫不欲逸，三王節其力而不盡也。其爲法令也，合於人情而後行之；其動衆使民也，[1]本於人事然後爲之。取人以己，內恕及人。[2]情之所惡，不以彊人；情之所欲，不以禁民。是以天下樂其政，歸其德，望之若父母，從之若流水；百姓和親，國家安寧，名位不失，施及後世。[3]此明於人情終始之功也。

[1]【今注】動眾使民：徵發徭役。

[2]【顏注】師古曰：以己之心揆之於人也。

[3]【顏注】師古曰：施，延也，音弋豉反。

　　詔策曰"直言極諫"，愚臣竊以五伯之臣明
之。[1]臣聞五伯不及其臣，故屬之以國，任之以
事。[2]五伯之佐之爲人臣也，察身而不敢誣，[3]奉
法令不容私，盡心力不敢矜，[4]遭患難不避死，見
賢不居其上，受禄不過其量，不以亡能居尊顯之
位。自行若此，可謂方正之士矣。其立法也，非
以苦民傷眾而爲之機陷也，[5]以之興利除害，尊主
安民而救暴亂也。其行賞也，非虛取民財妄予人
也，以勸天下之忠孝而明其功也。故功多者賞厚，
功少者賞薄。如此，斂民財以顧其功，[6]而民不恨
者，知與而安己也。其行罰也，非以忿怒妄誅而
從暴心也，[7]以禁天下不忠不孝而害國者也。故辜
大者罰重，辜小者罰輕。如此，民雖伏罪至死而
不怨者，知罪罰之至，自取之也。立法若此，可
謂平正之吏矣。法之逆者，請而更之，不以傷
民；[8]主行之暴者，逆而復之，不以傷國。[9]救主
之失，補主之過，揚主之美，明主之功，使主内
亡邪辟之行，外亡騫污之名。[10]事君若此，可謂
直言極諫之士矣。此五伯之所以德匡天下，威正
諸侯，功業甚美，名聲章明。舉天下之賢主，五

伯與焉，[11] 此身不及其臣而使得直言極諫補其不
逮之功也。今陛下人民之眾，威武之重，德惠之
厚，令行禁止之埶，萬萬於五伯，[12] 而賜愚臣策
曰"匡朕之不逮"，愚臣何足以識陛下之高明而奉
承之！

[1]【顏注】師古曰：伯讀曰霸。

[2]【顏注】師古曰：屬，委也，音之欲反。

[3]【顏注】師古曰：各察己之材用，不敢踰越而誣上。

[4]【顏注】師古曰：矜謂自伐也。

[5]【顏注】孟康曰：機，發也。陷，穽也。【今注】機陷：
設置有機關的陷阱。

[6]【顏注】師古曰：顧，讎也，若今言雇賃也。【今注】
顧：同"雇"。指取民財而以其財雇民勞作，則財不浪費而民安分
守己。

[7]【顏注】師古曰：從讀曰縱。

[8]【顏注】師古曰：更，改也。【今注】案，"法之逆者"
三句：漢制，詔書下，有違反法令，施行不便的，即當封還。衞宏
《漢舊儀》載："詔書以朱鉤施行，詔書下，有違法令，施行之不
便，曹史白，（丞相）封還尚書，對不便狀。"

[9]【顏注】師古曰：謂逆王意而反還之（王意，蔡琪本、
大德本、殿本作"主意"），不令施行，致傷國也。復音扶目反。

[10]【顏注】師古曰：辟讀曰僻。寡，損也。污，辱也。

[11]【顏注】師古曰：與讀曰豫。

[12]【今注】萬萬：遠勝於。

詔策曰"吏之不平，政之不宣，民之不寧"，

愚臣竊以秦事明之。臣聞秦始并天下之時，其主不及三王，而臣不及其佐，[1]然功力不遲者，何也？地形便，山川利，財用足，民利戰。其所與並者六國，[2]六國者，臣主皆不肖，謀不輯，[3]民不用，故當此之時，秦最富彊。[4]夫國富彊而鄰國亂者，帝王之資也，故秦能兼六國，立爲天子。當此之時，三王之功不能進焉。[5]及其末塗之衰也，任不肖而信讒賊；宮室過度，奢慾亡極，[6]民力罷盡，賦斂不節；[7]矜奮自賢，群臣恐諛，[8]驕溢縱恣，不顧患禍；妄賞以隨喜意，妄誅以快怒心，法令煩憯，[9]刑罰暴酷，輕絕人命，身自射殺；[10]天下寒心，莫安其處。姦邪之吏，乘其亂法，以成其威，獄官主斷，生殺自恣。上下瓦解，各自爲制。秦始亂之時，吏之所先侵者，貧人賤民也；至其中節，所侵者富人吏家也；及其末塗，所侵者宗室大臣也。[11]是故親疏皆危，外內咸怨，離散逋逃，人有走心。陳勝先倡，天下大潰，[12]絕祀亡世，爲異姓福。[13]此吏不平，政不宣，民不寧之禍也。今陛下配天象地，覆露萬民，[14]絕秦之迹，除其亂法；躬親本事，廢去淫末；除苛解嬈，[15]寬大愛人；肉刑不用，皋人亡笫；[16]非謗不治，鑄錢者除；[17]通關去塞，[18]不蘗諸侯；[19]賓禮長老，愛卹少孤；皋人有期，[20]後宮出嫁；尊賜孝悌，農民不租；[21]明詔軍師，[22]愛士大夫；求進方正，廢退姦邪；除去陰刑，[23]害民者誅；

憂勞百姓，列侯就都；[24] 親耕節用，視民不
奢。[25] 所爲天下興利除害，變法易故，以安海內
者，大功數十，皆上世之所難及，陛下行之，道
純德厚，元元之民幸矣。

[1]【顏注】師古曰：臣亦不及三王之佐也。

[2]【今注】六國：戰國時期齊、楚、燕、韓、趙、魏。

[3]【顏注】師古曰：輯與集同。輯，和也。

[4]【今注】秦：秦國。都咸陽（今陝西咸陽市東北），戰國
七雄之一。公元前221年，秦王嬴政滅六國，建立秦朝。

[5]【顏注】師古曰：進，前也，言不在秦前也。

[6]【顏注】師古曰：耆讀曰嗜。【今注】宮室過度耆慾亡極：
指秦始皇建阿房宮及驪山秦始皇陵等，《史記》卷六《秦始皇本
紀》載“關中計宮三百，關外四百餘”。秦二世復建阿房宮。

[7]【顏注】師古曰：罷讀曰疲。

[8]【顏注】張晏曰：恐機發陷禍而爲諂諛以求自全也。師
古曰：此説非也。直爲恐懼而爲諂諛也。恐音丘勇反。【今注】矜
奮：以勇氣自恃，驕傲自大。

[9]【顏注】師古曰：憯，痛也。言痛害於下。憯音千感反。
【今注】煩憯：繁雜嚴酷。

[10]【今注】案，自“及其末塗之衰也”至“輕絕人命”，指
秦末二世所爲之事。《史記·秦始皇本紀》及賈誼《過秦論上》亦
載“二世不行此術，而重之以無道，壞宗廟與民，更始作阿房宮，
繁刑嚴誅，吏治刻深，賞罰不當，賦斂無度，天下多事，吏弗能
紀，百姓困窮而主弗收恤”。

[11]【今注】宗室：皇帝的同姓親戚。王先謙《漢書補注》
認爲，《禮》，外宗兼母之黨。異姓女子子婦，通名外宗，則外戚也
爲宗室。

[12]【顏注】師古曰：倡讀曰唱。

[13]【今注】爲異姓福：指天下爲異姓所取代。

[14]【顏注】如淳曰：覆，蔭也。露，膏澤也。【今注】覆露：王先謙《漢書補注》據王引之説，覆露，同"覆慮"。露即訓覆。覆露爲古人連語，意爲蔭庇。

[15]【顏注】文穎曰：嬈，煩繞也。師古曰：音如紹反。【今注】嬈：苛刻。

[16]【顏注】師古曰：謂除收帑相坐律。亡讀曰無。帑讀曰孥。【今注】肉刑不用皐人亡帑：漢文帝元年（前179），下詔除收帑相坐律。文帝十三年，下詔除肉刑。

[17]【顏注】張晏曰：除鑄錢之律，聽民得自鑄也。師古曰：非讀曰誹。【今注】案，漢文帝二年除"誹謗律"，文帝五年"除盜鑄錢令，更造四銖錢"。

[18]【顏注】張晏曰：文帝十二年，除關不用傳。【今注】通關去塞：即除關不用傳，廢除出入關檢查身份證明的制度。其關指環繞關中的五關即扞關、鄖關、函谷關、武關、臨晉關。此舉有利於使文帝贏得諸侯王對朝廷的歸心，變原來的被動服從中央爲主動維護中央（參見臧知非《論漢文帝"除關無用傳"——西漢前期中央與諸侯王國關係的演變》，《史學月刊》2010年第7期）。

[19]【顏注】應劭曰：接之以禮，不以庶孽畜之。如淳曰：孽，疑也。去關禁，明無疑於諸侯。師古曰：應説是。【今注】不孽諸侯：不藉端誣陷，釀成其罪。

[20]【顏注】張晏曰：早決之也。晉灼曰：《刑法志》云"罪人各以輕重不亡逃，有年而免"。滿其年，免爲庶人也。師古曰：晉説是也。

[21]【顏注】張晏曰：足用則除租也。

[22]【今注】軍師：當作"軍帥"，指軍中將領。與下文"士大夫"相對。

[23]【顏注】張晏曰：宮刑也。

[24]【顏注】師古曰：各就其國也。【今注】列侯：秦漢二十等爵的最高一級（第二十級）。即徹侯，因避漢武帝劉徹諱，稱通侯或列侯。漢初以軍功封授，武帝時公孫弘以丞相得封。也有以外戚、恩澤而受封的。劉姓子孫封王者稱爲諸侯，其子弟分封後稱列侯。案，文帝二年、三年，令列侯就國。漢初功臣列侯群居京師，結黨干政。文帝欲分散此列侯集團，故使之離開京師，各歸其國（參見馬孟龍《西漢侯國地理》，上海古籍出版社 2013 年版，第309 頁）。

[25]【顏注】師古曰：視讀曰示。

詔策曰“永惟朕之不德”，愚臣不足以當之。

詔策曰“悉陳其志，毋有所隱”，愚臣竊以五帝之賢臣明之。臣聞五帝其臣莫能及，則自親之；三王臣主俱賢，則共憂之；五伯不及其臣，則任使之。此所以神明不遺，而聖賢不廢也，[1]故各當其世而立功德焉。傳曰“往者不可及，來者猶可待，[2]能明其世者，謂之天子”，[3]此之謂也。竊聞戰不勝者易其地，民貧窮者變其業。今以陛下神明德厚，資財不下五帝，[4]臨制天下，至今十有六年，民不益富，盜賊不衰，邊竟未安，[5]其所以然，意者陛下未之躬親，而待群臣也。今執事之臣皆天下之選已，[6]然莫能望陛下清光，[7]譬之猶五帝之佐也。陛下不自躬親，而待不望清光之臣，臣竊恐神明之遺也。[8]日損一日，歲亡一歲，日月益暮，盛德不及究於天下，[9]以傳萬世，愚臣不自度量，竊爲陛下惜之。昧死上狂惑甲茅之愚，臣言唯陛下財擇。

[1]【顏注】師古曰：遺，棄也。不棄神明之德，不廢賢聖之名。

[2]【顏注】師古曰：言各當其時務立功也。

[3]【今注】案，沈欽韓《漢書疏證》引《吕覽·聽言篇》："《周書》曰：'往者不可及，來者不可待。賢明其世，謂之天子。'"即過去事情已無法挽回，未來的還值得期待，故希望世人能明曉理道，勉爲善良，可謂天子。

[4]【顏注】師古曰：資，質也，謂天子之財質。【今注】財：通"材"。指才能。

[5]【顏注】師古曰：竟讀曰境。

[6]【顏注】師古曰：已，語終之辭。

[7]【顏注】晉灼曰：今之臣不能望見陛下之光景所及。【今注】清光：指聰明才智。曾國藩認爲，鼂錯的意思是，當時面臨盜賊盛行，邊境不安，以文帝的才智既不足以解決這些問題，而諸臣的才智又反不如文帝的清光，所以臣下亦不足以備任使，則政事必有闕遺。鼂錯自以爲其才智過於文帝，又遠在諸臣之上，以五伯之佐自居，欲使文帝以國家之事委於自己。（參見曾國藩《讀書錄》，上海古籍出版社 2012 年版，第 78 頁）

[8]【顏注】師古曰：言天子虛棄神明之德。

[9]【顏注】師古曰：究，竟也。

時賈誼已死，[1]對策者百餘人，唯錯爲高第，[2]繇是遷中大夫。[3]錯又言宜削諸侯事，及法令可更定者，書凡三十篇。[4]孝文雖不盡聽，[5]然奇其材。當是時，太子善錯計策，爰盎諸大功臣多不好錯。[6]

[1]【今注】賈誼：傳見本書卷四八。案，何焯《義門讀書記》卷一七認爲，班固應該也不滿此次對策，故云"誼已死"，即當時已無傑出人才，祗能從一些普通人中選拔較好的。

[2]【今注】高第．漢代博士弟子、賢良文學等考試優等或官員考課成績第一。其中博士弟子每年考試，能通一經以上，補文學掌故；其高第則可爲郎中。

[3]【顏注】師古曰：繇讀與由同。【今注】中大夫：官名。漢九卿之一郎中令屬官。掌侍從，備議論。秩比二千石。漢武帝太初元年（前104）郎中令更名光禄勳，中大夫改稱光禄大夫。

[4]【今注】案，本書《藝文志》法家類有《鼂錯》三十一篇。

[5]【今注】案，《史記》卷一〇一《袁盎鼂錯列傳》作"言削諸侯事，及法令可更定者。書數十上，孝文不聽"，此云"不盡聽"，稍有差別。

[6]【今注】案，王先謙《漢書補注》認爲，爰盎由中郎將、都尉爲諸侯相，並非大臣，亦非功臣。此處特舉爰盎，因鼂錯之死由於爰盎。

景帝即位，以錯爲内史。[1]錯數請閒言事，輒聽，幸傾九卿，[2]法令多所更定。丞相申屠嘉心弗便，力未有以傷。内史府居太上廟堧中，[3]門東出，不便，錯迺穿門南出，鑿廟堧垣。丞相大怒，欲因此過爲奏請誅錯。錯聞之，即請閒爲上言之。丞相奏，[4]因言錯擅鑿廟垣爲門，請下廷尉誅。上曰："此非廟垣，迺堧中垣，不致於法。"丞相謝。[5]罷朝，因怒謂長史曰："吾當先斬以聞，迺先請，固誤。"丞相遂發病死。[6]錯以此愈貴。遷爲御史大夫，請諸侯之罪過，削其支郡。[7]奏上，上令公卿列侯宗室雜議，[8]莫敢難，獨竇嬰爭之，繇此與錯有隙。[9]

[1]【今注】内史：官名。秦始置。掌治京畿地方。相當於郡太守。漢景帝二年（前155）分置左、右内史。

[2]【今注】九卿：泛指秦漢中央政府居卿位的高級官吏。《史記》卷一〇一《袁盎鼂錯列傳》引《集解》徐廣注："'九'一作'公'。"

[3]【顏注】師古曰：堧者，内垣之外游地也，音人緣反。【今注】太上廟：漢高祖劉邦之父劉太公之廟。在今陝西西安市西北漢長安城内。　堧：指城郭旁或河邊的空地。内史府在太上廟内外墙之間的空地上。

[4]【今注】案，丞相奏，蔡琪本、大德本、殿本作"丞相奏事"。

[5]【顏注】師古曰：以所奏不當天子意，故謝。

[6]【今注】發病死：本書卷四二《申屠嘉傳》載，申屠嘉至舍，因嘔血而死。

[7]【顏注】師古曰：支郡，在國之四邊者也。

[8]【今注】公卿：三公、九卿，後泛指朝廷中的高級官員。

[9]【顏注】師古曰：繇讀與由同。

錯所更令三十章，[1]諸侯讙譁。錯父聞之，從潁川來，謂錯曰："上初即位，公爲政用事，[2]侵削諸侯，疏人骨肉，口讓多怨，公何爲也！"[3]錯曰："固也。[4]不如此，天子不尊，宗廟不安。"父曰："劉氏安矣，

而鼂氏危，吾去公歸矣！"遂飲藥死，曰："吾不忍見
禍逮身。"

[1]【顏注】師古曰：更，改也。

[2]【顏注】如淳曰：錯爲御史大夫，位三公也。【今注】公
爲政川事。王先謙《漢書補注》曰：漢初常語相稱以公。有君稱臣
爲公、父謂子爲公，並非以鼂錯位上公而尊之。

[3]【顏注】師古曰：讓，責也。【今注】案，此句《史記》
卷一〇一《袁盎鼂錯列傳》作"人口議多怨公者，何也"。

[4]【顏注】師古曰：言固當如此。

後十餘日，吳楚七國俱反，[1]以誅錯爲名。上與錯
議出軍事，錯欲令上自將兵，而身居守。會竇嬰言爰
盎，詔召入見，上方與錯調兵食。[2]上問盎曰："君嘗
爲吳相，知吳臣田祿伯爲人虖？[3]今吳楚反，於公意何
如？"對曰："不足憂也，今破矣。"上曰："吳王即山
鑄錢，煑海爲鹽，[4]誘天下豪桀，白頭舉事，此其計不
百全，豈發虖？何以言其無能爲也？"盎對曰："吳銅
鹽之利則有之，安得豪桀而誘之！誠令吳得豪桀，亦
且輔而爲誼，不反矣。吳所誘，皆亡賴子弟，亡命鑄
錢姦人，故相誘以亂。"錯曰："盎策之善。"上問曰：
"計安出？"盎對曰："願屏左右。"上屏人，獨錯在。
盎曰："臣所言，人臣不得知。"迺屏錯。錯趨避東
箱，[5]甚恨。上卒問盎，[6]對曰："吳楚相遺書，言高皇
帝王子弟各有分地，[7]今賊臣鼂錯擅適諸侯，削奪之
地，[8]以故反名爲西共誅錯，復故地而罷。方今計，獨

有斬錯，發使赦吳楚七國，復其故地，則兵可毋血刃而俱罷。”於是上默然，良久曰：“顧誠何如，吾不愛一人謝天下。”[9]盎曰：“愚計出此，唯上孰計之。”迺拜盎爲泰常，密裝治行。

[1]【今注】吳楚七國：吳王劉濞、楚王劉戊、膠西王劉卬、膠東王劉雄渠、淄川王劉賢、濟南王劉辟光、趙王劉遂。

[2]【顏注】師古曰：調謂計發之也，音徒釣反。

[3]【今注】田禄伯：吳王劉濞屬下，時爲吳大將軍。景帝三年（前154），七國俱反，舉兵西進。被任爲大將軍，提出分兵合擊，沿江淮攻取淮南國、長沙國，直入武關，會兵關中，但不爲劉濞所采納。

[4]【顏注】師古曰：即，就也。

[5]【今注】東箱：正寢之東西室皆曰箱，因像箱篋之形。箱，亦作“厢”。

[6]【顏注】師古曰：卒，竟也。

[7]【顏注】師古曰：分音扶問反。

[8]【顏注】師古曰：適讀曰讁。

[9]【顏注】師古曰：顧，念也。誠，實也。

後十餘日，丞相青翟、[1]中尉嘉、廷尉歐[2]劾奏錯曰：“吳王反逆亡道，欲危宗廟，天下所當共誅。今御史大夫錯議曰：‘兵數百萬，獨屬群臣，不可信，[3]陛下不如自出臨兵，使錯居守。徐、僮之旁吳所未下者可以予吳。’[4]錯不稱陛下德信，欲疏群臣百姓，又欲以城邑予吳，亡臣子禮，大逆無道。錯當要斬，[5]父母妻子同産無少長皆棄市。臣請論如法。”制曰：“可。”

錯殊不知。迺使中尉召錯，紿載行市。[6]錯衣朝衣斬
東市。[7]

[1]【今注】案，沈欽韓《漢書疏證》據本書《百官公卿表
下》，丞相申屠嘉薨，御史大夫陶青爲丞相。此處訛作"青翟"，
當據改。

[2]【顏注】師古曰：張歐也，音區。【今注】中尉：官名。
掌京師治安，秩中二千石。漢景帝、武帝時多用刀筆吏任此職，掌
案驗諸侯王謀反事。武帝太初元年（前104），更名執金吾，掌治
安糾察。嘉任中尉在景帝元年（前156）。 歐：按本書卷四六
《張歐傳》，文帝時，張歐以治刑名侍太子，常爲九卿。據本書
《百官公卿表下》，張歐爲廷尉在景帝元年。

[3]【顏注】師古曰：屬，委也，音之欲反。

[4]【顏注】鄧展曰：徐、僮，臨淮二縣也。【今注】徐：縣
名。治所在今安徽泗縣西北。 僮：縣名。治所在今安徽泗縣。

[5]【今注】要斬：將人的肢體齊腰斬爲兩截的酷刑，次於梟
首。亦作"腰斬"。據漢律，謀反大逆方處以腰斬誅族，鼂錯之罪
不至此。王鳴盛《十七史商榷》卷二四認爲，此屬漢沿用秦之
酷法。

[6]【顏注】師古曰：紿云乘車案行市中也。行音下更反。
【今注】案，紿載，蔡琪本作"給載"。

[7]【顏注】師古曰：朝衣，朝服也。【今注】東市：漢代長
安九市之一，爲市肆商業區，位於長安城西北部。

錯已死，謁者僕射鄧公爲校尉，[1]擊吳楚爲將。
還，上書言軍事，見上。上問曰："道軍所來，[2]聞鼂
錯死，吳楚罷不？"鄧公曰："吳爲反數十歲矣，發怒
削地，以誅錯爲名，其意不在錯也。且臣恐天下之士

拑口不敢復言矣。"[3]上曰："何哉?"鄧公曰："夫鼂錯患諸侯彊大不可制，故請削之，以尊京師，萬世之利也。計畫始行，卒受大戮，[4]内杜忠臣之口，外爲諸侯報仇，[5]臣竊爲陛下不取也。"[6]於是景帝喟然長息，曰："公言善，吾亦恨之。"迺拜鄧公爲城陽中尉。[7]

[1]【今注】謁者：光禄勳屬官，秩比六百石，掌賓贊事宜。其長官稱爲謁者僕射，秩比千石。　校尉：武官名。秦漢時期中級武官，係由一部一校的軍隊編制而來。低於將軍。

[2]【顏注】如淳曰：道路從吴軍所來也。師古曰：道軍所來，即是從軍所來耳，無煩更説道路也。

[3]【顏注】師古曰：拑音其炎反。

[4]【顏注】師古曰：卒，竟也。

[5]【顏注】師古曰：杜，塞也。

[6]【今注】案，此句明言鼂錯因爲不應有的罪名而死。本書卷五三《景十三王傳》載，漢武帝初即位，大臣鑒於吴楚七國行事，多爲鼂錯感到冤屈。

[7]【今注】城陽：城陽國。漢代諸侯王國。楚漢之際分秦琅邪郡置城陽郡，漢沿置。文帝二年（前178），以城陽郡置城陽國，封朱虚侯劉章。治莒縣（今山東莒縣）。　中尉：漢代諸侯國官名。初由諸侯王國自置，景帝後由中央代置。掌武職、治安捕盗。秩二千石。

鄧公，成固人也，[1]多奇計。建元年中，[2]上招賢良，公卿言鄧先。[3]鄧先時免，起家爲九卿。一年，復謝病免歸。其子章，以脩黄老言顯諸公閒。[4]

　　[1]【顏注】師古曰：漢中之縣。【今注】成固：縣名。治所在今陝西城固縣西北。

　　[2]【今注】案，《史記》卷一〇一《袁盎鼂錯列傳》作“建元中”，“年”字當是傳寫誤衍。

　　[3]【顏注】師古曰：鄧先，猶云鄧先生也。一曰，先者其名也。

　　[4]【今注】黃老言：依託黃帝、老子的學說。黃老是道家的一個派別，形成於戰國後期，實際是對道家、儒家、法家思想的綜合。漢初統治者用黃老思想治理國家，在政治上主張清靜無爲、衣食足、節民力，與漢初社會恢復發展的要求相適應。

　　贊曰：爰盎雖不好學，亦善傅會，[1]仁心爲質，[2]引義忼慨。[3]遭孝文初立，資適逢世。[4]時已變易，[5]及吳壹說，果於用辯，[6]身亦不遂。鼂錯銳於爲國遠慮，而不見身害。其父睹之，經於溝瀆，[7]亡益救敗，不如趙母指括，以全其宗。[8]悲夫！錯雖不終，世哀其忠。故論其施行之語著于篇。

　　[1]【顏注】張晏曰：因宜附著合會之。【今注】傅會：善於將沒有關係的事情聯繫起來。指爰盎將文帝貶死其弟劉長與文帝有高世之行相聯繫。

　　[2]【今注】仁心爲質：救周勃免於一死。

　　[3]【今注】引義忼慨：當衆諫文帝與宦官趙同共輦。案，蔡琪本作“引道忼慨”。

　　[4]【顏注】張晏曰：資，財也。適值其世，得騁其才。

　　[5]【顏注】張晏曰：謂景帝。

　　[6]【顏注】師古曰：謂殺鼂錯也。【今注】吳壹說：《史記》卷一〇一《袁盎鼂錯列傳》作“吳、楚一說”。指爰盎向景帝建言

殺鼂錯以罷吳楚之兵，但並未成功。

　　［7］【顏注】師古曰：《論語》稱孔子曰：“豈若匹夫匹婦之爲諒也，自經於溝瀆，人莫之知。”故贊引之云（殿本無此注）。【今注】溝瀆：溝渠、水道。比喻困厄之境。

　　［8］【顏注】張晏曰：趙奢卒，趙使趙括爲將，其母言之趙王曰：“願王易括。”王不許。母要王：“括有罪，願不坐。”王許之。後括果敗於長平，以母前約故，卒得不坐。